图书馆学基础简明教程

TUSHUGUAN XUE JICHU JIANMING JIAOCHENG

蒋永福◎编著

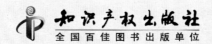

知识产权出版社

全国百佳图书出版单位

内容提要

本教程的主要内容包括：图书馆的历史沿革，图书馆思想史，图书馆学基本理论问题；现代公共图书馆、高等学校图书馆、科学与专业图书馆、国家图书馆的基本性质、特征与服务内容；图书馆工作的基本流程以及微观、中观、宏观组织原理；读者权利与图书馆权利，包括读者的五项基本权利和图书馆权利的内涵；现代图书馆基本理念，包括知识自由理念、民主政治理念、终身学习理念、公共物品理念和社会责任理念。本教程适用于我国全日制高等学校图书馆学专业本科教学，也适用于我国全日制高等学校"图书情报硕士"专业学位教学，也可作为各类图书馆在职人员培训教材或参考书。

责任编辑：许波

图书在版编目（CIP）数据

图书馆学基础简明教程/蒋永福编著. —北京：知
识产权出版社，2012.6
ISBN 978-7-5130-1307-9

Ⅰ.①图… Ⅱ.①蒋… Ⅲ.①图书馆学—教材
Ⅳ.①G250

中国版本图书馆 CIP 数据核字（2012）第 086461 号

图书馆学基础简明教程

蒋永福　编著

出版发行：知识产权出版社

社　　址：北京市海淀区马甸南村 1 号		邮　　编：100088	
网　　址：http：//www.ipph.cn		邮　　箱：bjb@cnipr.com	
发行电话：010-82000860 转 8101/8102		传　　真：010-82005070/82000893	
责编电话：010-82000860 转 8127		责编邮箱：xbsun@cnipr.com	
印　　刷：北京中献拓方科技发展有限公司		经　　销：新华书店及相关销售网点	
开　　本：787mm×1092mm　1/16		印　　张：15	
版　　次：2012 年 6 月第 1 版		印　　次：2012 年 6 月第 1 次印刷	
字　　数：283 千字		定　　价：42.00 元	

ISBN 978-7-5130-1307-9/G·492（4186）

前　言

进入 21 世纪以来，我国的图书馆理论与实践发生了前所未有的急速变化——新理论、新观点、新方法、新问题层出不穷。这些新变化必然要求图书馆学概论性教材予以及时反映。为此，国内图书馆学者们做了大量有效的"与时俱进"的工作，如及时编写新教材、及时修订原有教材等。图书馆理论与实践的发展必然要求，图书馆学概论性教材的编写是一个不断"与时俱进"的过程。本教程的编著就是继续"与时俱进"的一种努力。

我从事过多年的图书馆学基础课的教学工作。在教学实践中，曾不止一次地想过：什么样的概论性教材能够更加适应时代发展的需求和学生学习的需求。于是，本教程在内容的选择和体例的安排上，做了与其他已有教材不同的新尝试。这种新尝试主要表现在以下三方面：

第一，增选新内容。如公共图书馆普遍均等服务，图书馆理事会制度，图书馆行业管理制度，读者权利与图书馆权利，图书馆法治化管理，现代图书馆基本理念中的公共物品理念、社会责任理念等，这些内容在其他已有概论性教材中未曾见有专门的全面论述。

第二，在体例结构和内容的详略程度安排上，以"学科建设——职业实践——职业理念"三位一体为基本骨架。在内容的详尽程度上，职业理念/职业精神部分的内容最为详尽。把读者权利与图书馆权利纳入教材之中并做专章论述，这在已有的概论性教材中也未曾有过。

第三，在图书馆史和图书馆思想史的叙述方式上，采用了"大事记加简评"的结构形式。以这种方式对重要人物、重要事件加以简练的介绍和评述，其目的在于避免学生在茫茫历史陈迹中梳理不出头绪的尴尬，又能够使学生以清晰的思路了解历史上的重要人物、重要事件及其历史意义。

本教程命名为"简明教程",其"简明"的含义有两方面:一是对已往历史和已有成果的介绍均作了简约化处理;二是在层次结构安排上,尽量条理化,使论述条分缕析。也就是说,"简明"指的是论述方式上的简约、明了,而非内容简单、粗略。

既然叫"简明教程",这个"前言"也应该"简明",故至此。

本教程得到"黑龙江大学十二五规划教材"项目资助。

目　录

第一章　图书馆与图书馆学

第一节　图书馆概述

一、图书馆发展史

人类历史上的图书馆起源于何时何地，是一个难以准确考证的问题。不过，人们能够回答"图书馆为何产生"这一问题。对此，美国著名图书馆学家谢拉（Jesse H. Shera）说道："图书馆正是社会的这样一种新生事物：当人类积累的知识大量增加以至于超过了人类大脑记忆的限度时，当口头流传无法将这些知识保留下来时，图书馆便应运而生了。"❶ 图书馆的历史源远流长，全面记述图书馆的发展历史，将远远超出本教程的叙述容量限度，故本教程以"'大事记'形式"粗略地记述其发展过程。

1. 外国图书馆发展史概略

◆公元前 30 世纪上半叶的图书馆遗迹。在伊拉克巴格达南部尼普尔的一个寺庙废墟附近，考古学家发现了许多刻有楔形文字的泥板文献，上面刻有祈祷文、神话等，这是迄今人们所知道的最早的图书馆历史遗迹之一。

◆古埃及图书馆。古埃及第十九王朝的拉美西斯二世（公元前 1304—前 1237）在首都底比斯建立了一所图书馆，该馆的入口处有一块石碑，上面刻有"拯救灵魂之处"几个字。

◆尼尼微图书馆。公元前 7 世纪，亚述王国的国王亚述巴尼拔在首都尼尼微（位于底格里斯河上游）建立了一所皇家图书馆，所藏泥板文献约有 2.5 万块之多，它们按不同的主题排列。在收藏室的入口处和附近的墙壁上还有这些泥板文献的目录。

◆亚历山大图书馆的建造。希腊北部的马其顿国王亚历山大征服埃及之后，在尼罗河三角洲的地中海沿岸建立了亚历山大城，托勒密时期该城成为整个地中

---

❶ 杰西·H. 谢拉. 图书馆学引论［M］. 张沙丽译. 兰州：兰州大学出版社，1986：1.

1

海地区的最大城市和地中海地区与东方各国的经济和文化交流中心。托勒密一世祖孙三代于公元前 288 年建造的亚历山大图书馆，曾经是古代最大的图书馆，其藏书一度达 90 万卷。遗憾的是该馆后来被战火烧毁。

◆公元前 2 世纪，帕加马图书馆的建造。在小亚细亚（今土耳其）建立的帕加马（Pergamun）图书馆，是与亚历山大图书馆相媲美的另一个著名图书馆。

◆中世纪的图书馆。公元 5 世纪后期，欧洲进入中世纪。这一时期的图书馆虽然处于凋敝状态，但修道院藏书为图书馆的发展和文化传播作出了历史性贡献。修道院对藏书的重视，可用诺曼底一所修道院副院长的话来概括："没有图书馆的修道院，就像没有武器的城堡。"❶ 修道院不仅重视书籍的搜集和制作，而且还非常重视管理，所有藏书按照学科进行分类，并指派专人负责管理，"没有适当而充分的保证，任何人不得借阅图书，图书借阅必须登记在册。"❷

◆大学图书馆的兴起。中世纪图书馆发展的亮点之一是大学图书馆的兴起。中世纪较著名的大学有大约建于 1150 年的法国巴黎大学、1163 年建立的英国牛津大学、1366 年建立的德国的查理学院等。❸ 这些大学在发展过程中逐步设立图书馆，向各类学者开放。大学图书馆建立的初期，不供借阅的图书大部分用锁链牵在书桌上，叫做"锁藏图书"。

◆"图书馆是大学的心脏"观念的确立。自从大学产生以来，大学图书馆一直被认为是大学不可或缺的重要组成部分。1737 年建立的德国哥廷根大学声望卓著，其图书馆也可谓是早期大学图书馆的楷模。著名的文献学家、目录学家格斯纳曾担任过该馆的"实际上的馆长"。该馆经费充裕，设施先进，馆藏丰富；开馆时间长（每天开馆 10 小时），借阅方便，做到了"自由地、不使人为难地使用馆藏"。大文豪歌德参观该馆后留下这样的话："我们仿佛站在巨大的资本面前，它静悄悄地把数不胜数的利钱捐赠给我们。"❶ 从 19 世纪中后期起，美国的大学图书馆得到了迅速发展。1873 年，哈佛大学法学院院长克里斯多佛·哥伦布·兰戴尔（Christopher Columbus Langder）在给校长伊里亚德（Eliot）的一封信中提到："学校里的很多事物都是可以替代甚至省却的，但没有图书馆，

---

❶ ［美］格莱夫斯. 中世纪教育史［M］. 吴康译. 上海：华东师范大学出版社，2005：15.
❷ 杨威理. 西方图书馆史［M］. 北京：商务印书馆，1988：107.
❸ 其中的牛津大学图书馆在英国图书馆史上具有独特意义。1488 年格洛斯特公爵汉弗利（Humphrey）把自己的藏书赠给牛津大学，成立了汉弗利公爵图书馆，成为该校图书馆早期的重要藏书资源。后来托马斯·博德利（Thomas Bodley，1545—1613）在汉弗利公爵图书馆的基础上，于 1602 年建成了 2 500 册藏书的博德利图书馆。至 1620 年博德利图书馆藏书达到 1.6 万册，是当时欧洲最大的图书馆之一，至今它仍然是牛津大学的中心图书馆。在不列颠博物馆图书馆建立之前，博德利图书馆实际上起了国家图书馆的作用。参见：杨威理. 西方图书馆史［M］. 北京：商务印书馆，1988：75，135 – 136.
❶ 杨威理. 西方图书馆史［M］. 北京：商务印书馆，1988：144.

学校就会失去它最重要的特征，实际上也就失去了学校的个性。"3 年以后，伊里亚德校长在年度报告中说："图书馆是大学的心脏……如果缺乏足够的资金，要维持大学的正常运转是比较容易的；而若缺乏文献资源或学习设施，维持其正常运转则会非常困难。"❶

◆文艺复兴时期的图书馆代表——美第奇·洛伦佐图书馆。文艺复兴运动的兴起，极大地推动了图书馆业的发展。文艺复兴时期最著名的图书馆要数 1571 年在意大利佛罗伦萨建成开放的美第奇·洛伦佐图书馆。该馆建成时藏书 3 000 种，其馆舍由艺术大师米开朗琪罗设计，成为当时的建筑艺术珍品。该馆建筑至今仍存。

◆1753 年，英国国家图书馆建设正式起步。是年 6 月 7 日，英国国会通过了建立不列颠博物馆（British Museum）的法令。❷ 这个博物馆中的图书馆就是英国国家图书馆，它的宗旨是成为国内外学者进行学术研究的中心。1973 年该图书馆从博物馆独立出来，与其他几所全国性图书情报机构合并为今天的英国国家图书馆，即不列颠图书馆（British Library）。该馆现馆藏文献逾 1.5 亿册（件），工作人员达 2 400 多人。该馆参考部藏有马克思的《资本论》手稿、最早的印本《圣经》及中国 9 世纪印刷的《金刚经》等珍贵文献。

◆18 世纪至 19 世纪中期，会员制图书馆出现。这一时期，在英国和美国，教区图书馆、租借图书馆、机械工人学校图书馆、会员图书馆等大量出现。其中会员制图书馆（Subscription Library）最具典型意义，因为它的诞生为后来公共图书馆的诞生和运行提供了借鉴。

◆美国国会图书馆的创建与壮大。美国国会图书馆创建于 1800 年。1814 年，美国第 4 任总统托马斯·杰斐逊把自己的私人藏书赠给国会图书馆。1870 年，当时的馆长斯伯福特（Spofford）促成了新的版权法，使国会图书馆成为美国版本托存图书馆。杰斐逊和斯伯福特的努力，为国会图书馆奠定了馆藏基础。而普特南馆长任职期间（1899—1939）则为国会图书馆奠定了分类、编目、参考咨询等业务工作的基础。美国国会图书馆既是国会的专业研究图书馆，为国会提供信息咨询服务，也是美国的国家图书馆，对所有公众开放，同时在美国图书馆界发挥着专业指导作用。1886 年，斯伯福特说服国会批准建造新的馆舍，命名为杰斐逊大楼，选址在国会大厦对面。1938 年和 1981 年，又相继建造了亚当斯大楼和麦迪逊大楼。总建筑面积达 32 万平方米，现有馆藏超过 1.3 亿册（件），工作人

---

❶ 王子舟. 图书馆产生特点与演进路径［J］. 图书馆论坛，2007（6）：29 – 34.

❷ 不列颠博物馆又叫大英博物馆，它与纽约的大都会艺术博物馆、巴黎的卢浮宫同列为世界三大博物馆。

员有 4 100 多人，可谓世界巨无霸。投入经费巨大，服务效益显著，如 1999 年度总预算达 99 亿美元，2000 年读者及访问者将近 200 万人。1990 年开始实施的"美国记忆"数字化工作，将馆藏中涉及美国历史的文献、照片和音像资料数字化后传上网络。

◆1850 年，世界上第一部国家级图书馆法问世。该年 8 月 14 日，英国国王签署了《公共图书馆与博物馆法》(*Public Library and Museum Act*)。这是世界上第一部由国家颁布的图书馆法。这部法律是在当时的利物浦议员尤瓦特 (William Ewart，1798—1869) 及著名图书馆活动家爱德华兹 (Edward Edwards，1812—1886) 等人的努力下，几经周折最终得到议会通过的。该法规定，人口 1 万人以上的英格兰和威尔士各城市，有权建立公共图书馆，但某个特定的城市或地区是否要建立公共图书馆，必须先由市议会提议，提交给公民大会投票（纳税人投票），只有在政府召集的公民大会上获得与会者 2/3 以上的赞成票后才能制定有关法令，并设立公共图书馆。1852 年，据此法律在曼彻斯特建立了第一个基本具备近代性质的公立公共图书馆❶，爱德华兹亲任馆长。这是近代公共图书馆历史的正式开端。

◆1833 年和 1948 年，美国公共图书馆开启历史征程。1833 年，美国的新罕布什尔州彼得博罗镇议会通过一项决议规定：从州政府拨给的教育经费中抽出一定款额，用于建立一所向全镇居民免费开放的镇立图书馆。这是美国公共图书馆建设历程的起步。1849 年，新罕布什尔州通过了美国第一部州图书馆法。

1848 年，马萨诸塞州议会通过了一项法案，决定在波士顿市建立公共图书馆 (Boston Public Library)，这是在美国依法设立的最早的公共图书馆。波士顿公共图书馆的建立，对美国公共图书馆事业来说具有开创、示范的奠基性意义。波士顿市议会曾预言："在本市建立一所免费的公共图书馆，必定会有许多城市来效法。"❷ 果然，在此之后美国大部分州和城市纷纷仿效波士顿，着手立法并建立公共图书馆，由此拉开了美国公共图书馆走向普及和繁荣的序幕。

波士顿公共图书馆的建立，首创了世界公共图书馆管理方式上的一个著名范例——图书馆理事会制。当时图书馆理事会章程规定，理事会由议会上院、下院议员各 1 名和市民代表 5 名组成，理事由两院全体议员选举；市议会只保留任命馆长和决定他的薪金的权力（后来这两项权力也移交给理事会），其余权限全部归属理事会，包括监督图书馆的预算、制定图书馆规章制度、任命其他馆员等。

---

❶ 近代性质的公立公共图书馆，须具备 3 个特点：一是向社会公众免费开放；二是经费来源主要为地方政府的税收；三是图书馆的设立和管理须有法律或政策依据。

❷ 杨威理. 西方图书馆史 [M]. 北京：商务印书馆，1988：199 - 200.

波士顿公共图书馆所创立的图书馆理事会制，已被世界上许多国家所效仿，其历史与现实价值理应载入世界公共图书馆史册。

◆1873 年，《杜威十进分类法》（DDC）问世。1873 年，杜威（Melvil Dewey）创编了综合性等级列举式分类法。其详本于 1876 年问世，书名为《图书馆图书小册子排架及编目适用的分类法和主题索引》，1951 年出版第 15 版时改名为《杜威十进分类法》。所谓"十进分类"，就是把所有图书分别归入 10 个大类之中，这 10 个大类是：000 总论；100 哲学；200 宗教；300 社会科学；400 语言学；500 自然科学；600 技术科学；700 美术；800 文学；900 历史、地理。DDC 已出版 22 版，已用 30 多种文字出版，被 135 个国家和地区采用，成为世界上历史最久且使用最广的图书分类法。

◆1876 年，克特推出图书馆目录的基本规则。1876 年，美国人克特（Cutter，1837—1903）出版了著名的《字典式印刷目录规则》，1891 年第 3 版修订时更名为《字典式目录规则》。克特认为图书馆目录应该具有 3 方面的作用：①能够从作者、书名、主题途径查找图书；②目录应该能够提供如下信息：某位作者的书有哪些、某一主题的书有哪些、某一体裁的书有哪些；③提供图书的版本信息和其他附注信息。克特的《字典式目录规则》及其目录思想，至今仍然是指导图书馆编目工作的理论基础。

◆1876 年，美国图书馆协会成立。建立图书馆行业组织，是图书馆职业化的重要标志，更是使图书馆步入行业化管理的组织基础。1876 年，在 J. 温泽、W. F. 普尔和 M. 杜威等人的大力倡导和推动下，世界上第一个全国性的图书馆专业组织——美国图书馆协会（ALA）在费城成立。温泽被选为协会的第一任理事长，杜威为秘书。1909 年起，总部改设在芝加哥。ALA 在华盛顿特区设有办事处，负责处理与国会和政府各部的联络事宜。ALA 下设 11 个部门，25 个办公室，25 个协商会议，21 个专门的图书馆协会（如美国法律图书馆协会、研究图书馆协会、医学图书馆协会等）和 57 个州或地区分会，28 个附属组织等机构。自 ALA 成立以来，其他国家纷纷仿效建立各自的图书馆行业组织，如英国（1877）、日本（1892）、德国（1900）、法国（1906）等国家相继成立了本国的图书馆协会。

◆卡内基慷慨捐建图书馆。被称为"钢铁大王"的卡内基（A. Carnegie，1835—1919）经营钢铁企业致富后，当他计划将 90% 的财富用于被他称为"改善人类生活"的事业时，他首先想到了图书馆。1876—1923 年，卡内基以"卡内基公司"的名义共捐款 5 616 万美元，在世界各地捐建了 2 509 所图书馆，其中绝大部分是美国的公共图书馆。卡内基捐建图书馆时向当地政府提出的条件是：政府提供建馆用地；图书馆落成后，由政府接管，并为图书馆发展提供立法保障；政府须同意每年拨款相当于他捐助数额的 10% 用于该图书馆的经营。在卡内基公司的支持下，美国的公共图书馆从 1876 年的 188 所，发展到 1923 年的 3 873 所。从历史的角度看，卡内基为奠定美国近现代图书馆事业的基础作出了不可磨灭的巨大贡献。由此，卡内基被图书馆界尊称为"图书馆恩主"。

◆杜威与图书馆学专业教育。图书馆学教育以 1886 年齐亚茨哥在德国哥廷根大学创办图书馆学讲座及研讨班为序幕，1891 年图书馆学正式列入该校课表。在美国，杜威于 1887 年在哥伦比亚大学创办图书馆管理学院。这是美国第一个正规的图书馆学教育机构，可惜于 1889 年被停办。被停办的主要原因是杜威不顾校方的反对执意招收女学生，如首届招生 20 名，其中女学生 17 名。1890 年，杜威又在纽约州首府奥尔巴尼建立新的图书馆学教育机构，取名为纽约州立图书馆学院。从此，纽约州立图书馆学院经久不衰，成为美国图书馆学教育史上著名的正规教育机构，并取得了辉煌的成就。在此后的 50 年中，纽约州立图书馆学院培养了一大批美国杰出的图书馆学家，以至于美国 20 世纪初的图书馆学家几乎都是杜威的弟子。据统计，截至 1951 年，纽约州立图书馆学院的毕业生中已有 14 人担任过 ALA 主席。不仅如此，纽约州立图书馆学院对中国近代图书馆事业的发展亦产生了十分重大的影响。20 世纪初，中国的著名图书馆学家沈祖荣、洪有丰、戴志骞、袁同礼、胡庆生、李小缘、李燕亭等一大批杰出人物都毕业于纽约州立图书馆学院。

◆"威廉森报告"与美国图书馆学研究生教育。1919 年，威廉森（Charles C. Williamson，1877—1965）博士应卡内基基金会之聘对美国图书馆学教育状况进行调研，1923 年发表"图书馆服务训练"为名的报告，这就是著名的"威廉森报告"。其要点是：图书馆员应继续深造；应制定图书馆学院课程标准，并提高其经费及毕业生待遇；图书馆学院应归属于大学而不应设于公共图书馆之内，并建立对其评审的机构。这一报告导致 1924 年在 ALA 内成立图书馆教育委员会（后改名为图书馆学专业认可委员会）。威廉森的理念在哥伦比亚大学图书馆学院及其他图书馆学院得到实施。1928 年，在卡内基基金会的资助下世界上第一个具有博士学位授予权的芝加哥大学图书馆学研究生学院正式开学。直到 20 世纪 40 年代后期，该院一直是全美唯一的一所具有图书馆学博士学位授予权的学院。在美国图书馆学教育史上，纽约州立图书馆学院以其历史悠久享誉全美，而芝加哥大学图书馆学研究生学院则以其最早设置研究生课程而著称于世。在此后的 20 年中，该院的很多研究生毕业后成为各大学图书馆学院的院长及大型公共图书馆和大学图书馆的馆长。

◆1927 年，国际性图书馆行业组织——国际图书馆协会联合会成立。国际图书馆协会联合会（International Federation of Library Associations and Institutions，

IFLA，在中国图书馆界一般简称为"国际图联"），原名为"国际图书馆与目录委员会"，1929 年改为现名。中国是 IFLA 的发起国之一。当时代表中华图书馆协会签字的是韦棣华女士。1929 年，沈祖荣作为中华图书馆协会的唯一代表参加了在意大利举行的 IFLA 第一次大会。

IFLA 是一个独立的、非政府的、非营利的国际性组织，代表全世界图书馆、信息服务机构和读者的利益。IFLA 的宗旨是：促进图书馆事业所有领域，包括书目、信息服务、人员培训等各方面的国际了解、协作、讨论、研究和发展。IFLA 的目标是：促进高标准图书馆和信息服务的提供；促进优质图书馆和信息服务的国际宣传；代表全世界会员的利益。

◆1939 年，ALA 通过《图书馆权利法案》。众所周知，当今世界，美国是图书馆事业最为发达的国家。说到美国现代图书馆的发展成就，有一个法案不能不提。这个法案就是美国图书馆协会于 1939 年通过并于 1948 年、1961 年、1967 年、1996 年修订的《图书馆权利法案》（*Library Bill of Rights*，也翻译为《图书馆权利宣言》）。《图书馆权利法案》从一开始就确立的基本原则是：图书馆有权利维护每个图书馆利用者的思想自由与表达自由，而不受任何组织或个人的强制与干涉。该《法案》虽然历经多次修改，但这一基本原则始终未变。❶

◆1940 年 7 月 4 日，罗斯福总统图书馆建成，它开启了美国总统图书馆之先例。1938 年，罗斯福总统向国会提出建设总统图书馆的议案，并得到通过。1940 年 7 月 4 日，美国历史上第一个总统图书馆——罗斯福总统图书馆建成并开放。此后美国历任总统卸任后都建有总统图书馆。1955 年美国国会通过了《总统图书馆法案》。总统图书馆是收藏美国总统在任职期间形成的档案及其他文献资料、文物、礼品、纪念品的专门机构。可见，它既是图书馆也是档案馆，缘此归属于美国国家档案与文件署管辖。

◆1949 年，IFLA 和联合国教科文组织的《公共图书馆宣言》发布。进入现代社会以来，对世界公共图书馆而言，非常重要的事件之一就是国际图联和联合国教科文组织（IFLA/UNESCO）的《公共图书馆宣言》（1949 年通过、1972 年和 1994 年两次修订）的问世。《公共图书馆宣言》所确定的公共图书馆的性质、目标、任务、建设原则以及它所确立的公共图书馆精神与价值取向，已成为各国发展公共图书馆事业所依据的价值取向与政策指南。《公共图书馆宣言》第一次以权威方式表达了世界公共图书馆界的基本立场：

第一，公共图书馆是民主政治的产物，是民主社会的基础性保障设施之一。"民主社会的发展有赖于令人满意的教育和自由、无限制地利用知识、思想、文

---

❶ 1996 年修订的《图书馆权利法案》全文见本书第四章第二节。

化和信息"，图书馆正是供人们"自由、无限制地利用知识、思想、文化和信息"的公共设施。

第二，国家应该立法保障公共图书馆事业的发展，持续保障其所需经费。作为一种民享民有的民主化机构/制度，公共图书馆必须在法律规定下建立与管理。它的运营完全或主要由政府的公共资金支持。

第三，公共图书馆必须向所有社会成员提供平等的、免费的基本服务。公共图书馆必须"以同样条件对社区的所有成员免费开放，不分职业、信仰、阶层或种族"。

《公共图书馆宣言》的问世，为世界各国发展公共图书馆指明了方向。可以说，要想判断一个国家公共图书馆事业发展状况及其水平，最好的、最根本的，也是最权威的衡量标准就是要看其公共图书馆事业所体现出来的《公共图书馆宣言》的基本精神的程度。

◆19世纪五六十年代，图书馆自动化时代开启。1954年，美国海军兵器中心图书馆使用IBM701型计算机实现了单元词组配检索，成为最早使用计算机的图书馆。能够实现信息资源的共享是计算机的最大用途所在。为此，图书馆使用计算机来实现信息资源共享和管理的自动化，首先需要解决的问题就是馆藏书目数据的统一格式化，以供计算机识别。这种统一格式化的馆藏书目数据就是机读目录（MARC）。1969年，美国国会图书馆正式发行MARC格式机读目录磁带。19世纪70年代，IFLA也开发了国际通用的MARC（UNIMARC）格式，推动了国际间的书目数据共享。自此，图书馆利用计算机管理的自动化时代全面开启。

◆1967年，OCLC成立。人们都知道，编目、分类、采购图书等工作是每个图书馆都必须进行的重要业务工作，因此，各馆之间的重复采购、重复分类、重复编目等重复劳动问题一直困扰着图书馆界。利用计算机联机平台实现数据共享就能解决这种重复劳动问题。如一种书可以由一个图书馆编目一次，其他图书馆借助联机平台分享这一编目成果（套录），就可以避免重复编目的问题。为此，1967年7月5日，美国俄亥俄州几所大学的校长和馆长们聚会讨论，决定成立俄亥俄州大学图书馆中心（Ohio College Library Center，OCLC），这是一个由54所俄亥俄州大学图书馆组成的图书馆联机网络。从1972年起，OCLC扩大至全美乃至全世界，1996年开始中国内地的一些图书馆也相继加入OCLC。目前，OCLC已经发展成为由近100个国家和地区的近5 000个不同类型图书馆和信息机构组成的国际性图书馆联机网络系统。

◆大学图书馆学院系的停办与改名风潮。1978—1994年，美国有14所大学的图书情报学院（LIS）停办，其中包括久负盛名的芝加哥大学图书馆学院（1990）和哥伦比亚大学图书馆学院（1992）。这种停办之风并没有持续蔓延开来，从 2005 年至今，美国没有一所 LIS 院系再停办。不过，继续开办的 LIS 院系开始了一场改名风潮。其改名的趋势主要表现为加入"信息科学"和"信息管理"要素。如美国全部 49 所被 ALA 认可的 LIS 院系中，37 所保留有 library 字眼，占 75.5%；既有 library 又有 information 字眼的有 36 所，占 73.4%；去掉 library 字眼的有 12 所，占 24.5%。

◆1990 年，亚历山大图书馆的重建。1990 年 2 月 12 日，多个国家的首脑和国际知名人士在埃及阿斯旺（Aswan）聚会，签署了具有历史意义的复兴亚历山大图书馆的《阿斯旺宣言》，使该馆成为第一个由世界各国支持和资助建成的大型图书馆。该馆 1995 年 5 月动工兴建，总建筑面积达 85 405 平方米，共有 7 层，3 500 个读者座位，耗资 1 亿 8 000 多万美元，2002 年新馆开馆。亚历山大图书馆现已成为世界十大图书馆之一。

◆1996 年，法国国家图书馆新馆落成。屹立于美丽的塞纳河畔的法国国家图书馆新馆总面积达 35 万平方米，耗资 80 亿法郎，于 1996 年开馆。因系前总统密特朗亲自批准筹建，故被命名为密特朗国家图书馆。设计师多米尼克·佩拉尔特将它设计成 4 座 90 度直角形的塔楼，寓意 4 部耸立的翻开巨著，4 部巨著的中间镶嵌着大片的中心花园，并能将自然光引入下沉的阅览室中，可谓世界建筑瑰宝。法国国家图书馆现藏有文献 3 557 万册（件）。2005 年 1 月，欧洲数字图书馆的建设工作在法国率先进入实质性阶段。为此法国国家图书馆每年将把不少于 1.5 万册的图书进行数字化，法国政府每年为此拨款 1 500 万欧元。

◆数字图书馆时代的到来。1975 年，美国图书馆学家克里斯蒂安（Christian）出版了《电子图书馆：书目数据库：1975—1976》一书，并首次使用了"Electronic Library"（电子图书馆）一词。"电子图书馆"是"数字图书馆"的早期称谓，1992 年以前人们多用"电子图书馆"一词，1992—1994 年并行使用这两个术语，1994 年后使用"数字图书馆"一词逐渐多了起来。数字图书馆其实是图书馆自动化发展在数字化、网络化时代的自然延伸与进步。20 世纪 90 年代中期起，美国、英国、日本等国家迅速掀起数字图书馆的研发与应用热潮，由此拉开了走向数字图书馆时代的序幕。

2. 中国图书馆发展史概略

20 世纪之前，中国图书馆的发展之路，走的是完全不同于西方国家的独特发展之路。可以说，在 20 世纪之前，中国未曾存在西方国家那样的公共图书馆和大学图书馆，而只有藏书和藏书分类目录的编制活动。1904 年，湖南图书馆的建立，开启了中国近代图书馆建设的历史步伐。所以，1904 年是中国图书馆史上的一个分界年：1904 年之前为藏书楼时期，1904 年之后为图书馆时期。

（1）藏书楼时期

中国古代收藏图书的处所，其称谓多种多样，如"府"、"阁"、"堂"、"台"、"观"、"殿"、"室"等。后人将古代藏书之所统称为"藏书楼"。藏书楼是中国古代供藏书和阅览图书用的建筑。中国最早的藏书处所建于宫廷，如汉代的天禄阁、石渠阁、兰台、东观等。宋代以后，随着造纸术的普及和印本书的推广，民间也开始建造藏书楼，如建于明朝嘉靖四十年（1561）的浙江宁波天一阁，是中国现存最古老的藏书楼。1847年，法国传教士南格禄在上海创建的徐家汇藏书楼，可能是最早以"藏书楼"命名的藏书楼。该楼于1956年并入上海市图书馆。清朝官府藏书楼，最著名的就是专门用于收藏《四库全书》的"七阁"——文渊阁、文源阁、文津阁、文溯阁（宫廷四阁）、文汇阁、文宗阁、文澜阁（江南三阁）。

① 中国古代的藏书体系

中国古代藏书制度起源于周代。元代马端临的《文献通考·经籍考》称："周官外史，掌三皇五帝之书，则国家之所职掌者。"清代周永年在《儒藏说》中说："守藏之吏，见于周官。老子为柱下守藏史，固周人藏书之官也。"1925年中华图书馆协会宣告成立时就称："周官外史，掌三皇五帝之书，达书名于四方，我国之有图书馆，盖已权舆于是。"这说明，中国从周代开始就有藏书机构及其官吏。不过古代早期的藏书机构是图书馆与档案馆合为一体的建制。

中国古代的藏书体系由官府藏书、私人藏书、寺院藏书和书院藏书四大部分构成。

周代起始的官府藏书制度一直延续至清朝灭亡，只不过各朝代的藏书机构名称、隶属机构名称和掌管官吏名称不同而已（详见表1-1）。在中国古代，官府藏书是整个社会藏书体系中的主干力量，绝大部分历代典籍靠官府藏书得以保存。

表1-1　各朝代官府藏书机构建制

朝代名称	周	秦、汉	魏晋南北朝	隋、唐、五代	宋	元	明	清
藏书处所名称	天府、秘府、藏室	明堂、石室、金匮、阿房宫、天禄阁、石渠阁、麒麟阁、兰台、东观等	秘阁、文德殿、华林园、麟趾殿等	观文殿、嘉则殿、弘文馆、集贤院、崇文馆、司经局	昭文馆、史馆、集贤院（三馆合称"崇文院"）、秘阁、龙图阁等"六阁"	崇文院、经籍所、奎章阁、艺林库、宏文院、集贤殿	文渊阁、国子监等	《四库全书》"七阁"、昭仁殿、摛藻堂、味腴书屋、宛委别藏、武英殿、翰林院等

朝代名称	周	秦、汉	魏晋南北朝	隋、唐、五代	宋	元	明	清
隶属机构			秘书省	秘书省	崇文院、秘书省	秘书省	翰林院	文渊阁职
官吏名称	史官	御史、太史令	秘书监、秘书丞、秘书令、秘书郎	秘书监、秘书丞、秘书郎	"馆职"、秘书监、秘书丞、秘书郎	秘书监、秘书丞、秘书郎	翰林院"典籍"官	领阁事、提举阁事、直阁事、校理、检阅

中国古代的私人藏书传统源远流长。春秋战国时期，"士"阶层的出现是私人藏书形成的社会原因。两汉时期的河间献王刘德、蔡邕，魏晋时期的王弼、张华、范平等，南北朝时期的沈约、任昉等，隋唐时期的许善心、魏征、元行冲、王涯等，宋元时期的江正、宋敏求、王钦若、司马光、李公铎等，明代的宋濂、王世贞、胡应麟、范钦（建有天一阁）、毛晋（建有汲古阁）、祁承业（"业"的原字为"火"字旁右加"業"字，祁氏建有澹生堂）等，清代的钱谦益（建有绛云楼）、黄宗羲（建有续钞堂）、徐树兰（建有古越藏书楼）、黄丕烈、周锡瓒、顾之逵、袁廷梼（后4人被称为"清代四大藏书家"）等，都是著名的私人藏书家。钱塘丁氏八千卷楼、常熟瞿氏铁琴铜剑楼、聊城杨氏海源阁、归安陆氏皕宋楼，被称为"清末四大藏书楼"。私人藏书为典籍的保存和民间流传作出了重要贡献。但是，私人藏书家大都是达官贵族或豪门望族，他们的藏书目的主要是为了满足个人的兴趣爱好或学问的族传相继，而不是为了知识的社会传播（像徐树兰那样将藏书对外开放流通的私人藏书家少之又少），所以私人藏书家的社会贡献和历史作用是有限的。

寺院藏书也是中国古代藏书系统的重要力量。两晋、南北朝时期寺院林立，寺院中大都有藏书。梁代宫廷中有华林园藏佛典，编有《华林殿众经目录》；定林寺编有《定林寺经藏目录》。道教典籍在逐步积累中也形成专藏，但按道教教规，典籍一般不对外流传，只秘藏于道教宫、观中。南朝刘宋的崇虚馆通仙台、齐的兴世馆、梁的华洋上下馆、北朝北周的玄都观、同道观等都有较多藏书。隋唐时，宗教藏书更趋兴盛。唐时长安有大兴善寺，洛阳有上林园设立译场，翻译佛教经典。玄奘回国带回佛典，在长安大慈恩寺译经。封建统治者采取统一译经、抄写，分送各地寺院收藏的办法，使全国各地寺院大量收藏佛典。道教典籍的积累和收藏在唐代最为丰富，官府组织编纂与抄录，分送各地宫观，逐步形成唐代道教的藏书体系。从宋至清，寺院藏书大体保持原有状态，没有得到扩张性发展。应该说，寺院藏书为保存佛教和道教典籍作出了重要贡献。但是，由于中国自古以来始终是一个非宗教信仰的国度，而且自唐朝以来，佛教和道教多次被朝廷打压与排斥，所以寺院藏书对广大民众的影响是极其有限的。

书院藏书是中国古代藏书系统中影响较大的一支力量。中国古代一直没有西方国家那样的大学建制，但不少读书人通过书院藏书阅读到了大量典籍。书院之名始见于唐代。书院是私人或官府所设的聚徒讲授、研究学问的场所。它原由富室、学者自行筹款，于山林僻静之处建学舍，置学田收租，以充经费。宋代有四大书院，分别是：江西庐山的白鹿洞书院、湖南长沙的岳麓书院、河南商丘的应天书院、湖南衡阳的石鼓书院。明代以后，各地书院继续发展，全国书院达1 300多所，书院由政府控制，其作用由讲学发展为科考服务的"应试"学堂。清代书院更为发达，书院成为讲学、研究、著述兼备的学术研究和教育、文化机构；藏书来源更为多样，书籍内容广泛，藏书楼有专门管理人员，且制定有管理规则。1901年，清廷诏令各省省城书院改为高等学堂，各府厅书院改设为中学堂，州县书院改设为小学堂，由此书院藏书成为各地中小学校图书馆藏书的重要来源。可以说，在20世纪之前的中国，书院藏书为民间广大读书人（包括寒门子弟）读书治学、科考升迁提供了极其重要的保障条件。

② 中国古代分类目录的编制活动

由于1904年之前的中国未曾出现近代意义上的图书馆，所以1904年之前一直没有形成科学的、全面的图书馆专业管理理论与实践体系。不过，由于藏书活动的长期延续和受重视，为了保存和整理好藏书，分类目录的编制活动长盛不衰。所以，从这个意义上说，中国古代"图书馆"活动的内容主要局限于分类学和目录学的理论与实践。下面以"大事记"方式记述中国古代分类目录编制活动的大致过程：

◆《七略》的横空出世。公元前26年，西汉光禄大夫刘向受命对皇帝诏令收集来的图书进行整理，编出《别录》二十卷。后其子刘歆继承父业，编出我国第一部综合性分类目录——《七略》。"七略"分别为：辑略、六艺略、诸子略、诗赋略、兵书略、术数略、方技略。由于"辑略"属于书前总序，不用来分类图书，所以《七略》实际上是"六略"，即六分法。这是我国图书分类六分法的肇端。

◆《汉书·艺文志》开史志目录之先河。东汉史学家班固（公元32—92）奉命撰《汉书》，分十二纪、十志、八表、七十列传，是我国第一部纪传体断代史书，《艺文志》是其中的一志。所谓艺文志，就是将历代或当代有关图书典籍，汇编成目录的史书体例。《汉书·艺文志》（简称《汉志》）是我国现存第一部史志目录。刘歆的《七略》早已亡佚，但《汉志》记录了《七略》的基本原貌，这是《汉志》的历史功绩之一。不仅如此，《汉志》开创了编制正史艺文志（即史志目录）的先例。此后，《隋书》、《唐书》、《新唐书》、《宋史》、《明史》乃至《清史稿》中均编有艺文志。通过正史艺文志，人们可以了解每一朝代的藏书情况。

◆《晋中经簿》开四分法先例。公元 279 年，西晋秘书监荀勖编制《晋中经簿》，把《七略》的六分法改为四分法，依次为甲、乙、丙、丁四部。甲部相当于《七略》中的六艺略，乙部相当于《七略》中的诸子略、兵书略、术数略、方技略四略，丙部为新设的史书类，丁部相当于《七略》中的诗赋略。

◆ 李充修订荀勖的四部次序，定四分法顺序。公元 349 年，东晋著作郎编《晋元帝四部书目》，调换了荀勖四分法中的乙、丙两部次序，即甲部纪经书、乙部纪史书、丙部纪子书、丁部纪集部书。由此，这种四部顺序成为后人遵循的永制。

◆《七志》与《七录》对《七略》的改编。公元 478 年，南齐秘书郎王俭编《七志》；公元 523 年，梁人阮孝绪编《七录》。王俭的《七志》在《七略》六分法的基础上增加了"图谱志"，又将道经、佛经作为附志列出，所以《七志》实际上是九分法。阮孝绪的《七录》分内、外两篇，内篇包括经典录、记传录、子兵录、文集录、术技录，外篇包括佛法录、仙道录。可见，《七志》和《七录》是对《七略》六分法进行改编和充实的产物。

◆《隋书·经籍志》定四部之名，成为永制。如果说《七志》和《七录》具有对以往的四分法加以扩充的意向，那么，《隋书·经籍志》则为四分法"恢复名誉"，成为不可更改的永制。公元 629—636 年，唐代魏征等人编出《隋书·经籍志》（简称《隋志》，"经籍志"为"艺文志"的别名），是我国现存的第二部史志目录。《隋志》对李充的甲、乙、丙、丁四部分别取名为经、史、子、集。从此，经、史、子、集四分法成为官府及大部分私人藏书分类定大类名及其次序的永制。

◆《四库全书总目》：中国古代分类目录的集大成者。《四库全书》是清代乾隆年间在朝廷主持下编纂的一部大型丛书。1773 年乾隆帝下谕成立"四库全书馆"，开始编纂《四库全书》，于 1782 年完成。最初清抄 4 部，分藏于北京故宫内文渊阁、圆明园文源阁、奉天文溯阁、热河文津阁 4 处，后又抄写 3 部，分藏于镇江文宗阁、扬州文汇阁、杭州文澜阁 3 处，这 3 处允许读书人入阁阅看。《四库全书总目》也叫《四库全书总目提要》，是《四库全书》总纂官纪昀组织人编撰的《四库全书》收录和未收录的书籍的提要汇编。《四库全书总目》按经、史、子、集四部分类法编排，共著录收录于《四库全书》的古籍 3 461 种以及未收录于《四库全书》的存目 6 793 种。可见，《四库全书总目》是中国古代贯彻经、史、子、集四部分类法的集大成者。同时，也可以说，《四库全书总目》是中国古代集分类目录、版本目录、主题目录于一体的集大成者。

◆《西学书目表》：突破四分法的滥觞。大思想家梁启超曾说："国家欲自强，以多译西书为本，学子欲自立，以多译西书为功。"在这种思想指导下，梁启超编出《西学书目表》，于1896年在《时务报》上刊载，后又出单行本。《西学书目表》分"西学"、"西政"、"杂类"三大部类。西学类包括算学、电学、化学、天学、医学等13小类，西政类包括官制、学制、法律、农政、工政等10类，杂类包括游记、报章等5类。由此我们可以看出，《西学书目表》的三大部类，大体对应于自然科学、社会科学和综合性图书三大部类，这已经很接近于现代图书分类法的基本架构。因此可以说，《西学书目表》突破了长期被封建社会视为永制的经、史、子、集四部分类体系，为此后中国图书分类法的现代转型提供了先例，其历史意义当载入史册。1904年徐树兰出版的《古越藏书楼书目》，分学部和政部两大部类，各部又分24类，共48类，每类再分若干子目，共332个子目。虽然48类的类目名称大都因袭旧名（如学部中仍然使用"十三经"里的经书名为类名），但立学、政两大部类的做法，显然是仿《西学书目表》而来。《西学书目表》和《古越藏书楼书目》，为中国引进、编制和推行十进图书分类法开辟了道路。

需要说明的是，至今大部分学者认为，四部分类体系的动摇并非以《西学书目表》的问世为滥觞，而是早有先例。这些学者所列例证如宋代郑樵的《通志·艺文略》，分12类；明代的《文渊阁书目》，分40类；陆深的《江东藏书目》，分13类；钱谦益的《绛云楼书目》，分71类；清代钱曾的《读书敏求记》，分46类等。但是，仔细分析这些书目的类目体系，不难发现，这些所谓非四分法其实是经、史、子、集四分法的扩增变换而已，并没有像《西学书目表》那样从根本上否定经、史、子、集四分结构。因此，第一个真正动摇并突破传统四部分类体系的，非《西学书目表》莫属。

◆若干优秀的藏书理论和目录学论著问世：中国古代图书馆学为数不多的理论遗产。自《七略》问世以来，一些人对分类目录的编制实践进行理论思考，并写成论著。这些论著主要包括：正史艺文志（主要体现于大、小序中）；宋代郑樵的《通志·校雠略》、《通志·艺文略》、《通志·图谱略》；清代章学诚的《校雠通义》等。在藏书理论方面，宋人郑樵在《通志·校雠略》中论有"求书八道"；明代祁承爜的《藏书训略》（《澹生堂藏书约》中的一部分）提出了"购书三术"和"鉴书五法"；清人孙庆增的《藏书纪要》分别论述了藏书的购求、鉴别、钞录、校雠、装订、编目、收藏和曝书8则；清人叶德辉的《藏书十约》论述了购置、鉴别、装潢、陈列、抄补、传录、校勘、题跋、收藏、印记

10 约。

◆1902 年，徐树兰创办古越藏书楼。是年，乡绅徐树兰自捐"银 3 万 2 960 余两"，在家乡绍兴创办了古越藏书楼。古越藏书楼名为"藏书楼"，但它与其他藏书楼最大的不同是向社会开放。徐树兰自己说创办古越藏书楼的宗旨是"一曰存古，二曰开新"。这一宗旨本身就表明了古越藏书楼的建成并开放是从藏书楼向近代图书馆转型的标志性事件。

（2）图书馆时期

从古代藏书楼转型为近代图书馆，这一过程并非是一个突变过程，而是经过了一定时间的酝酿与蜕变。这种酝酿与蜕变过程主要表现为：① 西方传教士在中国境内创建教会图书馆，使国人开始"眼见"西方图书馆的管理样式；② 鸦片战争后形成的洋务派尤其是有出洋考察经历的洋务派极力宣传和推介西洋图书馆的功用，使得西方图书馆理念在部分开明人士心目中逐渐萌生；③ 20 世纪伊始，清政府被迫实施"变法新政"（1901—1905 年）和"预备立宪"（1906—1911 年），促使洋务派和维新派极力倡导的近代图书馆建制得以落实。

经过上述酝酿与蜕变过程，1904 年湖南图书馆（原名"湖南图书馆兼教育博物馆"）的建立，正式宣告了藏书楼向图书馆转型的完成。❶ 正如著名图书馆学家严文郁先生所评论的那样："该馆（指湖南图书馆）为新式图书馆的先声，亦是我国近代图书馆事业的发端，从此清廷对图书馆的建立，有了积极的支持行动，各类型图书馆次第产生。"❷ 下面仍然以"大事记"方式概略记述 1904 年以后的图书馆发展历程。

◆1904—1910 年，大批省级公共图书馆筹建。它们包括湖南图书馆、湖北图书馆、黑龙江图书馆、安徽图书馆、山东图书馆、山西图书馆、云南图书馆、浙江图书馆、广西图书馆、江南图书馆等。其他省份的图书馆在此之后陆续兴建。

◆1902 年，京师大学堂藏书楼建立：中国大学图书馆的"表率"。早在 1895 年，中国第一个近代大学北洋大学建校（1952 年改名为天津大学），同时设有图书馆。该馆聘请美国人管理，完全采用美国大学图书馆的管理模式。北洋大学图书馆虽为中国近代大学图书馆最先者，但其影响远不如后来的京师大学堂藏书楼。1898 年，京师大学堂（北京大学前身）成立时，大学堂章程指出，"学者

---

❶ 把湖南图书馆的建立作为藏书楼向图书馆转型的标志，是从公立图书馆角度所作的判断。若考虑私立图书馆，1902 年向社会开放的古越藏书楼，也可作为藏书楼向图书馆转型的标志。但是，由于古越藏书楼仍以"藏书楼"命名，且其馆藏组织与管理仍具有较明显的藏书楼痕迹，故本教程以湖南图书馆的建立作为藏书楼向图书馆转型的标志。

❷ 严文郁. 中国图书馆发展史：自清末至抗战胜利［M］. 台北：枫城出版社，1983：39－40.

应读之书甚多，一人之力必不能尽购。……京师大学堂为各省表率，体制尤当崇宏，今设一大藏书楼，广集中西要籍，以供士林浏览而广天下风气"。根据这一章程精神，京师大学堂藏书楼于 1902 年正式建成，1903 年改名为京师大学堂图书馆，1912 年更名为北京大学图书馆。1918 年 1 月至 1922 年 12 月，李大钊接受北京大学校长蔡元培聘请担任北京大学图书馆主任。1918 年 9 月，毛泽东在北京大学图书馆沙滩红楼第二阅览室当书记员，至 1919 年 2 月离职。当初蔡元培致函李大钊："守常先生大鉴：毛泽东欲在本校谋一半工半读工作，请设法在图书馆安置一个书记的职位，负责整理图书和清扫房间，月薪 8 元。"毛泽东与图书馆确实有很深的渊源关系。毛泽东终生酷爱读书，图书和图书馆对毛泽东思想的形成产生了很大影响。1912 年，毛泽东经常到湖南图书馆看书，当年的一位图书馆管理员曾回忆说："那时候，我们图书馆每天早上一开门就'欢迎'毛泽东，因为他每天必到，也来得最早，而且在外面等候多时了，每天下午关门，要'欢送'毛泽东，因为他走得最晚，不撵他，他还不走。"毛泽东自己回忆这一段生活时说："那时进了图书馆，就像牛闯进了菜园子，尝到了菜的味道，就拼命地吃。"也是在湖南图书馆，毛泽东第一次看到世界地图，这张地图叫做《世界坤舆大地图》，由此毛泽东才知道中国只是世界的一部分，也由此毛泽东确立了"放眼世界"的远大胸怀。

◆1909 年，兴建京师图书馆：中国开始有了近代意义上的国家图书馆。1909 年，张之洞执掌的清廷学部呈《奏建京师图书馆折》称："图书馆为学术之渊薮。京师尤系天下观听，规模必求宏远，搜罗必极精详，庶足以供多士之研求，昭同文之盛治。"1909 年 9 月，学部奏请获批，任命缪荃孙为正监督，负责筹建京师图书馆。1912 年 8 月正式开馆接待读者。1912 年 5 月起，江翰被任命为馆长，1913 年 2 月，江翰调任他职，夏曾佑被任命为馆长，在夏曾佑不能莅馆主持馆务的情况下，京师图书馆的管理之责，由教育部社会教育司第一科科长鲁迅担当。1916 年京师图书馆开始接受国内出版物呈缴本，标志着京师图书馆开始履行国家总书库职能。1931 年文津阁新馆落成。新中国成立后，京师图书馆改名为北京图书馆。1998 年 12 月，经国务院批准，北京图书馆更名为中国国家图书馆。

◆1910 年，旧中国第一部全国性图书馆法规问世。1910 年学部颁布《京师图书馆及各省图书馆通行章程》（共 19 条）。章程明确规定图书馆的目的是："图书馆之设，所以保存国粹，造就通才，以备硕学专家研究学艺，学生士子检阅考证之用，以广征博采，供人浏览为宗旨。"该章程的颁布具有如下 3 方面的历史意义：

① 在中国历史上，第一次以政府文件形式明确了图书馆的宗旨、设立程序、

收藏范围、职责和管理制度，从此全国图书馆有了普遍遵循的法则。

②在中国历史上，第一次明确规定了图书馆要以"供人浏览"为宗旨，且第一次在政府文件中使用了"图书馆"一词，由此彻底结束了"藏书楼"称谓及其建制。

③在中国历史上，开启了立法管理图书馆的先河。作为中国第一部图书馆法规，该章程的出台体现了中国政府依法管理图书馆事务的国家意志，同时向世人宣明了中国政府从法律的高度重视发展图书馆事业的先进理念。

对于该章程的重要意义，著名图书馆学家蒋复璁曾评价说："章程的内容精当周密，入民国后图书馆法规屡经订定修改，但其立法精神不变。"❶ 严文郁评价该章程"可说是我国图书馆事业的重大创举。对于图书馆事业的推动，有极大的贡献"。❷ 当然，该章程也有明显的时代局限性，如第十条、第十一条对图书馆的收藏作了严格的限制："惟有近时私家著述，有奉旨禁行，及宗旨悖谬者，一概不得采入"；"海外各国图书，凡关系政治学艺偏驳不纯者，不得采入"。这种限制，显然违背了"图书馆具有收集资料的自由"这一现代图书馆理念。

◆1915 年和 1927 年，《图书馆规程》、《通俗图书馆规程》和《图书馆条例》颁布：规范图书馆管理的政策措施。

《图书馆规程》（共 11 条）于 1915 年由教育部颁布。第一条规定：各省、各特别区域应设图书馆，储集各种图书，供公众之阅览。各县得视地方情形设置之。第二条规定：公立、私立各学校，公共团体或私人，依本规程所规定，得设立图书馆。第三条规定：各县及各特别区域及各县所设之图书馆，称为公立图书馆。公众团体及公私学校所设者，称为某团体、某学校附设图书馆。私人所设者，称为私立图书馆。第九条规定：图书馆得酌收阅览费。另外，该规程还对图书馆设立与撤废程序，馆长及馆员设置，经费使用，捐赠奖励等事项，作了粗略规定。

《通俗图书馆规程》（共 11 条）于 1915 年由教育部颁布。通俗图书馆指的是以通俗读物提供文化普及性服务的基层图书馆类型，其特点是以普通民众和少年儿童为主要服务对象。《通俗图书馆规程》依据《图书馆规程》而订立，大部分内容与《图书馆规程》重复。第一条规定：各省治、县治应设通俗图书馆，储集各种通俗图书，供公共之阅览。私人或公共图书馆、公私学校、工厂，得设立通俗图书馆。与《图书馆规程》显著不同的是第七条和第九条之规定。第七条规定：通俗图书馆不征收阅览费。第九条规定：通俗图书馆得设公众体操场。

---

❶ 严文郁. 中国图书馆发展史：自清末至抗战胜利 ［M］. 台北：枫城出版社，1983：39 - 40.

❷ 严文郁. 中国图书馆发展史：自清末至抗战胜利 ［M］. 台北：枫城出版社，1983：41.

这两条规定都符合近现代图书馆理念。尤其是图书馆"不征收阅览费"的规定，在中国历史上第一次出现在政府政策文本之中，其历史意义可用"史无前例"、"开天辟地"来形容。

《图书馆条例》（共 15 条）于 1927 年由国民政府大学院颁布。与上述《图书馆规程》和《通俗图书馆规程》相比，《图书馆条例》中的第八条具有显著的进步意义。第八条对图书馆馆长的任职资格作了规定："一、国内外图书馆专科毕业者；二、在图书馆服务三年以上有成就者；对于图书馆事务有相当学识及经验者。"这一规定制约了地方政府对图书馆馆长人选的行政干预或随意安排，规避了"外行管理内行"现象的发生，有利于保持图书馆的专业性，也有利于图书馆事业的健康、有序发展。应该说，这种规定对如今的图书馆行业发展仍具有现实意义。

◆韦棣华：中国图书馆的恩主。从 1910 年起，美国人韦棣华女士（Miss Mary Elizabeth Wood，1861—1931）为中国近代图书馆的兴起献出了她的毕生精力。民国第二任大总统黎元洪称她为"中国现代图书馆运动之皇后"。称她为"皇后"，似乎无法准确表达国人对她的感激之情，所以不如称她为"中国图书馆的恩主"。韦棣华对中国图书馆事业的贡献主要体现在以下几方面：

① 创办文华公书林和巡回文库。1910 年，韦棣华在武昌创办文华公书林（Boone Library），1914 年又创办巡回文库（Traveling Library），免费为武汉三镇居民提供图书馆服务，既方便了当地居民，又宣传了图书馆服务的平等性和包容性理念。

② 输送和培养了中国第一代图书馆学留学生。1914 年，韦棣华派沈祖荣赴美国纽约州立图书馆学院（New York Public Library School）留学，开创了中国人赴海外留学攻读图书馆学的先河。1917 年沈祖荣学成回国，韦棣华又派胡庆生留学。沈祖荣和胡庆生后来都成为著名的图书馆教育家和活动家。

③ 创办中国第一所图书馆学高等教育学校。1920 年，韦棣华与沈祖荣一起在武昌文华大学创办了图书科，后于 1929 年 8 月，经教育部批准，该图书科正式更名为私立武昌文华图书馆学专科学校，成为中国第一所独立的图书馆学高等教育机构，由此开启了中国图书馆学专业教育的历史。1953 年该学校并入武汉大学，成为现今武汉大学信息管理学院的前身。

④ 为庚子赔款用于图书馆事业竭尽全力并取得成效。在美国退还庚子赔款余额之际，1923 年冬韦棣华在华盛顿奔走了半年多的时间，先后拜谒了美国国会的 82 位参议员和 420 位众议员，说服美国政府指定将退款的一部分用于中国的教育和文化事业。1924 年 5 月，美国参众两院通过议案并获美国总统批准同意，将总数达 600 多万美元的庚子赔款余额退还中国，用于资助中国的教育和文

化事业。为了落实这笔资金，韦棣华又在美国图书馆界奔走呼号，促成 ALA 决定派遣鲍士伟（Bostwick）作为 ALA 的代表于 1925 年 4 月 26 日至 6 月 16 日来华考察中国图书馆事业，以落实退款中的一部分用于发展中国图书馆事业。

⑤ 推动中华图书馆协会的成立。韦棣华在中国从事图书馆活动时，一直积极主张尽早成立全国性的图书馆协会。韦棣华促成的 ALA 代表鲍士伟来华考察图书馆事业，在客观上加速了中华图书馆协会的筹建进程。1925 年 6 月 2 日，中华图书馆协会成立仪式在北京欧美同学会举行，著名的政治活动家梁启超、ALA 代表鲍士伟及韦棣华先后在成立大会上发表讲话。

◆1917 年，沈祖荣、胡庆生合编的《仿杜威书目十类法》由武昌文华公书林出版。这是中国第一部以学科分类为标准的现代图书分类法。该法刊印后，学术界立即掀起了"仿杜"、"改杜"热潮，先后出现了杜定友的《世界图书分类法》（1925 年改名为《图书分类法》，1935 年又改名为《杜氏图书分类法》），王云五的《中外图书统一分类法》，刘国钧的《中国图书分类法》，皮高品的《中国十进分类法》，何日章的《中国图书十进分类法》等。如果说 1896 年梁启超的《西学书目表》是从学术分类的角度（侧重于文献的内容）突破了传统的四分法体系，那么沈祖荣、胡庆生的《仿杜威书目十类法》则是从图书分类的角度（侧重于文献内容的学科属性）突破了传统的四分法体例。

◆图书馆学高等教育的艰难起程。除武昌文华图书馆学专科学校之外，国内其他一些大学也陆续开设图书馆学专业教育。1925 年上海国民大学设立图书馆学系，著名图书馆学家杜定友任系主任，1926 年停办。1926 年穆耀枢在四川创办成都图书馆学校，很快停办。1927 年金陵大学成立图书馆学系，著名图书馆学家李小缘任系主任，成为现今南京大学信息管理系的前身。1930 年江苏省立教育学院设民众教育系，内设图书馆组。1941 年国立社会教育学院成立于四川璧山，内设图书馆博物馆学系，汪长炳任系主任，抗战胜利后迁回江苏苏州。1947 年国立北京大学文学院附设图书馆专修科，著名学者王重民任科主任，成为现今北京大学信息管理系的前身。

◆梁启超（1873—1929）：中国思想家关心图书馆事业的杰出代表。新中国成立前，国内有许多开明人士关心图书馆事业，而大思想家梁启超无疑是其中的杰出代表。梁启超对图书馆事业的贡献，可从以下几个方面窥见一斑：

① 1896 年，编制《西学书目表》，设学部、政部、杂类三大类，成为突破传统四分法体系的滥觞。

② 引进"图书馆"一词有功。1896 年，由梁启超任总撰述的《时务报》多次刊载有关图书馆的文章。1896 年 9 月 27 日，《时务报》上刊登的一篇翻译日本人写的《古巴岛述略》一文中赫然出现了"图书馆"一词。由此开始了"图

书馆"一词在中国的流行。尽管梁启超不是《古巴岛述略》一文的译者，但此文能够在《时务报》上发表，应该说有梁启超的"慧眼"之功。

③ 宣传西方图书馆思想。维新变法失败导致梁启超漂泊海外。在美国期间，他访问多处图书馆，亲眼目睹了美国图书馆的先进之处，这成为他回国后积极宣传西方图书馆理念的经验基础。如他评论卡内基捐建图书馆义举时指出："卡氏以图书馆为慈善事业之第一，倾全力以助之。余所至各市，无不见有卡氏所立图书馆者。"再如他对美国大学图书馆的开架借阅深有感触，他说："余所见各学校之图书馆，皆不设管理取书人，惟一任学生之自取而已。余颇讶之，至芝加哥大学，询馆主：如此，书籍亦失者否？答云：每年约可失二百册左右；但以此区区损失之数，而设数人监督之，其所费更大，且使学生不便，故不为也。"

④ 先进的图书馆思想。早在 1896 年，在《时务报》创刊号上，梁启超介绍西方培养人才的方法时就写道："泰西育人才之道计有三事：曰兴学校，曰新文馆，曰书籍馆。"1899 年，在日本《请议报》第 17 期上，刊登了梁启超的《论图书馆与开进文化一大机关》一文，在此文中进一步阐发了他的图书馆思想。文中称图书馆有 8 点功用：（一）图书馆使现在学校教育之青年学子，得补助其知识之利也；（二）图书馆使凡青年志士，有不受学校教育者，得知识之利也；（三）图书馆储藏宏富，学者欲查故事，得备参考也；（四）图书馆有使阅览者，随意研究事物之利也；（五）图书馆有使阅览者，于顷刻间，得查数事物之利也；（六）图书馆有使人皆得用贵重图书之利也；（七）图书馆有使阅览图书者得速知地球各国近况之利也；（八）图书馆有不知不觉使养成人才之利也。

⑤ 创办图书馆，任馆长，亲历图书馆实践。1923 年，梁启超在北京创办了松坡图书馆，自任馆长。该馆于 1949 年并入北京图书馆。1925 年 12 月，教育部正式聘请梁启超任京师图书馆馆长。1926 年，他又兼任筹建中的北海公园新馆——北京图书馆馆长，李四光任副馆长、袁同礼任图书部主任。1927 年 6 月，梁启超因病辞去馆长职务。

⑥ 提出建立"中国的图书馆学"。1925 年 6 月 2 日，梁启超在中华图书馆协会成立仪式上发表讲话时说道："学问无国界，图书馆学怎么会有'中国的'呢？不错，图书馆学的原理则是世界共通的，中国诚不能有所立异；但是中国书籍的历史甚长，书籍的性质极复杂，和近世欧美书籍有许多不相同之点。我们应用现代图书馆学的原则去整理它，也要很费心裁，绝不是一件容易的事。从事整理之人，须要对于中国的目录学（广义的）和现代的图书馆学都有充分智识，且能神明变化之，庶几有功。这种学问，非经许多专家继续的研究不可，研究的结果，一定能在图书馆学里头成为一独立学科无疑。所以我们可以叫它做'中国的图书馆学'。"

以下为新中国成立后大事记：

◆1955 年 4 月 25 日，文化部颁发了《关于征集图书、杂志样本办法》，这是新中国成立之后建立呈缴本制度的重要举措。

◆1956 年，周恩来总理作了《关于知识分子问题的报告》，指出："为了实现向科学进军的计划……最具有重要意义的是要使科学家得到必要的图书、档案数据，技术数据和其他工作条件。"同年，周恩来提议将发展图书馆事业列入 12 年科学发展规划之中。

◆1956 年起，图书馆学本科教育建制与研究生教育建制逐步形成。1956 年，北京大学、武汉大学的图书馆学专修科改为 4 年制的图书馆学系。北京大学图书馆学系首任主任为王重民，武汉大学图书馆学系首任主任为徐家麟。1981 年，北京大学和武汉大学的硕士学位点正式获批，1990 年，北京大学和武汉大学的图书馆学和情报学博士学位点获批，1994 年我国培养出首批图书馆学情报学博士。

◆1957 年 4 月 30 日北京图书馆主办的《图书馆学通讯》创刊，之后由中国图书馆学会和北京图书馆合办，1991 年改名为《中国图书馆学报》。

◆1957 年 6 月 18 日，周恩来主持的国务院第 57 次会议审查批准了《全国图书协调方案》。依据此方案，成立了北京、上海两个全国性的第一、第二中心图书馆和中心图书馆委员会，成立了武汉、沈阳、南京、广州、成都、西安、兰州、天津、哈尔滨 9 个地区性中心图书馆和中心图书馆委员会，组织图书馆之间开展图书采购、调配、交换、互借、新书通报、书目编制、干部培养等方面的分工合作。《全国图书协调方案》的制订和实施，标志着我国的文献资源共建共享活动迈出了重要一步，其重大意义应写入史册。甚至可以说，《全国图书协调方案》的制订和实施，是 1979 年中国图书馆学会成立之前新中国图书馆史上最具历史意义的事件。

◆1966—1978 年，由于十年"文化大革命"及其贻害，全国的图书馆事业基本处于凋敝状态。

◆1975 年，《中国图书馆图书分类法》（简称《中图法》）正式出版（至今已出第 5 版，第 4 版时更名为《中国图书馆分类法》）；1980 年，《汉语主题词表》出版；1994 年，《中国分类主题词表》出版。至此，文献分类与主题标引的标准化体系形成。

◆1979 年 7 月 9 日，中国图书馆学会成立。

◆1980 年 5 月 26 日，中央书记处讨论通过了由国家文物局起草上报的《图书馆工作汇报提纲》。6 月 1 日，中央办公厅秘书局发出了《中央会议决定事项通知》，有关图书馆的决定有 4 项：第一，决定在文化部设图书馆事业管理局，管理全国图书馆事业；第二，将来可考虑把北京图书馆建成一个中心；第三，建成全国性的图书馆网，把图书馆办成社会事业，不一定设行政管理机构；第四，新建北京图书馆列入国家计划，由北京市负责筹建。中央书记处通过的《图书馆工作汇报提纲》，是迄今我国最高级别的关于图书馆的政策文件。

◆1981年5月，恢复了中国图书馆学会作为中华人民共和国在IFLA唯一合法代表的会员国席位。

◆1981年9月，全国高等学校图书馆工作会议在北京召开。会议决定成立"全国高等学校图书馆工作委员会"（简称"高校图工委"），作为教育部主管全国高等学校图书馆工作的机构。1987年"全国高等学校图书馆工作委员会"改名为"全国高等学校图书情报工作委员会"，并制定了《普通高等学校图书馆规程》（2002年修订）。

◆1982年12月，文化部颁布《省（自治区、市）图书馆工作条例》。

◆1984年，教育部印发《关于在高等学校开设〈文献检索与利用〉课的意见》，使图书馆学的专业课程作为公共课在高校铺开。

◆1989年5月28日至6月3日，根据文化部图书馆司的统一部署，全国县以上公共图书馆举行全国首届图书馆服务宣传周活动。此后，每年的5月最后一周成为固定的图书馆服务宣传周，延续至今。

◆1991年11月，由文化部立项、由深圳图书馆负责开发的ILAS系统通过鉴定，奠定了中国公共图书馆自动化应用软件的基础。

◆1992年，北京大学率先把"图书馆学情报学系"改名为"信息管理系"。此后，其他大学纷纷效仿。

◆1994年，文化部下发《关于在县以上公共图书馆评估定级的通知》，形成公共图书馆评估制度。2009年7月，文化部又发布了《公共图书馆评估标准》，进一步规范和完善了公共图书馆评估制度。

◆1996年8月，全国情报文献工作标准化技术委员会、中国图书馆学会推荐使用的《中国文献编目规则》出版。

◆1996年8月25日，第62届IFLA大会在北京举行。

◆1997年，由国家计划和发展委员会立项、北京图书馆承办的"中国试验型数字图书馆"项目正式启动。这标志着中国数字图书馆工程正式启动，开始进入实质性操作阶段。

◆1998年11月，国家计划和发展改革委员会正式批准的中国高等教育文献保障系统（China Academic Library & Information System，CALIS）正式启动，它是经国务院批准的我国高等教育"211工程"总体建设规划中两个公共服务体系之一。

◆1998 年 12 月 22 日，中共中央总书记、国家主席江泽民视察北京图书馆，指出社会的发展，人类的进步，都离不开知识；要求在全社会倡导人们多读书，大兴勤奋学习之风。

◆20 世纪 90 年代中后期起，我国的地方图书馆法规和行政规章建设迈出了坚实的一步，极大地推动了我国的图书馆立法进程。已出台的地方性图书馆专门法规有：《深圳经济特区公共图书馆管理条例》（1997）、《内蒙古自治区公共图书馆管理条例》（2000）、《湖北省公共图书馆管理条例》（2001）和《北京市图书馆管理条例》（2002）；地方政府规章有：《贵州省县级图书馆工作条例》（1985）、《上海市公共图书馆管理办法》（1996）、《河南省公共图书馆管理办法》（2002）、《广西壮族自治区公共图书馆管理办法》（2002 年修订）、《浙江省公共图书馆管理办法》（2003）、《乌鲁木齐市公共图书馆管理办法》（2008）、《山东省公共图书馆管理办法》（2009）、《天津市区、县图书馆工作条例》（1986）、《天津市市、区、县少年儿童图书馆工作条例》（1986）、《江西省公共图书馆服务标准》（2008）、《上海市公共图书馆行业服务标准》（2009）、《图书借阅服务规范》（2008，山东省质量技术监督局）等。2001 年台湾颁布图书馆法。

◆2002 年，中国图书馆学会发布《中国图书馆员职业道德准则（试行）》。❶

◆2005 年 7 月 8 日，"中国大学图书馆馆长论坛"发表《图书馆合作与信息资源共享武汉宣言》。国内北京大学图书馆馆长等 60 多位馆长或馆长代表签署了这个宣言。该《宣言》"对于推动我国大学图书馆之间、大学图书馆与其他类型图书馆之间的合作，实现信息资源共享，进而对于促进我国经济和社会的全面和可持续发展，消除信息鸿沟，构建和谐社会，都具有重要意义"。

◆进入 21 世纪后，一批"巨无霸"型图书馆陆续建成。中国国家图书馆 1987 年新馆建成后面积为 14 万平方米，加上建于 1931 年的文津街古籍分馆面积 3 万平方米，总面积达到 17 万平方米。新馆二期工程于 2008 年竣工，面积约 8 万平方米，其中数字图书馆面积为 12 921 平方米。至此，全馆面积达 25 万平方米，居世界第 3。1995 年建成的上海图书馆新馆建筑面积达 8.3 万平方米（我国第二大图书馆），2008 年建成的南京图书馆新馆建筑面积近 8 万平方米（我国第三大图书馆）。2006 年建成的深圳图书馆新馆建筑面积 49 589 平方米，投资近 8 亿元，设计藏书容量 400 万册、读者坐席 2 000 个、网络节点 3 000 个，日均可接待读者 8 000 人次。2006 年 3 月，中国科学院国家科学图书馆成立，由原中科院所属的文献情报中心、资源环境科学信息中心、成都文献情报中心和武汉文献

---

❶《中国图书馆员职业道德准则（试行）》全文见本书第四章第三节。

情报中心 4 个机构整合组成；实行理事会领导下的馆长负责制；总馆设在北京，下设兰州、成都、武汉 3 个二级法人分馆，并依托若干研究所（校）建立特色分馆；全馆现有员工 470 余人，馆舍建筑面积 8 万平方米，依托网络提供高速、便捷的科技信息服务。

◆2006 年，《国家"十一五"时期文化发展规划纲要》发布，图书馆事业纳入公共文化服务体系之中。公共文化服务体系要以"实现和保障公民基本文化权益、满足广大人民群众基本文化需求为目标，坚持公共服务普遍均等原则"；"鼓励具备条件的城市图书馆采用通借通还等现代服务方式，推动公共文化服务向社区和农村延伸"，要求"县（市）图书馆逐步实行分馆制，丰富藏书量，形成统一采购、统一编目的图书配送体系，充分发挥县图书馆对乡镇、村图书室的辐射作用，促进县、乡图书文献共享"；"支持民办公益性文化机构的发展，鼓励民间开办博物馆、图书馆等，积极引导社会力量提供公共文化服务"；"政府要保证……基层公共图书馆购书经费"；"编制图书馆、博物馆、文化馆（站）等公共文化设施建设的国家标准"。可以说，《国家"十一五"时期文化发展规划纲要》是中国有史以来对图书馆事业发展阐述最全面、最精当的国家政策文件，其历史意义应载入中国图书馆发展史册之中。《国家"十一五"时期文化发展规划纲要》对发展我国公共图书馆事业所具有的历史意义主要表现在以下几个方面：

① 第一次以国家文件形式明确了包括公共图书馆服务体系在内的公共文化服务体系建设的基本目标，即"以实现和保障公民基本文化权益、满足广大人民群众基本文化需求为目标"。这表明，为维护和保障公民的基本文化权利而提供相应的服务，是公共图书馆存在和发展的价值目标所在。

② 第一次以国家文件形式明确了公共图书馆服务的基本原则，即公共图书馆服务必须体现"普遍均等"原则。提供普遍均等的服务，是国际图书馆界普遍公认的基本理念之一。《纲要》提出的普遍均等原则，已成为中国公共图书馆服务体系建设和图书馆服务实践必须遵循的基本原则。

③ 第一次以国家文件形式明确提出了图书馆服务的两个基本要求：城市图书馆要向社区和农村提供延伸服务，县（市）图书馆要以"分馆制"形式把服务辐射至乡村。这一要求不仅指明了普遍均等原则的落实途径，而且还点明了我国当前图书馆事业发展的两个薄弱环节——城市社区居民和广大农村地区居民得不到普遍有效的图书馆服务。

④ 第一次以国家文件形式明确要"编制图书馆设施建设的国家标准"，这一标准的编制必将为以后图书馆设施建设提供准法律意义上的达标依据，有利于避免以往图书馆设施建设中仅凭政府主管部门领导拍板决定的官僚化和随意化

弊端。

⑤ 大力推动了我国图书馆立法的进程。《纲要》在文化立法规划中，"图书馆立法"赫然写在其中。显然，这一规划昭示着新中国图书馆法的出台指日可待。

◆2008 年，《公共图书馆建设标准》和《公共图书馆建设用地指标》编制完成并公布。这两个标准的编制，就是《国家"十一五"时期文化发展规划纲要》中"编制图书馆设施建设的国家标准"要求的产物。在《建设标准》中，对公共图书馆的规模分级、馆舍选址、总建筑面积与分项面积、总体布局、建筑设备等作出了规定；在《用地指标》中，对大、中、小型馆的用地构成，公共图书馆的服务半径，大、中、小型馆的服务人口、藏书量、用地面积等，作出了控制性指标规定。这两个标准的编制和公布实施，为各级政府安排公共图书馆设施建设提供了标准依据，对公共图书馆设施建设的规范化具有重大意义。

◆2008 年 10 月 28 日，中国图书馆学会发布《图书馆服务宣言》。❶

图书馆服务宣言，是图书馆职业集团向全社会宣明的对自身所承担的社会责任、所秉持的职业理念、所坚持的职业立场、所履行的服务职责的誓约式表达。通过图书馆服务宣言，人们能够最明了、最集中地意会到图书馆的核心价值所在。从中国图书馆学会发布的《图书馆服务宣言》的内容看，文化权利、平等服务、普遍均等、人文关怀、优质服务、资源共享、终身学习、社会合作等，无一不是图书馆核心价值的体现。中国图书馆学会发布《图书馆服务宣言》的历史意义主要表现在以下几个方面：

① 时代意义。在中国图书馆发展史上，《宣言》首次以职业集团的名义表达了当代中国图书馆人的职业理念，它表现了当代中国图书馆人对职业理想的不懈追求和为之奋斗的崇高愿景。

② 宣传意义。《宣言》的发布，不仅向社会宣明了中国图书馆人的职业信念，同时以最简洁的语言向社会阐明了图书馆的核心价值。这对社会公众了解图书馆价值进而支持图书馆事业，必将产生重要的推动作用。

③ 示范意义。中国图书馆学会作为中国图书馆界的最高学术组织，集中全国图书馆界的理论与实践骨干力量所促成的此《宣言》，必然具有相当的权威性和号召力，不仅对其他行业具有一定的示范效应，而且对图书馆行业内的各系统、各类型图书馆制定各自的服务宣言，必将起到原则性和方向性示范作用。

④ 理论指导意义。《宣言》所阐明的图书馆职业理念和职业使命，必将对图书馆的管理实践和业务实践产生持续的、有效的理论指导作用。

---

❶ 《图书馆服务宣言》全文见本书第四章第三节。

⑤ 国际交流意义。在本《宣言》发布之前，我国长期缺失像 ALA 的《图书馆权利法案》、日本图书馆协会的《图书馆自由宣言》那样的行业集团誓约文本，这种情况容易在国际交流中造成本国本行业共同声音的缺失，所以，《宣言》的发布必将有利于我国图书馆人在国际交流中形成共同声音，进而有利于增强中国图书馆人在国际交流中的话语力量。

◆2008 年 11 月，文化部召开《公共图书馆法》启动工作会议，并成立《公共图书馆法》起草工作领导小组和工作组。2009 年 11 月，形成《公共图书馆法》初稿，历经多次修改后，于 2011 年 12 月报送至国务院法制办。至此，中国图书馆界企盼已久的全国性图书馆法正式步入立法程序。

◆2010 年 5 月，《公共图书馆服务规范》得到文化部、国家质量监督检验检疫总局、国家标准化管理委员会批准，从 2011 年起实施。这一《规范》的实施，将对以后的图书馆评估活动产生重要的规范和指导作用。

◆2011 年 2 月 10 日，文化部、财政部出台《关于推进全国美术馆公共图书馆文化馆（站）免费开放工作的意见》，正式形成公共图书馆免费开放制度。《意见》指出，2011 年年底之前国家级、省级美术馆全部向公众免费开放；全国所有公共图书馆、文化馆（站）实现无障碍、零门槛进入，公共空间设施场地全部免费开放，所提供的基本服务项目全部免费；按照"增加投入、转换机制、增强活力、改善服务"的原则，建立免费开放经费保障机制。自此，IFLA/UNESCO《公共图书馆宣言》中要求的公共图书馆服务"原则上免费"的规定，得以在我国落实。

二、图书馆定义

图书馆，其英文对应词为 Library。Library 一词源于拉丁文 Librarium，其意为藏书之所。然而，如今的图书馆早已不仅仅是藏书之所，它的功能早已突破了藏书之所的界限。"图书的集合不是图书馆，同时，图书馆也不仅仅是保存图书的地方"。所以，"藏书之所"已不能概括图书馆的本质与功能。"图书馆是不断生长着的有机体"，其存在样态、技术方法、用户需求等始终处于变化之中，加之人们对图书馆现象的认识角度各异，人们对它的认识和定义将始终处在不断"生成"的过程之中，所以，那种一成不变、一劳永逸的图书馆定义将不存在。

迄今为止，关于图书馆的定义不计其数，如：

● 杜定友："图书馆的功用，就是社会上的一切人的记忆，实际就是社会上一切人的公共脑子"。

● 巴特勒：图书馆是将人类记忆的东西移植于现在人们的意识之中的一个社会装置。

● 谢拉：图书馆是这样一个社会机关，它用书面记录的形式积累知识，并通过图书馆员将知识传递给团体和个人，进行书面交流。因此，图书馆是社会中文化交流体系的重要机关。

- 卡尔斯泰特（Peter Karsted）：图书是客观精神的容器，图书馆是把客观精神传递给个人的场所。图书馆就是使文化的创造和继承成为可能的社会机关。
- 俞爽迷："图书馆是收集有益的图书，随着大众的知识欲望，用最经济的时间，自由使用的地方"。
- 刘国钧："图书馆乃是以搜集人类一切思想与活动之记载为目的，用最科学、最经济的方法保存它们，整理它们，以便社会上一切人使用的机关"。
- 黄宗忠："图书馆是对信息、知识的物质载体进行收集、加工、整理、积聚、存储、选择、控制、转化和传递，供给一定社会读者使用的信息系统"。
- 吴慰慈、董焱："图书馆是社会记忆（通常表现为书面记录信息）的外存和选择传递机制。换句话说，图书馆是社会知识、信息、文化的记忆装置、扩散装置"。
- 克劳福德和戈曼："图书馆是保存、传播、利用记录在各种媒体上的知识的场所，是为人们获取广而深的知识服务的"，"图书馆还是一个学习的场所，是用户认知发生变化的地方"。
- 切尼克（Barbara E. Chernik）：1982 年在其《图书馆服务导论》一书中说，图书馆是"为利用而组织起来的信息集合"。
- 顾敏："图书馆是一个运输知识的通道，图书馆是一个供应知识的单位，图书馆是一个分享知识的场所"。
- 胡述兆："图书馆是为资讯建立检索点，并为使用者提供服务的机构"。
- 叶鹰："图书馆是有序化信息相对集中的时空"。
- 王子舟等："图书馆是对知识进行存储、优控、检索，为公民平等、自由获取知识提供服务的机构"。

若从公共物品角度考察图书馆，对图书馆可作如下定义：图书馆是为了满足人们平等地获取和共享知识信息的需要，而对知识信息进行集中存储、序化、传播的一种公共物品。这一定义可称为关于图书馆的公共物品定义。这一定义的内涵，可从以下几个方面理解：

第一，图书馆是一种公共物品（准确地说是准公共物品）。这一命题的内涵包括：① 图书馆是一种众人需要的公共物品，因此设立图书馆的目的在于为公众利用，这就是图书馆的公共性所在。从这个意义上说，仅供创办者个人使用的"图书馆"不应称其为"图书馆"，而应称其为私人藏书，尽管其创办者可以将其私人藏书命名为"图书馆"，但这种"图书馆"不具有公共性和普遍性，因而不属于社会意义上的图书馆范畴。② 作为公共物品，图书馆既可以由政府提供，也可以由营利组织、非营利组织或私人提供（如民营图书馆）。这就是图书馆服务提供方式上的多元性。但是，图书馆既然是公众需要的公共物品（而非私人物品），政府应该是向社会公众提供图书馆这一公共物品的主要责任主体。③ 作为公共物品，图书馆服务必须具有一定范围内的共享性，保证最大限度的非排他性和非竞争性，以此体现公共物品的本质特征。

第二，满足人们平等地获取和共享知识信息的需要是图书馆的基本使命。图书馆的所有其他具体使命，都是这一基本使命的派生表现。社会上，能够满足人们获取和共享知识信息需要的部门不只有图书馆，还有学校、博物馆、纪念馆、科技馆等，但是，图书馆以其独特的资源、独特的环境、独特的服务有别于其他部门，承担着独特的社会使命。

第三，对知识和信息进行集中存储、序化、传播，是图书馆实现自身社会使命的基本手段。这一命题的内涵包括：① 图书馆职业是面向知识和信息的职业；② 图书馆长期从事对知识和信息进行集中存储、序化、传播活动所形成的职业理念和专业知识，是图书馆职业的核心能力的主要表现，是图书馆职业的立业之本。

第二节　图书馆学概述

一、图书馆思想史概览

自图书馆诞生以来，人们对它的认识源远流长，流派纷呈，各成其说。下面选其要，作一概述。

1. 外国图书馆思想史概览

（1）诺德的图书馆思想

法国学者诺德（Gabriel Naude，1600—1653）是对图书馆作出深刻理解和较系统论述的第一人，他由此被誉为"图书馆学的开山鼻祖"。1627 年，诺德发表了《关于创办图书馆的建议书》，系统地论述了自己的图书馆思想：

① 图书馆应当对公众（主要是学者）开放；

② 图书馆不能仅限于收藏古代善本，更为重要的是收藏当今的作品；

③ 馆藏不应当有倾向性和排他性，宗教书籍和一般图书要一视同仁；

④ 必须科学地管理藏书；

⑤ 要慎重地选择图书馆员，并给予相应的待遇和称号；

⑥ 要为藏书配备分类目录和主题目录，以便利图书馆员和读者；

⑦ 允许读者入库选书和外借图书。

（2）莱布尼茨的图书馆思想

德国数学家和哲学家莱布尼茨（G. W. Leibniz，1646—1716）则是诺德之后17 世纪西方最有创见的图书馆活动家。他从事图书馆工作长达 40 余年，其中26 年任图书馆馆长。莱布尼茨的图书馆思想散见于各种书信和建议书中，概括地讲，主要包括以下几个方面：

① 图书馆应当是用文字表述的人类全部思想的宝库，通俗地讲，是人类的"百科全书"，是"和一切时代的伟大人物相互对话的场所"；

② 评价藏书的标准应以质量为主；

③ 图书馆必须有固定的经费，以保证图书馆的可持续发展；

④ 图书馆头等重要的任务是想方设法让读者利用馆藏，为此必须配置完备的目录，包括全国性的联合目录；

⑤ 图书馆要尽可能延长开馆时间，允许读者自由外借，并为读者利用藏书提供便利的设施。

（3）帕尼兹的图书馆思想

帕尼兹（Anthony Panizzi，1797—1897）曾在不列颠博物馆图书馆供职 35 年并担任过馆长。由于他的杰出贡献，人们称他为"图书馆员的拿破仑"，英国政府也为此授予他贵族称号。帕尼兹的图书馆思想概括起来主要有以下几点：

① 国家图书馆要与该国的国际地位相适应，"不列颠博物馆应当收藏世界上一切语种的有用的珍贵图书"；

② 图书馆必须有充足的经费作保证；

③ 要严格执行呈缴本制度，要善于利用法律手段保障图书馆的正常运行；

④ 要坚持标准化和科学化的管理。帕尼兹为此制定了被誉为世界目录学史上的"大宪章"、现代编目法开端的《91 条编目规则》（1841）；

⑤ 注重图书馆建筑研究。为此他亲自参与设计和建造了著名的圆顶阅览室和铁制书架；

⑥ 注重改善图书馆员工的待遇，调动他们的工作积极性。

（4）杜威的图书馆思想

美国的杜威（Melvil Dewey，1851—1931）一生创立了许多图书馆领域的世界之最：1876 年，杜威等人发起成立了世界上第一个图书馆协会——美国图书馆协会；创办了第一份图书馆学刊物——《图书馆杂志》；出版了世界上第一部十进制分类法——《杜威十进分类法》。1887 年，杜威又成立了世界上第一个正规的图书馆学教育机构——哥伦比亚大学图书馆学院；杜威还开办了图书馆用品公司并主持公司业务长达 28 年之久。杜威是衔接 19 世纪和 20 世纪的图书馆学大家，他的图书馆学思想集中体现在以下几个方面：

① 图书馆是最好的教育场所，是"民众大学"；

② 图书馆工作是一种专门职业，必须对图书馆工作人员进行培训；

③ 读者需要高于一切，图书馆员不仅要为读者提供借阅服务，也要回答读者提出的各类问题，乃至于为读者演唱歌曲和讲故事；

④ 图书馆的目标是"以最低的成本、最好的图书，为最多的读者服务"（"三最"原则）。

（5）阮冈纳赞的图书馆思想

印度图书馆学家阮冈纳赞（S. R. Ranganatha，1892—1972），因提出"图书馆学五定律"（The Five Laws of Library Science）而享誉全球。这五定律是：

① 书是为了用的（books are for use）；

② 每个读者有其书（every reader has his books）；

③ 每本书有其读者（every books has its reader）；

④ 节省读者的时间（save the reader's time）；

⑤ 图书馆是一个生长着的有机体（the library is a growing organism）。

阮冈纳赞提出的"图书馆学五定律"，所揭示的实际上是图书馆活动应该遵循的 5 个法则或 5 个基本原则。这五定律，充分反映了阮冈纳赞图书馆学思想中的致用精神（书是为了用的，每本书有其读者）、平等精神（每个读者有其书）、人文关怀精神（节省读者的时间）和发展精神（图书馆是一个生长着的有机体）。在这简约朴实的法则中，包含了阮冈纳赞对图书馆使命、图书馆价值观、图书馆职业道德、图书馆发展机理等的博大精深的理解，是图书馆职业哲学的最精练的表述。这 5 个法则充分体现了阮冈纳赞的理想主义、民主主义和人文主义精神，所以几乎被所有派别的图书馆学者所接受和推崇，对世界各国图书馆职业产生了非常深远的影响。❶ 美国著名图书馆学和情报学家兰卡斯特（F. W. Lancaster）在 20 世纪 80 年代指出："这 5 个定律表面上看起来很通俗，但实际内容却非常深刻。它们从根本上阐明了图书馆应该为之努力的目标，在今天仍像 50 年前一样适用。"❷

（6）巴特勒的图书馆学思想

巴特勒（Pierce Butler，1886—1953），美国著名图书馆学家，他的代表作是 1933 年出版的《图书馆学导论》。谢拉评论这本书是"图书馆思想发展的真正里程碑"。巴特勒的图书馆学思想主要表现在以下几个方面：

---

❶ 于良芝. 图书馆学导论［M］. 北京：科学出版社，2003：177.

❷ ［印］阮冈纳赞. 图书馆学五定律［M］. 夏云，王先林等译. 北京：书目文献出版社，1988：403.

① 提出了图书馆功用的"记忆移植说"——"图书是保存人类记忆的社会机制，而图书馆则是将人类记忆移植于现在人们的意识中去的社会装置"。

② 强调理论对实践的指导作用。他认为，图书馆员只有掌握一定的理论知识才能胜任他的实践工作。为此他曾指出："一些图书馆员不喜欢也不相信理论，他们只知道社会需要有效的图书馆服务，而不清楚社会也需要理论观点。他们担心对专业理论的探索会导致对实际工作的忽视。另外一些图书馆员则认为，图书馆的全部工作，应接受理论分析的指导，这种分析将揭示基本规律和原则。他们相信一套完美的图书馆学理论是可以在不损害实际工作效率的情况下向前发展的，甚至还相信，必须在建立了这套完美的理论之后，图书馆员才能在他们的实际活动范围内胜任他们的工作。"他在《图书馆学导论》一书中严厉批评了忽视理论知识的人们："与社会活动的其他领域的人们不同，图书馆人对自己的职业的理论方面的忽视是不可思议的。在其他领域，只要是当代人，都抱有一种好奇心，想方设法使自己的工作与人类社会的主流合拍，但图书馆人似乎对这种做法抱超然态度。图书馆人明显束缚在自己朴素的实用主义的框架里。就是说，使直接的技术过程合理化，仅以此满足对知识的关心。其实，企图使这种合理化普及以形成专业的理论的尝试本身大概是结不出果实来的，我想甚至是危险的。"❶

③ 注重社会学、历史学、心理学分析方法的应用。社会学分析方法的应用主要体现在利用社会调查方法研究图书馆对社会的功能作用；历史学分析方法的应用主要体现在通过分析图书的历史、知识的历史、科学的历史、学术的历史来论证图书馆的记忆移植作用；心理学分析方法的应用主要体现在通过分析人们的阅读行为、阅读动机、阅读类型、阅读效果等心理学问题来把握图书馆读者的需求规律。

④ 对图书馆的保守性提出了批评。图书馆的保守性，指的是这样一种思想倾向：图书馆应该以优秀的书籍净化人们的心灵。这种保守性的悖谬在于无法客观地界定"什么是优秀的书籍"、"优秀书籍能否净化心灵"等问题。巴特勒在议论图书馆的保守性时指出："图书馆在许多方面也是十分保守的。图书馆若想适应当代社会的实际需要，必须进行改革。……例如，如果公共图书馆委员会的委员们发现读者已经不喜欢阅读维多利亚时代的诗歌，那么就不再去购买此类图书了，省出资金购买化学专著，因为大家认为化学书籍是实用而入时的。图书馆服务效率的唯一标准是适应读者的需要，就像学校选定课程一样。"但巴特勒对图书馆保守性的批判并不彻底，他认为图书馆还应发挥教化作用，图书馆员可以在一定程度上对图书的内容进行审查（censorship）。

---

❶ 袁咏秋，李家乔. 外国图书馆学名著选读 [M]. 北京：北京大学出版社，1988：346-347.

⑤ 提出图书馆人应该忠诚于真理、公正和美的观点。他指出："图书馆学若要形成一个名副其实的哲学基础，它就必须不仅根据人性和人在宇宙中的地位解释图书与图书馆，而且要论证图书馆员对真理、公正和美的根深蒂固的忠诚。"

（7）芝加哥学派

芝加哥学派的形成，以 1928 年在芝加哥大学创办世界上第一个具有博士学位授予权的图书馆学院（GLS）为起点。GLS 成立后，该校师生致力于发展具有高度理性的图书馆学知识体系，结束了以往师傅带徒弟式的经验主义的人才培养模式。他们从历史、文化和社会的角度思考图书馆活动的哲学问题，同时也以社会科学中流行的实证方法或思辨方法研究图书馆问题，试图将图书馆学从经验图书馆学转变为"作为科学的图书馆学"。这一具有鲜明学术特色的学术群体，被后人称为"芝加哥学派"。芝加哥学派的代表人物主要有韦普尔斯（D. Waples）、伯埃尔森（B. Berelson）、巴特勒（P. Butler）等。

芝加哥学派有 3 个主要特点：①在人员构成上，以社会科学（尤其是社会学）知识背景的人为主，而不局限于图书馆学专业人才；②在学术和教育观念上，以"图书馆—社会"为核心范畴。他们认为图书馆是一种"社会机构"，因此图书馆学应重点研究图书馆与社会环境之间的关系问题；③在研究方法上，极力提倡社会调查方法，倡导社会科学的实证研究风气。

（8）谢拉的图书馆学思想

谢拉（Jesse H. Shera，1903—1982），美国著名图书馆学家，1944 年获美国芝加哥大学图书馆学院博士学位。他的图书馆学思想主要体现在以下几个方面：

① 提出"社会认识论"这一独特术语。1952 年，谢拉与伊根（Margaret Egan）合作发表了《书目理论的基础》一文（谢拉是第二作者），在此文中他们第一次提出了"社会认识论"（social epistemology）这一独创术语。谢拉认为，"社会认识论"可以成为图书馆学的理论基础。他说："在我看来，'社会认识论'对图书馆员有着重要意义，因为它能给我们提供一种有效的、合理的参考框架。"❶ 不过，在谢拉的有生之年始终没有对"社会认识论"作出具体的展开论述，这对他的学术成就来说是一个"遗憾"。

② 重视图书馆的交流功能。他认为，"'交流'一词的含义就是共享"，"交流使文化成为一种聚合的整体……文化通过交流传播系统将我们作为人类这一物种进行着塑造，同样它也塑造着个人"；交流是"图书馆学研究的核心内容"，图书馆"是交流传播网络中的重要组成部分"。❷

---

❶ ［美］杰西·H. 谢拉. 图书馆学引论［M］. 张沙丽译. 兰州：兰州大学出版社，1986：71.

❷ ［美］杰西·H. 谢拉. 图书馆学引论［M］. 张沙丽译. 兰州：兰州大学出版社，1986：65－66.

③ 概括出了图书馆内部活动的三大环节。他认为，现代图书馆是一个由三大互相联系、互相依存的部分组成的综合系统，这三大部分就是：获取、组织和服务。谢拉的这一概括，似乎是受到信息论中的信息系统结构原理的启发而来，即信息系统一般由三大环节构成："输入—加工—输出。"

④ 认为图书馆应该具有促进民主政治的义务。谢拉曾经说过这样两段话："公共图书馆运动的领导人清楚地认识到他们正在完成人类进程中的一项最伟大的组织变革——试图使全体人民有能力参与管理他们生活在其中的政治和经济体系"；"图书馆并不仅仅因为读者众多就算是一个大众传播机构……大众传播是专制的，而图书馆则是民主的……图书馆，特别是公共图书馆和高等院校图书馆，在民主道德方面承担着义务。这种义务所提出的问题交叉贯穿在图书馆的一切方针和程序之中。……在民主社会中，图书馆的作用是什么？……它应对检查部门的职责作何反应？" ❶

⑤ 认为图书馆事业是"人文主义的事业"。谢拉指出，"尽管图书馆学在逐渐利用各门科学的研究成果，同社会科学紧密联系，但其实质依然是人文主义的"；图书馆事业"主要还是人文主义性质的事业。……图书馆学在其技术和服务方面日益向社会科学和自然科学靠得更近了，但是我们最好还是提醒自己记住，图书馆学始于人文主义"，"图书馆就是书和人。在这个意义上，它是人文主义的事业"。❷

（9）兰卡斯特的图书馆思想

兰卡斯特（F. W. Lancaster，1933—　）是一位著名的美国图书馆学情报学专家。他的研究领域包括3个方面：情报检索系统、图书馆评估和图书馆未来研究。他的图书馆未来研究代表作是《走向无纸化的情报系统》（1978）和《电子时代的图书馆和图书馆员》（1982）。他的图书馆未来思想由"图书馆萎缩论"和"反图书馆萎缩论"两个对立面构成。这是由于他在后期思考中改变早期思想所致。

① 图书馆萎缩论观点

兰卡斯特在《走向无纸化的情报系统》中认为："随着电子资源的日益重要和纸资源的日益减少，随着计算机终端在办公室和家庭日渐普及……图书馆不可避免地走向衰落。"在《电子时代的图书馆和图书馆员》中他又预言："在下一个时期（1980—2000年），现在的图书馆可能完全消失，只留下几个

❶ ［美］杰西·H. 谢拉. 图书馆学引论［M］. 张沙丽译. 兰州：兰州大学出版社，1986：59，69.
❷ ［美］杰西·H. 谢拉. 图书馆学引论［M］. 张沙丽译. 兰州：兰州大学出版社，1986：前言Ⅰ-Ⅱ.

保存过去的印刷资料的机构。……这些机构将是消极被动的档案室而不是积极主动的情报服务单位。"显然，早期的兰卡斯特是一个彻底的"图书馆萎缩论"者。

② 反图书馆萎缩论观点

到了 20 世纪 90 年代，兰卡斯特开始矫正他以往过于理想的"技术决定论"观点。1993 年他指出，"很少有证据支持这种信念，即具有智能的设备不久将能够胜任现在由受过良好训练和经验丰富的图书馆信息人员执行的许多智力任务，就这个主题而言，许多作者看上去似乎过于乐观了"；"事实是与图书馆职业相关的真正的智力任务——主题分析、信息需求译解、检索策略以及诸如此类的工作——是难以授权给机器去做的。……在可预见的未来，图书馆信息人员的专业技能也不可能被人工智能所取代"。❶ 直到 2010 年，兰卡斯特针对一些人只重技术而忽视人性关怀的倾向提出了中肯的批评。他指出，"图书馆员们认识不到其职业必须是一项以人为导向的职业"，"一旦图书馆员迷上了科技，他们很快就对人失去了兴趣"，"图书馆用户、信息用户已经被诸如元数据、本体论，以及数据管理之类的东西挤到一旁。图书馆专业教育和研究的焦点似乎已经从人和服务转移到数据——数据库本身、数据的典藏与保存，甚至是数据的创建"。他引用他人的话说，"我们希望图书馆员们对人持有一种由衷的人性关怀"，"改变并非必须，生存无从强制"。他还说出了一句堪称至理名言的话："改变并不必然等同于进步。"❷

（10）哈里斯和翰奈的图书馆思想

哈里斯（Harris）和翰奈（Hannah）都是美国当代图书馆学者，是新自由主义图书馆学流派的代表。他们于 1993 年出版了《走向未来：后工业时代的图书馆情报服务的基础》一书。他们改变了以往只从技术角度探讨图书馆未来问题的思路，而是从经济学和新公共管理理论（NPM）角度重新审视图书馆一直尊奉的"中立性"、"客观性"、"信息利用公平性"等价值观念，认为这些价值观念与"市场"、"效率"、"竞争"等市场化原则不相容，因而也不切合实际。由此他们提出了"市场决定论"意义上的图书馆发展论。他们认为，"如果图书馆死抱着过去的原则和意识形态而不作相应的变革，幻想在信息生产化的浪潮中保留那一块远离商业化的'净土'的话，最终将会被时代所抛弃。他们主张图书馆导入市场原理，通过有偿、高效率、'精英'服务、电子图书馆化，

---

❶ F·W. Lancaster. Libraries and the Future；essays on the library in the 21's century[M]. New York：The Haworth Fress. Inc. 1993.

❷ ［美］兰卡斯特. 生存无从强制 ［J］. 王兴译. 中国图书馆学报，2011（1）：19－23.

来提高图书馆的服务水准，参与信息产业和信息市场的竞争"。❶哈里斯和翰奈的观点，顺应了西方保守主义或新自由主义极力推行的公共事业市场化的意图，这为图书馆"有偿服务"提供了借口。

（11）克劳福德和戈曼的图书馆思想

1995 年，克劳福德（Walt Crawford）和戈曼（Michael Gorman）合著的《未来图书馆：梦想、疯狂与现实》出版。此书的亮点之一是，他们在阮冈纳赞"图书馆学五定律"基础上提出了"图书馆学新五律"：

第一定律：图书馆服务于人类的文化（Libraries Seine Humanity）；

第二定律：掌握各种知识传播方式（Respect All Foams by Which Knowledge Communicated）；

第三定律：明智地采用科学技术，提高服务质量（Use Techralogy Intelligently to Enhance Service）；

第四定律：确保知识的自由存取（Protect Free Access to Knowledge）；

第五定律：尊重过去，开创未来（Honor the Past and Create the Future）。

关于图书馆的未来，他们指出，"阅读对于个人和社会而言都至关重要，而纸本印刷物是阅读和获取知识的最佳形式"；他们从光线效果、分辨能力、速度和理解、可利用性、超文本和线性文本等多个角度比较了印刷文本与电子文本，从而证实"印本图书是最好的阅读工具"，而计算机设备只不过更适于传输数据和小的信息包；认为印刷文本不仅不会消亡，而且会与电子文本一争高低；在可预见的未来，将会形成多种媒体共存的时代，而印刷文本无疑是其中的一支主力军。也就是说，未来图书馆意味着印刷文本和电子文本的统一，意味着线性文本和超文本的统一，意味着以图书馆信息人员为中介的存取和直接存取的统一，意味着拥有和存取的统一，意味着建筑与界面的统一。可以说，克劳福德和戈曼的这一著作的问世，给那些"疯狂"鼓吹电子图书馆、虚拟图书馆、数字图书馆"梦想"的人们以一剂清醒药，有力地矫正了"技术决定论"者们在图书馆未来问题上的偏激与错误言论，极大地增强了人们对图书馆美好未来的信心。

2. 中国图书馆思想史概览

前文已经指出，中国图书馆发展史可分为藏书楼时期和图书馆时期。藏书楼时期的"图书馆"思想主要限于藏书整理方法。藏书整理方法研究有个专有名词——校雠学，它由目录学、版本学、校勘学构成。由此可见，藏书楼时期的

---

❶ 黄纯元. 政治经济学视角中的未来图书馆论——读哈里斯和翰奈的《走向未来：后工业化时代的图书馆情报服务的基础》［G］∥黄纯元. 黄纯元图书馆学情报学论文集. 上海：上海科学技术文献出版社，2001：207 – 212.

"图书馆"思想基本上可归入现代意义上的（古代）文献学范畴。故下面只记述图书馆时期的图书馆思想。

（1）孙毓修的图书馆思想

孙毓修（1871—1923）的主要成就在儿童文学编译和版本学领域。著名作家茅盾称他为"中国有童话的开山祖师"。但是，由于他的《图书馆》一书于1909年问世，使得他在中国近代图书馆学史上占有极其重要的位置。孙毓修的《图书馆》对图书馆学的贡献主要体现在以下3个方面：

① 第一个向国人系统地介绍杜威的"十进分类法"，使得国人得以认识"十进分类法"的"庐山真面目"。孙毓修向国人介绍"十进分类法"的时间比沈祖荣、胡庆生早了8年。

② 在中国第一个编制了"仿杜分类法"体系（未出版），并应用于实践。他根据杜威的"十进分类法"编制出了适合中国国情的22大类图书分类体系，并在自己供职的商务印书馆涵芬楼使用。

③ 在图书馆办馆理念上，率先对当时占主流地位的"保存国粹"观念提出了挑战。他曾尖锐地指出："今天开图书馆者，大率意在保旧，汲汲遑遑，以其竭蹶之经费，广收宋椠旧钞……而新书则不屑一顾。呜呼！误矣！"显然，他对当时官办图书馆因循守旧、排斥新书的陋习极为不满。他认为这种地方只能称"国粹保存处"，根本不配叫图书馆。

（2）沈祖荣的图书馆思想

沈祖荣（1884—1976）是我国近代杰出的图书馆活动家和教育家，被誉为"中国图书馆学教育之父"。沈祖荣是"新图书馆运动"的主要发起者和推动者。1917—1919年3年间，他奔赴华中、华东和华北各省，讲演图书馆对振兴国家的重要性，宣传美国图书馆学理论和图书馆新方法新技术，抨击旧式藏书楼的落后与保守，提倡欧美式的新型图书馆，呼吁将图书馆变为民众的社会教育机构。他的新式图书馆宣传"是为西洋图书馆学派流入中国之先声"。❶沈祖荣的图书馆思想主要表现在以下几个方面：

① 关于图书馆的性质。"盖图书馆为公共求学之所，应持开放主义，不取分文以资提倡，欧美图书馆，无一取资者，日本公共图书馆亦然"，"图书馆之性质，不在培养一二学者，而在教育千万国民；不在考求精深学理，而在普及国民教育"。

② 图书馆人不能因政府的不重视而不思进取。"不得因政府对于此事，漠然淡然，而鄙人亦遂灰心丧气，而不思改良之方法。"

---

❶ 严文郁. 中国图书馆发展史：自清末至抗战胜利［M］. 台北：枫城出版社，1983：198.

③ 图书馆之间应加强协作。"由于图书馆的人力、物力、财力以及现有图书品种数量均极有限，必须开展馆际协作。协作能使工作人员的智能提高，协作能提高图书利用率，协作能减少经费浪费，协作能使读者多受益。"

④ 要重视图书馆专业人才的培养。"各国政府或各大图书馆，大都设有图书馆专门学校以培植人才。故其图书馆事业之发展也，管理也，往往举重若轻，由难变易，皆因其有相当之人才，以对付之也。我国图书馆事业，才属萌芽，百端待理。若无专门人才扶持整顿于其中，而望发扬光大，难可与期。"

⑤ 国家图书馆和一般的公共图书馆的功用应该有别。"我国图书馆今后应取之方针：国立图书馆当以欧洲为法，重专门与保存；公共图书馆当以美国为法，注重应用与普及。"

⑥ 图书馆从业者应以"己立立人"、服务社会为己任。他指出，"办理图书馆的人，有一件首先要觉得的，就是己立立人。那个意思，就是我们素来造就、熏陶、锻炼、培植所求的学问，所得的学位，不是为自己做招牌，乃是要为社会服务"。"在事业伊始之际，作为一名图书馆员，他就务必劳其心智，苦其筋骨，置甚于他人之辛勤劳动与低于他人之微薄收入于度外，牺牲个人荣华享乐，将其毕生之时间和精力贡献于图书馆事业。……由此可见，为祖国服务，图书馆事业胜过一切"。正是基于这种认识，他为武昌文华图书馆专科学校制定的校训是：智慧与服务。

（3）杨昭悊的图书馆思想

杨昭悊（1891—1939）早年毕业于北京大学，1921 年留学美国，攻读图书馆学。1923 年著有《图书馆学》一书，是我国第一部图书馆学概论性著作，被称为"中国图书馆学的处女作"。蔡元培为该书作序，称此书为"我国今日其最应时势的好书"。

杨昭悊在《图书馆学》中表达了如下重要思想：

① 关于图书馆和图书馆学的定义。他认为"图书馆"包含两方面含义：一是"要把有益的图书搜集起来，保存在那里"；二是"要把所搜集的图书随大众的需要自由活用"。据此，他给图书馆下的定义是："图书馆是搜集有益的图书，随着大家的知识欲望，用最经济的时间，自由使用的地方。"图书馆学"就是关于图书馆的理论与技术知识的总和"。

② 关于图书馆与教育。"图书馆是社会的一个教育机构，是为社会服务而设立的，在社会教育中担负着和学校教育一样举足轻重的作用。"他还提出了"图书馆教育"这样一种专门教育类型概念，认为"图书馆教育是一种独立教育，活动内容广泛，既可以进行通俗教育，又可以成为研究高深学问的场所，成为学术中心，容纳专门学者"。

③ 关于图书馆学的理论体系。杨昭悊把图书馆学理论分为"纯正的"和"应用的"两部分。这一划分在国内开了把图书馆学理论划分为理论图书馆学和应用图书馆学的先河。

（4）李小缘的图书馆思想

李小缘（1897—1959），1921 年赴美留学，获图书馆学学士及社会教育学硕士学位。李小缘为中国图书馆学留下了许多极具特点的思想遗产。主要包括：

① 先进的图书馆理念。李小缘的图书馆理念的核心是"启民智，伸民权，利民生"。对此李小缘是这样说的："今之图书馆，重在普利民众，流通致用，以普遍为原则，以致用为目的，以提高生活为归宿，皆所以启民智，伸民权，利民生者也。"这种流通致用、伸张权利、改善民生之目的的正义伦理，即使是现代图书馆也应视其为不可变异的终极价值。

② 深刻的图书馆教育观。在李小缘看来，"图书馆即教育"，"图书馆的根本观念在辅佐教育之不及；并且为未受教育的得到受教育的机会。……要使教育机会均等，唯有广设公共和民众图书馆"。他还对图书馆教育和学校教育进行了比较，认为"学校教育以人生教育之一小阶段，而图书馆教育以人生各阶段之总教育机关，实为根本所在"。李小缘图书馆教育论的深刻之处在于，他是以民众的受教育机会的均等这一"权利平等"意识为导向的。因此，也许可以这样说，在中国，李小缘是最早朦胧地意识到"图书馆权利"的学者。

③ 图书馆的开放与平等观。这一观点是在藏书楼与图书馆的比较分析中得出的。他曾不无讥讽地指出："吾国向无公共图书馆，旧式藏书楼必建设在人迹稀少的深山里，或静悄悄的花园中。……一年三百六十天还不知道有没有三百六十个读者进大门。书籍一本也不准借出。往往大门口挂着虎头牌：'书籍重地，闲人免进'八个字。……这种藏书楼干什么呢？说起来题目很大，是保存中国文化之结晶。"于是，他对藏书楼和图书馆的区别作了这样的描述：

藏书楼——静——贵族式贵保存——设在山林——官府办的——注重学术著作——文化结晶的机关。

图书馆是——动——平民式贵致用——设在城市——民自动办的——注重精神娱乐——文化宣传的机关。

那么，李小缘所主张的公共图书馆是什么样的呢？他在《全国图书馆计划书》一文中表达了他对于公共图书馆的认识："然其真正革命精神之图书馆，不仅搜集保存而已，主要职志，在能使民众——无论男女老幼，皆得享其利益，或为参考，或为课外研究，或为欣赏消费之资。……苟能一日打破旧式思想之藏书楼，使能公开群众，无论男女老幼，无等第，无阶级，举凡学生、工人、农夫、行政家、商人、军人等，皆能识字读书，享受图书馆之利益，则方可谓图书馆之真正革命，之真正彻底改造，之真正彻底建设也。"

④ 图书馆立法保障观。李小缘在《公共图书馆之组织》一文中介绍了美国图书馆立法情况并与中国加以比照，阐明图书馆立法的重要性。他说："公共图书馆之设施，在美国亦如各大公司之组织，首必有法律上之根据，或受法律之许可。关于设立图书馆之规定，多载在各城各省各国之典章宪法。苟宪法未载，得由各城各省或各国多数人民之请求，由众议员之通过，即得成为法律，补载典章，以期永久。""反而考诸吾国之正大光明典章法律，以图书一事无论或城或乡或省或国，皆无法律之根据，纵或有之，亦不过如曹锟提议为国家图书馆一样。西人尝笑吾国为无法律之国家，于此不能不令吾人痛恨，尤可异者，我国平民无人想到图书问题，社会优秀分子更未想到为民请愿，既无法律之认可，又无人提倡。所以无法者终以无法了之。"早在20世纪初，李小缘能够意识到法律保障之于图书馆发展的基础性意义，实乃难能可贵。可以说，在我国，李小缘是最早关注立法保障图书馆发展问题的图书馆学家。

⑤ 先进的图书馆馆长观。他认为，"图书馆最重要之要素，非建筑，非书籍，乃董事与馆长耳"。"董事制定馆章，对馆长只要求负责，予以行政自由……馆中一切方针大计，全赖馆长一人其中指导。"如，"馆中人选，管理，选购各责任，由馆长自主酌裁"。对于馆长的资格，他认为，"第一要素即其学问，朝夕与书籍往来，苟无学问，选书编目皆不能为也。其第二要素即其办事之方法，应有商人办事精神，无政治及宗教上之偏见，善辞令，能属文，曾受图书馆学校之文凭"。他又进一步提出，馆长应"钟爱书籍，精于目录，对董事善于建议一切进行方针。对读者负教育上指导之责任，循之然善诱人，热心公益，诚实无欺，为地方文化之先驱，为社会教育之总指导"。李小缘对馆长岗位重要性的认识以及对馆长素质的认识，至今仍有现实意义。

⑥ 精彩无比的民众图书馆观。关注民众图书馆、研究民众图书馆，始终是李小缘的重要致思理路。关于民众图书馆的内涵，他指出，"适于民众程度者称为民众图书馆"，"民众图书馆者，即促进民众教育图书馆也"，民众图书馆以"传播文化，鼓吹教育，皆以民众为使命"。他概括的民众图书馆的特点是：民享、民智、民助。他所称民众图书馆主要指贴近民众、服务民众的基层图书馆或大中型图书馆/中心图书馆的延伸服务网点。因此，李小缘所称的民众图书馆，与其把它理解为一个个实体性图书馆，不如把它理解为覆盖全社会、惠及全民的一种服务理念、服务方式。在李小缘看来，在民众中设立小型图书馆，或广布服务触角，其意义远大于设立若干大型的图书馆。发达的小图书馆事业，其总和将超过大图书馆。为此，李小缘曾为民众图书馆编过一段精彩的广告词，其中说道：

民众图书馆是万事的问津处

民众图书馆是高尚的娱乐场

要进德修业请到民众图书馆去

要宽裕生计请到民众图书馆去

借阅图书是民众的权利！归还和爱护图书是民众的义务

民众图书馆是最好的消遣场所。

我们应该发自内心地承认，李小缘当年倡导的"民众图书馆精神"——启民智，伸民权，利民生——正是我们当代中国图书馆人曾缺失、曾寻觅且又强烈向往的图书馆精神！真可谓"众里寻他千百度，蓦然回首，那人却在灯火阑珊处"。

（5）杜定友的图书馆思想

杜定友（1898—1967），1918年留学菲律宾大学，1921年回国，获文学士、教育学士、图书馆学士3个学位。杜定友是近代中国图书馆学理论的主要奠基者之一。他的图书馆学思想主要包括：

① 关于图书及图书馆的性质。关于图书的性质，杜定友提出了著名的"公器说"。他认为，"夫书籍者，天下之公器也，自当公开，以为世用，俾社会人民，多一进善之途，使国民思想，日益进步，此图书馆所以与社会，有莫大之关系也"。杜定友的书籍"公器说"和图书馆"公共脑子说"，显然已经深刻揭示了图书馆的公共性，已经很接近于现代的"公共物品说"。根据图书馆的"公共脑子说"，杜定友顺势提出了公共图书馆的性质：一是"市民教养之中心点"；二是"市民游乐之中心点"；三是"市民之继续学校"；四是"人们的参考咨询机构"。

② 关于图书馆的功用。杜定友在《图书馆通论》中用抽象类比方法提出了图书馆功用的"公共脑子说"——"图书馆的功用，就是社会上一切人的记忆，实际上就是社会上一切人的公共脑子。一个人不能完全地记着一切，而图书馆可记忆并解答一切"。杜定友的这一"公共脑子说"与巴特勒的"记忆移植说"可谓具有异曲同工之妙，而杜定友提出"公共脑子说"比巴特勒提出"记忆移植说"早了5年。

③ 关于图书馆事业的"三位一体说"。1932年，杜定友在《图书馆管理法上之新观点》中指出："整个图书馆事业，其理论基础实可称'三位一体'。三位者，一为'书'，包括图与书等一切文化记载；次为'人'，即阅览者；三为'法'，图书馆之一切设备及管理方法管理人才是也。"同时，杜定友还认为，"人"应该成为图书馆事业和图书馆管理的核心要素，因此他指出："若以人为目标办图书馆，则事业能生动而切合实际，且有继续进行深潜研究之余地也。"

这可以说是图书馆理论与实践中的"以人为本"思想的早期阐发。

④ 关于图书馆学的研究范围与内容。杜定友认为，图书馆学是一专门科学，而"凡是成为专门科学的学问，有两个最主要的条件，第一是原理；第二是应用。而应用是根据原理而来的，图书馆学，若是只于书籍的如何陈列，目录的如何写法，这不过是机械的事，无研究的价值"。他认为，图书馆学的研究范围非常广泛，大体包括书目学、专门的科目（关于图书馆内部的处理方法）、行政的科目、历史的科目、辅助的科目（相关学科）5 个部分。

⑤ 关于图书馆学的学习方法。杜定友指出："图书馆学的科目，既是这样繁多，研究起来，岂不是很麻烦吗，这是当然的。所以正式的图书馆学，要在大学研究 4 年，方能毕业。不过 4 年之中，不完全是学图书科的，其中辅助的科学，占了大半。"基于此，他语重心长地指出："研究图书馆学的入手方法，就是多读书。对于普通各门科学，都要涉猎一点，有广阔的兴趣。读图书馆学者，要有读书的习惯，有读书的兴味和服务的意识。所以在图书馆界的人，学问贵在博而不在精。不过对于自身的学问，是要精益求精的。"杜定友的这一段话，对我们今天学习图书馆学专业的人来说，仍可谓谆谆教诲、语重心长、中肯至极！

（6）刘国钧的图书馆学思想

刘国钧（1899—1980），1920 年毕业于金陵大学，旋即出国，在美国威斯康星大学哲学系、图书馆专科学校及研究生院学习，获哲学博士学位。他是我国近现代图书馆思想的主要奠基者之一。刘国钧在图书馆学基础理论方面的思想观点主要包括以下几个方面：

① 关于现代图书馆的宗旨。在《图书馆学要旨》中，刘国钧指出，"现代图书馆是为多数的人而设，不是为了少数'读书人'而设的"。"现代图书馆是自动的而非被动的，使用的而非保存的，民众的而非贵族的，社会化的而非个人的。……以书籍为公有而公用之，此近代图书馆学精神，而亦近代图书馆之所以异于昔日之藏书楼者也。……总之，现代图书馆的目的是使人和书发生有机的关系，要使社会上无不读书的人，馆内无不被读的书。"这里充分表达了图书馆的民享民用之宗旨。

② 关于近代图书馆的特征、性质和价值。在《近代图书馆之性质及功用》一文中，刘国钧对图书馆的特征、性质和价值进行了科学界定，其"科学性"至今难以有人超越。关于近代图书馆的特征，刘国钧认为，"近代图书馆之特征略述之计有 8 种：（一）公立；（二）自由阅览；（三）自由出入书库；（四）儿童阅览部之特设；（五）与学校协作；（六）支部与巡回图书馆之设立；（七）科学的管理；（八）推广之运动。"关于近代图书馆的性质，他概括为 3 个方面：首先为自动，即以积极主动的方法引起社会上人人读书之兴趣；其次为社会化，

即将注重对象由书籍而变为其所服务的人，使图书馆成为社会各类人趋往之中心；再次为平民化，即图书馆平等地为所有人服务。关于近代图书馆的价值，他概括为4个方面，即教育上之价值；修养上之价值（能够给人以思想启发和精神愉悦）；社会之价值（传播知识，促进社会进步）；经济之价值（读者因掌握知识而提高工作效率，得到参考服务而解疑，且能节省购书费）。

③ 关于图书馆的构成要素。也许是因为在美国留学期间受到了西方结构主义（structuralism）方法论的影响，刘国钧思考图书馆理论问题基本上采取了结构主义方法视角。● 刘国钧先是在《图书馆学要旨》中将图书馆的构成要素概括为四要素：图书、人员、设备、方法。后来又在《什么是图书馆学》一文中进一步完善为五要素：图书、读者、领导和干部、建筑与设备、工作方法。刘国钧结合他的这一要素分析结果，对图书馆作了如此定义："图书馆学就是关于图书馆的科学。也就是研究图书馆事业的性质和规律及其各个组成要素的性质和规律的科学。"

④ 关于流通与参考工作的重要性。和李小缘一样，刘国钧也持"流通致用"观。所以，刘国钧非常重视图书馆的流通与参考工作。他说，"图书馆既以使用为目的，出纳和参考便是达到这目的的两条大船"。"一般人对于图书馆的信仰，对于图书馆效力的认识，多由参考部的努力而来。他们社会上的人，受了参考部的益处，所以相信图书馆确实是一个为社会节省金钱和精力，而谋幸福谋福利的机关。"同时，"出纳是图书馆很重要的任务，图书馆能否在社会上产生影响全在出纳是否得法。在普通情形下，图书馆中阅书的比问讯查考一件事情的为多，所以出纳比参考还重要"。反观现在国内图书馆实践界，普遍存在忽视流通工作、参考工作的现象，所以国内图书馆界有必要对刘国钧的上述观点作进一步省察。

⑤ 关于"图书馆制度"。在梳理刘国钧图书馆学思想时，细心的人会惊奇地发现，早在1921年，刘国钧就已提有"图书馆是一种制度"的说法。在《近代图书馆之性质及功用》一文中有这样3段话，一是"至一八七六年全美图书馆联合会成立后，新式图书馆之发展乃一日千里。其影响不仅及于全美，且波及世界各处，而为研究教育或社会学者所不可忽视之制度矣"；二是"盖一种制度往往可以应付一切人，而非应付团体或阶级"；三是"图书馆既为社会所不可缺之制度，则其能成为一种专门职业固不容疑虑者也"。在《美国公共图书馆之精神》中也有一句话："公共图书馆者，公共教育制度中之一部也。"可以说，在国内，

● 也许有人认为"要素分析法"应属于系统论方法，而不是结构主义方法。其实，从方法论的渊源看，系统论方法源于结构主义方法。况且，刘国钧留美期间，贝塔朗菲创立的系统科学尚未问世。所以，把刘国钧的方法论归于结构主义方法论可能更符合事实。

刘国钧是"图书馆是一种制度"一说的最早提出者和阐发者。反观今时，国内仍有不少人对"图书馆制度"、"制度图书馆学"之称谓感到不易理解，实乃缺乏制度观使然。

（7）徐家麟的图书馆学思想

徐家麟（1904—1975），1926 年毕业于武昌文华大学图书科，1936 年在美国哥伦比亚大学学习图书馆学，翌年获硕士学位，1939 年回国。徐家麟的学术观点主要集中在 3 个方面：图书馆学的科学化、图书馆工作的事业化和图书馆工作的学术化。

① 图书馆学的科学化。徐家麟关于图书馆学科学化的认识，是受巴特勒图书馆学思想的启发而来，主要指的是科学方法的应用。关于科学方法，徐家麟认为有 3 个方面或 3 个层次：第一，"用观察方法收集事实资料，籍重器械的运用及量的计算"；第二，"对此种种事实，作当前的因果关系之理解"；第三，"对所探讨的事实或现象，再作实证式的评量"。可见，徐家麟所理解的科学方法主要指自然科学中常用的实证分析方法。难能可贵的是，徐家麟虽然主张引入科学方法，但看出了科学方法及其定量方法（统计方法）的局限性。他指出，"科学与统计研究，并不是万能，却也是有其限度的。譬如说科学研究并不能包容人世间所有一切物事，科学并不能解答终极的原因，统计分析所能指示的，只是关于某事物的概略，并不能给予极确切不移的答案及其他，所以迷信科学与统计学的方法，也属非是"。基于这种认识，徐家麟把图书馆学的科学化主要限定在图书馆业务中的"知识理智的部分"——用人的理性能够分析其因果关系的对象部分——而"属于情感性灵的部分，却不当强合之于科学的范畴"。可以说，在国内，徐家麟是主张在图书馆学研究中移植其他学科方法的第一人。他希望图书馆学研究"向其他学科之研究，互相借鉴，互换研讨的结果"。

② 图书馆工作的事业化。徐家麟认为，图书馆必须事业化，而事业化的途径"在以图书馆学术所获得之成绩，所启示之方案，为工作之张本，更以现代图书馆服务、免费、公开等高尚原则为实施之力量，进而尽量与其他事业，谋所以借鉴，所以协作者，以达到共存共荣之境地，及其他诸端也"。这里提出的图书馆与其他事业应协作的观点是十分开明的。徐家麟的意思是说，不应把图书馆工作只当做一馆之具体"工作"，而应当做一种社会性"事业"，走开放、协作之路。可以说，徐家麟是国内第一个明确提出"图书馆事业"概念的人。

③ 图书馆工作的学术化。徐家麟认为，谋图书馆之学术化是图书馆学的发展方向。如何实现学术化呢？"一则曰自图书馆自身已有之学术予以整理、累积、系统、实验、发扬之工作；一则曰自图书馆学术以外相关之学术，予以沟通、印证、引用之工作。"这里，他既强调"自图书馆工作本身着手"，又倡导"自图

书馆以外学科求材料，以充实图书馆学术事业内容"，后一原则的提出，为打破封闭式图书馆学研究提出了明确思路，有着重要的方法论意义。此外，同巴特勒一样，徐家麟批评图书馆学研究中过于技术化的倾向，指出："如图书馆学术事业，只自限于形而下的种种，则图书馆学难以成立，如能致力于形而上的种种，则图书馆学必能成立。"正因为徐家麟对图书馆学研究追求形而上的思路，所以台湾的高锦雪在《图书馆哲学之研究》中称徐家麟为我国从哲学高度研究图书馆学原理的第一人。

以上介绍了中国第一代图书馆学家中的一部分人的图书馆学思想。除上述"大家"之外，还有很多优秀的图书馆学者，如洪有丰、程伯群、俞爽迷、蒋元卿、戴志骞、袁同礼、桂质柏、裘开明、马宗荣、查修、皮高品、周连宽、吕绍虞、张遵俭、严文郁、毛坤、汪应文、汪长炳、钱亚新、李芳馥、陈鸿舜、李燕亭、柳诒徵、万国鼎、王云五、王献唐、王重民、张秀民等，以及新中国成立后成为"大家"的学者如杨威理、彭斐章、赵世良、关懿娴、孙云畴、陈誉、周文骏、朱天俊、张琪玉、黄宗忠、谢灼华、白国应、陈光祚、倪波、金恩辉、肖自力、谭祥金、黄俊贵、孟广均、吴慰慈、张德芳、钟守真、侯汉清等。在我国台湾，也有许多优秀的图书馆学者，如蒋复璁、屈万里、沈宝环、王振鹄、胡述兆、卢荷生、李德竹、谢清俊、曾济群、顾敏、卢秀菊、赖鼎铭、吴美美、王梅玲、王美鸿、陈昭珍、蔡明月、黄慕宣、庄道明、谢宝援、林珊如、叶乃静等。移居美国的李志钟、李华伟、周宁森等则为著名的华裔图书馆学者。

（8）20世纪80年代至今：中国图书馆学理论的转型时期

进入20世纪80年代后，我国全面实施改革开放政策，全社会开始进入弃旧图新的转型期。中国的图书馆学理论从此也开始进入转型期，其标志有二：研究方向的转变和多元化理论格局的形成。

① 研究方向的转变

所谓研究方向的转变，在当时指的是从经验图书馆学/实用图书馆学向理念图书馆学的转变。其主要表现是把理论研究重心从以往对图书馆工作方法、技术的研究转向对图书馆现象背后的更为本质性问题的研究以及对图书馆理念的研究。

1981年，彭修义（1941— ）在《图书馆学通讯》上发表《关于开展"知识学"的研究的建议》一文。文中指出，"知识学和图书馆学有着特别亲密的关系……知识是图书馆学研究对象的一个方面"。此后，彭修义继续发表相关系列论文，认为"图书馆是文献的渊薮，知识的海洋，图书馆的本质是知识……图书馆是社会性的知识存储器和记忆器，它使得知识的存储、记忆和利用客观化，并为客观知识的主体回归开辟了强有力的社会通道和社会保障。……我们可以用一句话来概括图书馆的本质，即最优化地促进以文献为载体的客观知识的主体回归和价值实现。……今后的图书馆学理论研究将以知识为核心系统展开。……知识的研究必然成为图书馆学基础理论研究的基本方向和图书馆事业发展的基本动力"。彭修义的观点，"是中国图书馆学界第一次正面批评经验图书馆学的理论缺陷，第一次摆脱对图书馆实体的关注而转向对'知识'这类抽象概念的研究。……是中国图书馆学从经验图书馆学到新图书馆学的变革的第一步"。❶

在率先批判经验图书馆学的学者当中，刘迅（1952—2008）算是其中的"急先锋"。1982年刘迅发表《论图书馆学情报学理论的共同基础——关于波普尔"世界3"理论的思考》一文，文中他提出可将波普尔的"世界3"理论作为图书馆学的理论基础。这种在马克思主义哲学之外寻找理论基础的思路，在当时可谓标新立异，因而引起了强烈反响。1983年，刘迅又发表《西方图书馆学流派及其影响——兼论中国图书馆学的发展道路》一文，将西方图书馆学分为以杜威为代表的"实用派"和以"芝加哥学派"为代表的"理念派"。借此刘迅严厉批评中国的经验图书馆学，强烈主张中国图书馆学走"理念派"图书馆学的道路。❷

真正把批判经验图书馆学推向高潮的是张晓林于1985年发表的《应该转变图书馆研究的方向》一文。张晓林在文中以不妥协的姿态批评当时图书馆学研究偏离"正确"方向，他指出："图书馆并不是独立的、本质的社会现象，而是服务于一种更本质、更普遍的社会现象的一个社会系统的一部分，是一种社会性的工具。这里的更本质、更普遍的社会现象就是人们的情报需要及由此产生的情报交流活动。……图书、图书流通、图书馆都只是表面形式，而向人们传递他们所需的情报才是图书馆工作的实质，最大限度地满足人们的情报需要才是图书馆的根本目的。……由于我们的研究局限在、停留在图书馆现有业务内容及其具体技术过程和方法上，我们的思维和观察能力就受到根本的限制……应该把我们的研究从'图书馆的组织、工作内容和工作方法'中解放出来，把我们的研究对准更本质的社会现象。"

自20世纪80年代中期起，范并思发表多篇评论文章，呼吁走向"建设式"的新图书馆学之路。经过80年代前期对经验图书馆学的猛烈批判，理论转向的时机渐趋成熟，于是范并思及时提出了从批判走向建设的理论主张。1986年，范并思发表《关于当代建设式图书馆学的思考》一文，指出："理论建设是比理论批判艰巨得多，也重要得多的工作。理论批判不能代替理论建设……今天的

❶ 范并思等. 20世纪西方与中国图书馆学：基于德尔斐法测评的理论史纲［M］. 北京：北京图书馆出版社，2004：274.

❷ 刘迅. 西方图书馆学流派及其影响——兼论中国图书馆学的发展道路［J］. 图书馆学刊，1983（4）：1 – 12.

图书馆学理论有待完善的原因，不是对原有理论批判不够，而是新理论建设不力。"范并思否定了当时火热的经院式学术争鸣的必要性，主张转向理论建设。那么，如何进行理论建设呢？范并思首先想到的是确立图书馆学理论精神的紧迫性。1991年他著文指出，一种现代的，与社会科学理论发展相适应的理论精神是进取的、创造的、充满生机的。新的图书馆学理论精神鼓励探索，珍惜理论进步，包含不同的流派和学说，建立这样一种图书馆学理论精神别无他径，只有靠有责任感的理论工作者们不懈地宣传、提倡与示范。❶ 后来，范并思对19世纪、20世纪的图书馆学理论精神作了概括："19世纪形成的追求信息公平与信息民主的精神、务实的理论精神，20世纪形成的科学、理性的图书馆学理论精神、合作与资源共享的精神、关注技术的精神，这就是图书馆学鲜明的理论精神。我执著地以为，若一位理论家不能读懂这些理论精神，或者不愿尊重这些理论精神，他最好不要奢谈理论创新。"❷

与上述4人相比，黄纯元（1956—1999）可以说是"大器晚成"的理论健将，他的思想功力直到20世纪90年代后期才开始凸显。1997年，黄纯元获日本东京大学博士学位后回国。自回国后至逝世的短短几年间，他连续发表了《论芝加哥学派》、《关于〈电子图书馆的神话〉》、《追问图书馆的本质——对知识交流论的再思考》、《寻求与社会科学的接点——读弗舍的〈信息社会〉》、《政治经济学视角中的未来图书馆论——读哈里斯和翰奈的〈走向未来：后工业化时代的图书馆情报服务的基础〉》、《变与不变之间——读伯克兰德的〈图书馆服务的再设计〉》等分量极重的文章。通过这些文章，中国图书馆界的大部分人第一次读到"制度/文化"、"图书馆政治学"、"作为科学的图书馆"、"作为感觉的图书馆"、"作为场所的图书馆"、"信息权利"、"制度意义上的图书馆"、"技术意义上的图书馆"、"信息获得的公平性"等新词汇。黄纯元虽然没有明确提出要转变中国图书馆研究的方向，但是他向当时的中国图书馆人撒播的先进的图书馆理念，无疑为中国图书馆学研究方向的转变注入了所需的新的思想营养。

② 多元化理论格局的形成

所谓多元化理论格局，指的是在整个学科领域不追求统一的、单一的理论流派或理论观点，而是提倡多个理论流派的共存，就某一问题的探讨也提倡多种理论观点的同时并立。

众所周知，我国历来具有追求统一认识、统一思想的传统。在图书馆界，

---

❶ 范并思，葛民，党跃武. 弘扬理性的图书馆学精神——加藤一英《图书馆学导论》三人谈[J]. 图书馆，1991（1）：9-16.

❷ 范并思. 延绵不绝的图书馆学理论精神[J]. 图书馆，2002（3）：1-3.

20 世纪 80 年代中期之前也是在"统一认识"的思维定式下探讨理论问题。然而，这种传统在 1984 年年末开始被打破。1984 年 12 月，中国图书馆学会基础理论组在杭州召开了一次基础理论研讨会（简称"杭州会议"），这是中国图书馆学会成立后的第一次全国性基础理论研讨会，也是新中国成立 35 年来首次全国性的图书馆学基础理论研讨会。在此次会议上，与会代表们仍然围绕图书馆学的研究对象、学科性质等"元问题"展开了激烈争论。当然，这种争论不可能产生统一认识的结果。正是这种认识分歧，使得编写图书馆学基础课统编教材的计划搁浅。分歧的出现，是因为多元观点的客观存在；统编教材计划的搁浅，是因为一元认识观的被弃。这种"一元"与"多元"的正面交锋，正是杭州会议留下的令人最为难忘的历史印记。

杭州会议后，范并思发表论文《多元化：选择和归宿》，认为杭州会议的学术分歧表明多元化理论格局的实际形成，"在多元化格局中，统一的图书馆学理论不复存在，希望就研究对象、理论基础取得一致的认识也只是幻想"。多元化理论格局的形成，表明在我国图书馆学界多元价值观的形成。民主的多元价值观认为，思想观点不能统一，也无法统一，但行为规范要统一（至少在一定群体范围内），以此保证多元价值观下的理性秩序。可见，并不是只有一元价值观才能带来秩序，多元价值观也能带来秩序。人类长期的思想发展史告诫人们：过高的共识期望将危及自由和多样性，声称"掌握真理是自由社会的敌人"。❶

杭州会议后，我国图书馆学基础理论研究确实呈现出了多元并包、多路并进、思想活跃、成果丰硕的繁荣局面。这种繁荣局面，虽然经历了 20 世纪 90 年代初的短暂低谷时期，但在总体趋势上一直延续至今。其主要表现就是关于图书馆理论与实践问题的各类论题层出不穷，且立论观点多样，相映成趣。这些论题包括知识交流论、文献交流论、知识组织论、知识管理论、图书馆法治、图书馆精神、图书馆权利、图书馆制度、知识自由、图书馆核心价值、图书馆社会责任、公共图书馆服务体系建设等，其中的一些论题至今仍是研究的热点。

二、图书馆学定义

图书馆学（Bibliothekswissenschaft，德文）这一名称是德国人施莱廷格（M. W. Sehrettinger，1772—1851）在 1807 年最早使用的。关于图书馆学的定义，至今也是众说纷纭。诸如：

- 施莱廷格：图书馆学是"符合图书馆目的的整理方面所必要的一切命题的总和"、"所谓图书馆学，是在正确原则之下，系统地确立符合图书馆目的的整理所必要的原理"。

---

❶ 单继刚等. 政治与伦理 [M]. 北京：人民出版社，2006：74.

- 艾伯特：图书馆学是"图书馆员执行图书馆工作任务所需要的一切知识和技巧的总和"。

- ALA：图书馆学就是"为满足用户群体的信息需求，对信息记录进行选择、获取、组织、利用所需要的知识和技能"。

- 李景新："图书馆学是人类学问中的一部分。是以有系统的科学方法，专门研究人类知识学问及一切动态的记载的产生、保存与应用；使它成为教育化、学术化、社会化、科学化的一切科学。简单地说：图书馆学就是以科学方法研究关于图书馆的一切事项的学问。"

- 刘国钧："关于图书馆的科学，也就是研究图书馆事业的性质和规律及其各个组成要素的性质和规律的科学——图书、读者、领导和干部、建筑和设备、工作方法。""图书馆学便是研究图书馆的组织法、管理法和使用法的学科。"

- 周文骏："图书馆学是一门研究各个历史时期的和当前图书馆事业全部活动的科学。"

- 宓浩："图书馆学要研究社会知识交流在图书馆活动中的特殊过程和特殊规律；研究如何搜集、整理、储存和传递知识载体，以促进社会知识的交流；研究在社会知识交流过程中图书馆与图书馆事业自身变化发展的规律。"

- 倪波、荀昌荣："图书馆学是研究文献信息交流的理论和方法的学科。"

- 1991年，北京大学图书情报学系、武汉大学图书情报学院合编的《图书馆学基础》（修订本）一书认为："图书馆学是研究图书馆在文献交流中的机理、组织形式及运动规律的一门学科。"

- 黄宗忠："图书馆学就是研究图书馆信息、知识收集、积聚、组织、存储、选择、控制、转化、建立检索点与一定读者检索、利用信息、知识之矛盾产生与发展规律的科学。简言之，图书馆学就是研究图书馆收藏与利用矛盾产生与发展规律的科学。"

- 吴慰慈：图书馆学是研究图书馆事业及其相关因素的科学。

- 王子舟："图书馆学是研究如何将知识组成知识集合并为人们所使用的一门社会科学。"

- 克雷思特斯（Michael Keresztesi）：图书馆学研究应包括3种成分：① 对图书馆作为一个组织的研究，如它的服务与管理；② 图书馆职业政治学，即对图书馆职业的社会关系和制度方面的研究；③ 对书目科学的研究。

- 于良芝："图书馆学被理解为研究知识与信息的组织整理方法，以及通过图书馆这一机构或服务实现知识与信息传递的学问。"

人们可以从多个角度去界定图书馆学的定义。只要这种定义能够说明图书馆的基本性质和图书馆学的学科特性，就可视为可取。

图书馆学是研究如何满足人们利用图书馆来实现对知识和信息的需要的一种学问（定义Ⅰ），或者说，图书馆学是研究如何保障人们通过利用图书馆来实现其平等获取知识和信息之权利的一种学问（定义Ⅱ）。

我们可以把定义Ⅰ称为关于图书馆学的社会学定义，定义Ⅱ称为关于图书馆学的政治学定义。定义Ⅰ采用的是"满足……需要"句式，定义Ⅱ采用的是"保障……权利"句式。定义Ⅰ和定义Ⅱ在本质上是相通的，两者之间只有表述视角不同之区别。定义Ⅰ和定义Ⅱ都采用了"如何……"句式，这里的"如何"既有方法论意义——如何做，也有认识论意义——如何认识。研究方法论意义上的"如何"，就形成应用图书馆学范畴；研究认识论意义上的"如何"，就形成理论图书馆学范畴。而且，"满足……需要"和"保障……权利"是现代人的一种基本生存方式，因而上述定义还具有本体论意义。

三、图书馆学的研究对象

人们对大部分自然科学学科的研究对象，大都有一个比较明确、一致的认识和认同，但一些人文社会科学学科的研究对象，人们对其的认识和表述却往往出现分歧或不一致。至今，人们对图书馆学研究对象的认识和表述就众说纷纭。纵观人们对图书馆学研究对象的认识过程，我们可以概括出如下一些论说："文献整理说"、"图书馆管理说"、"图书馆事业说"、"信息资源说"、"知识集合说"等。❶

1. 文献整理说

众所周知，图书馆学源于对图书馆工作实践的总结和理论化。而图书馆工作实践源于文献整理工作，因此把文献整理当做图书馆学的研究对象是人们认识图书馆现象的一种必然选择。施莱廷格在《图书馆学综合性试用教科书》（1808—1929）中认为，图书馆学是"符合图书馆目的的整理方面所必要的一切命题的总和"。❷

"文献整理说"最早为图书馆学设定了明确的研究对象，它为图书馆学的建立作出了贡献。它强调图书馆学既有知识，又有技术，将图书馆学内容表述成"知识、技术的总和"，形成了后世图书馆学研究理论与应用并重范式的先声。"文献整理说"对图书馆学研究对象的界说，源于图书整理实践活动，属经验的总结，尚处于现象描述的认识阶段。

2. 图书馆管理说

19世纪下半叶以后，由于公共图书馆的蓬勃发展，图书馆学研究开始发生

---

❶ 王子舟. 图书馆学研究对象的认识过程及范式特征［J］. 江西图书馆学刊，2002（3）：4 - 8.

❷ 董小英主编. 图书馆学情报学文献源［M］. 北京：书目文献出版社，1996：43 - 44.

转变。图书馆学的研究客体从以往侧重于图书资料，逐步转向整个图书馆，研究内容也从以文献整理为中心渐渐转向以图书馆管理为中心。1821年，德国图书馆学者艾伯特（Friedrish Adlf Ebert，1791—1834）首次提出"图书馆经营"（library economy）一词。1839年，法国学者 L. A. C. 海塞出版了《图书馆管理学》，他认为图书馆管理学的宗旨是解决如何最有效地管理图书馆。1859年，爱德华兹出版《图书馆纪要》两册，其第2册即为《图书馆管理》，对17—19世纪的图书馆管理经验进行全面总结。1887年，杜威创办的图书馆学校，全称为哥伦比亚大学图书馆经营学院（School of Library Economy at Columbia College）。杜威图书馆学思想的核心是如何提高图书馆管理的时间和成本效益，办学目的就是培养专业的图书馆管理人才，故其课程偏重于图书馆管理之实际。同年，圣路易斯公共图书馆馆长 F. M. 克伦登著文提出，应运用企业管理方法管理图书馆。此后有关图书馆管理的论著日益增多。

受美欧图书馆学影响，我国早期图书馆论著论及图书馆学研究内容时，也多将研究客体指向"图书馆"。如李小缘在其《图书馆学》（1927年讲义初稿）中指出，就图书馆的"各方面研究之，是为图书馆学"。[1] 1934年，刘国钧《图书馆学要旨》一书出版，该书在讲到图书馆学的意义时说："什么是图书馆学？图书馆学便是研究图书馆的组织法、管理法和使用法的学科。"[2] 1935年，李景新在一篇论文中也明确表述："图书馆学就是以科学方法研究关于图书馆的一切事项的学问。"[3]

"图书馆管理说"扩大了以往图书馆学的研究范畴，它要求图书馆学研究不仅要关注图书整理，也要关注图书馆的经营与管理，这无疑顺应了社会发展的需求。"图书馆管理说"将研究重心从图书整理转向图书馆管理，实现了图书馆学研究范式的第一次转变。这种转变对于世界各国图书馆事业的建设发展起到了直接的推动作用。

3. 图书馆事业说

进入20世纪后，随着图书馆事业的发展，图书馆学也遇到了一些新的研究命题，如图书馆的馆际互借、图书馆法规的制定、图书馆员队伍的建设、图书馆藏书的协调、图书馆网的布局等宏观问题。因此，很多图书馆学研究者开始调整自己的研究视角，逐渐将研究视野提升到宏观层面上来。在他们看来，宏观的图书馆事业也同样具有研究的价值和必要。

---

[1] 马先阵，倪波. 李小缘纪念文集 [M]. 南京：南京大学出版社，1988：247.
[2] 刘国钧. 图书馆学要旨（2版）[M]. 上海：中华书局，1949：2.
[3] 李景新. 图书馆学能成一独立的科学吗 [J]. 文华图书馆专科学校季刊，1935（2）：263-302.

1957 年，我国图书馆学家刘国钧发表《什么是图书馆学》一文，文章指出：
"图书馆学就是关于图书馆的科学……图书馆学所研究的对象就是图书馆事业及
其各个组成要素。图书馆是客观存在着的一种事业，是人类社会生活现象之一。
这种现象，这种事业，深刻地影响到我们的生活——学习生活、文化生活、科学
研究生活。既然如此，难道不应该弄明白它的性质、它的发展规律、它的各个组
成要素及其规律吗？"❶ 刘国钧说，图书馆事业有 5 项组成要素：图书、读者、
领导和干部、建筑与设备、工作方法，欲掌握图书馆事业的规律，必须分别深入
研究这 5 项要素。后来，人们在谈到图书馆学研究对象时，将刘国钧的这一观点
概括成"要素说"，包括一些权威人士也认为刘国钧是"要素说"的代表人物。
其实，刘国钧自己从未把图书馆的构成要素认定为图书馆学的研究对象，说刘国
钧持"要素说"是"文革"期间人们为了诬陷刘国钧没有坚持图书馆的阶级性
而抛出的子虚乌有的罪名。因此，所谓的图书馆学研究对象的"要素论"实际
上并不存在。刘国钧认为图书馆学研究对象是"图书馆事业"，而不是图书馆要
素。可以说，刘国钧是中国"图书馆事业说"的第一人。

1963 年，武汉大学黄宗忠先生根据毛泽东《矛盾论》的论述，提出了图书
馆事业中藏与用这对特有的矛盾是图书馆学研究对象的观点。❷ 这一观点也曾被
人称为"矛盾说"。1981 年，北京大学、武汉大学图书馆学系合编教材《图书
馆学基础》出版，该书称："图书馆学是研究图书馆事业的发生发展、组织形式及
它的工作规律的一门科学。"❸ 此说被人简称为"规律说"。1984 年年底，黄宗忠
又对自己提出的"矛盾说"进行了修正，提出"图书馆学的研究对象是图书
馆"，这里的图书馆不是具体的，而是经过抽象的"一种科学概念的图书馆"。❹
1985 年年初，沈继武提出"图书馆学的研究对象是图书馆活动"。❺ 人们简称为
"活动说"。这些研究对象说各有独到之处，在我国图书馆学界广泛传播。不过，
它们的出发点均已不再局限于微观的图书馆，而是扩延到了宏观的图书馆事业。
因此，这些观点可以看做"图书馆事业说"的发展与延伸。当然，"图书馆事业
说"不仅在中国流行一时，国外图书馆学界也有持此说者，如苏联图书馆学界在
20 世纪 80 年代初期讨论图书馆学研究客体与研究对象的区别时，一种主导观点

---

❶ 刘国钧. 什么是图书馆学 [J]. 中国科学院图书馆通讯, 1957 (1)：1 - 5.

❷ 黄宗忠等. 对图书馆学几个问题的初步探讨 [J]. 武汉大学学报（人文科学）, 1963 (1)：104 -
120.

❸ 北京大学图书馆学系, 武汉大学图书馆学系合编. 图书馆学基础 [M]. 北京：商务印书馆,
1981：7.

❹ 黄宗忠. 关于图书馆学研究对象的再探讨 [J]. 图书与情报, 1985 (1)：32 - 37.

❺ 沈继武. 关于图书馆学若干理论问题的思考 [J]. 图书情报知识, 1985 (1)：21 - 26.

认为，图书馆学的研究客体是图书馆事业，研究对象是图书馆的规律、组织、发展、职能等；图书馆学不仅要研究图书馆事业的内部关系，也要研究其外部关系，包括图书馆事业外在的广泛社会联系。❶

在 20 世纪后半叶，作为一种研究对象的阐释，"图书馆事业说" 在我国一直处于主导地位。"图书馆事业说" 不但拓展出图书馆学研究的宏观领域，而且也因其开始关注图书馆事业与社会的各种复杂联系，为图书馆学研究增加了深度与广度。"图书馆事业说" 包容了 "矛盾说"、"规律说"、"活动说" 等诸多观点，这些观点都具有 "本土" 特色，它们表现出中国图书馆学者的创新意识与开拓精神。

4. 信息资源说

从 20 世纪 80 年代起，在欧美国家出现了一个新的概念 "信息资源管理"（Information Resources Management，IRM）。IRM 理论认为信息是可共享的资源、财富，任何组织都应对它进行高效管理，与设备、资金、技术、人员及信息系统形成整体化管理，充分发挥其作用，以提高组织的效率和竞争力。

IRM 理论形成后不久就渗入到图书馆学情报学领域。如美国 20 世纪 80 年代图书馆学教育陷入困境之后，一些图书馆学院倒闭，但也有一些学校成功地引入 IRM 理论改进教学而获得了生机。20 世纪 80 年代末，IRM 理论传入中国。进入 90 年代，国内一些高校图书情报学系纷纷更改为信息管理系或相关系名，并在教学中加大了信息管理的课程比重。

1999 年 2 月，徐引篪、霍国庆的《现代图书馆学理论》一书出版，该书明确提出 "图书馆学的研究对象是动态的信息资源体系"。其基本观点是：① 图书馆的实质是一种动态信息资源体系。无论是文献信息资源、口语信息资源、实物信息资源或多媒体信息资源，根据社会需要图书馆都可以收集起来，使之形成一个信息资源体系，为用户使用；② 信息资源体系是个发展的有机体，它是动态的，分形成、维护、发展、开发 4 个主要阶段；③ 图书馆学研究对象是图书馆，而图书馆的实质是信息资源体系，故图书馆学研究对象是信息资源体系及其过程。❷

"信息资源说" 融合了系统论的思想，将图书馆学内容拓展到一个开放的社会信息资源领域，反映出更加宽广的学术视野。但是，"信息资源说" 存在如下两个问题：第一，把图书馆学研究对象界定为 "信息资源体系及其过程"，显得过于宽泛，因而无法从这一界定中把图书馆学和其他学科（如信息管理学）区

---

❶ 李仁年编译. 图书馆科学的中心问题［J］. 国外图书馆学研究资料，1984（1）：31 – 40.
❷ 徐引篪，霍国庆. 现代图书馆学理论［M］. 北京：北京图书馆出版社，1999：12.

分开来。第二，该说没有分析"信息资源"概念背后的话语背景对图书馆理论和实践可能产生的负面影响。在新自由主义者、新公共管理学派看来，"信息资源"、"信息资源管理"概念中显然隐含着"信息是一种经济资源，因而应该或必须按市场交换原则开发和利用"的市场原教旨主义信念，而这一信念将对图书馆的公益性产生巨大冲击。

5. 知识集合说

"知识集合说"的提出者是我国著名图书馆学者王子舟先生。王先生始终坚持认为"知识"是图书馆学的核心概念，由此他提出了图书馆学理论体系得以展开的两个基本假设：每个人都是知识短缺者；每个人都想获取有用的知识。人们获取知识的途径有主动获取和被动获取之分，图书馆学的宗旨就是为人们主动获取知识提供最佳工具和方法。❶

王子舟明确提出，图书馆学研究对象是知识集合。知识集合是指用科学方法把客观知识元素有序组织起来，形成提供知识服务的人工集合。知识集合是由客观知识元素汇集而成的，这些知识元素的汇集组织依据了一定的科学方法；知识集合一经形成便是一个完整的实体，它在客观知识世界中有独立存在的形态；知识集合的目的是保存、传播知识，为了提供知识服务。可见，图书馆就是知识集合。不过，在客观知识世界中，具有知识集合性质的却不仅仅是图书馆，还存在着多种多样的知识集合，如百科全书、字典词典、书目索引、知识库、数字图书馆等。

王子舟还指出，图书馆学以知识集合为研究对象，并不是说图书馆学仅仅研究知识集合，它还要研究客观知识和知识受众。客观知识应该成为图书馆学的逻辑起点，知识集合是由客观知识组成的供人获取知识的"中介"，知识受众是知识集合发生作用的终极归宿。因此，图书馆学应以其本质命题（知识集合）为中心展开自己的研究，建立"客观知识→知识集合→知识受众"这样一个研究范畴体系。

以上介绍了关于图书馆学研究对象的5种论说。这5种论说都采取了本质主义方法，即人们先验地预设图书馆现象背后存在着某种不以人的意志为转移的客观形态的本源性东西，认识图书馆学研究对象的过程就是寻找这种本源性东西的过程。那么，图书馆现象的背后真的存在这种本源性东西吗？人们能够寻找到这种本源性东西吗？如果是后现代主义者，对这一问题的答复无疑是否定性的。由于研究者的研究视角和研究方法不同，对图书馆现象背后的本源性东西（如果存在的话）的定位也会不同。从学习者的需要而言，关键问题不在于判断出某种论

---

❶ 王子舟. 图书馆学基础教程 ［M］. 武汉：武汉大学出版社，2003：1－10.

说是否"正确"或"错误",而在于从这种论说中能否得到某种有益的启迪或启发。基于此,本书根据布尔迪厄(Bourdieu,1930—)的关系主义方法论,对图书馆学研究对象作出如下界定:

图书馆学研究对象是"客观知识—图书馆—人"之间构成的关系空间。

下面,对这一"关系空间说"作一些说明:

第一,从发生学意义上看,图书馆的产生源于人们对客观知识的需要——组织、传递和利用客观知识的需要。正是这种需要"生产"出了"客观知识—图书馆—人"这样一种独特的结构性空间。

第二,从性质上说,"客观知识—图书馆—人"空间是一种客观存在(只不过这种客观存在不是实物性存在)。只有那些客观存在的东西(如某种实体、行为、关系、规律等)才能成为某一学科的研究对象。

第三,人对客观知识的需要并非只催生了图书馆这样一种机构/制度,还催生了学校、博物馆、档案馆等机构/制度,但只有以图书馆为中介形成的关系空间才能成为图书馆学的研究对象。也就是说,"客观知识—图书馆—人"构成的关系空间是唯图书馆学研究的独特领域,由此形成了图书馆学与其他学科之间的区分。

第四,图书馆学研究的是"客观知识—图书馆—人"的关系空间,而不单独研究其中的客观知识或图书馆或人,尤其是若只研究其中的客观知识或人,那么就无法与其他相关学科(如知识学、人学、哲学等)相区别。

第五,从方法论上说,布尔迪厄的关系主义方法论是"关系空间说"得以提出的方法论基础。"客观知识—图书馆—人"构成的关系空间类似于布尔迪厄提出的"场域"(field)。[1] 布尔迪厄认为:"社会不只是由个人组成;它还体现着个人在其中发现自己的各种连接和关系的总和。"[2] "场域"作为关系性空间,其意义主要在于:阐明"一个系统中的每个单一要素的价值是在与同一系统中其他要素的关系中得到界定的。"[3] 把图书馆学研究对象界定为"客观知识—图书馆—人"的关系空间,其意义在于指明,图书馆的内部运行机理以及图书馆的存在价值完全可以在"客观知识—图书馆—人"这一关系空间中得到界定。从理

[1] 所谓场域,是以各种社会关系连接起来的、表现形式多样的社会场合或社会领域。用"场域"概念的提出者布尔迪厄自己的话来说,"一个场域可以被定义为在各种位置之间存在的客观关系的一个网络(network),或一个构型(configuration)"。见:[法]皮埃尔·布尔迪厄. 实践与反思——反思社会学导论[M]. [美]华康德,李猛等译. 北京:中央编译出版社,1998:134.

[2] 包亚明主编. 布尔迪厄访谈录——文化资本与社会炼金术[M]. 上海:上海人民出版社,1997:16.

[3] [美]戴维·斯沃茨. 文化与权力:布尔迪厄的社会学[M]. 陶东风译. 上海:上海译文出版社,2006:73.

论图书馆学和应用图书馆学的分野而言，理论图书馆学应重点研究客观知识与图书馆对人所具有的价值意义；而应用图书馆学应重点研究图书馆满足人的客观知识需要的方法论问题。

四、图书馆学的理论基础

所谓图书馆学的理论基础，是指能够为图书馆学的形成、扩展和发展提供思想资源的学科理论、思想观点。这种学科理论、思想观点多种多样。下面介绍几种图书馆学界比较熟悉的理论或思想观点。

1. 知识组织论

早期的知识组织（Knowledge Organization）概念是对文献分类方法和索引方法进行进一步深化和理论化的产物。1929 年英国分类学家布利斯（H. E. Bliss, 1870—1955）便出版过《知识组织和科学系统》和《图书馆的知识组织》两部著作。1989 年，国际知识组织学会（International Society for Knowledge Organization，ISKO）在德国法兰克福成立，学会将创刊于 1974 年的《国际分类法》杂志作为自己的会刊，并在 1993 年将其更名为《知识组织》。该学会的宗旨是，联合国际力量，促进知识组织方法的研究、应用与发展，为献身于知识组织工具的开发和应用的学者提供交往与合作机会。知识组织论一直受到图书馆学、情报学界的广泛关注。如印度情报学家塞恩（S. K. Sen）根据英国学者道金斯（R. Dowkins）"思想基因"观点，提出知识组织可依"思想基因进化图谱"进行，即从文献中找出"思想基因串"编制出新的概念索引供人利用。而英国学者布鲁克斯（B. C. Brookes）指出，图书馆的知识组织应该是对文献中所包含的知识内容进行分析，找到相互影响及联系的节点，像地图一样把它们标示出来，展示知识的有机结构和内在联系，为人们绘制"知识地图"，从而实现"一索即得"的知识查询效果。布鲁克斯提出有知识方程式：K［S］+ΔI→K［S+ΔS］。❶ 布鲁克斯的知识组织思想来源于波普尔（K. R. Popper）的"世界3"理论。波普尔认为，纷繁的现象世界可区分为3个世界：第1世界是包括物理实体和物理状态的世界，简称世界1；第2世界是精神的或心理的世界，包括意识形态、心理素质、主观经验等，简称世界2；第3世界是思想内容的世界、客观知识的世界，简称世界3。据此布鲁克斯认为，"图书馆学者和情报学者的实际工作可以归结为收集和组织'世界3'（即客观知识）的记录，以资利用"，"波普

---

❶ 式中 K［S］表示一个人原有的知识结构，ΔI 表示新吸收的信息，K［S+ΔS］表示一个人吸收 ΔI 之后形成的新的知识结构。此方程式说明，一个人的知识结构的形成过程，是一个不断输入新的信息（学习或知识更新的过程）从而不断丰富和改进原有知识结构的过程。此方程式还表明，由于每个人的原有知识结构 K［S］有差异，所以即使是输入同样的信息 ΔI 也可能形成不同的新知识结构 K［S+ΔS］。

尔的'世界3'不能不引起图书馆学家、情报学家的注意，这是因为它是第一次从纯粹实用观点以外的角度，为图书馆学和情报学的专业活动提供了理论依据"。1996年，美国情报学家德本斯（A. Debons）说："知识组织将是下一个世纪人们面临的主要挑战。我们这里所谈及的知识组织概念不是传统意义上的分类技术，而是指更高水平上的知识组织。"

在我国，20世纪90年代末，有关知识组织的文章开始多了起来。王知津撰文说，如何将无序的知识组织起来供人们使用，这是图书馆学的研究领域。知识组织不仅是对文献的组织，也包括对文献内含的"知识"的组织，即将客观知识世界中的最小知识单元、知识因子组织成一个有序的体系。知识组织的任务不仅要应付大量的知识，还要控制知识的增长。而蒋永福则撰文称，图书馆是对客观知识进行专门组织和控制的社会组织，我们应从知识组织的角度理解图书馆学；文献工作、目录工作、图书馆工作、情报工作的实质是客观知识的组织，因此图书情报部门实质上是组织客观知识的社会组织；书目情报产品都是知识组织的产物，书目情报活动的实质是知识组织。因此，知识组织论可以成为图书情报学的理论基础。❶ 也就是说，知识组织论能够揭示出图书馆内部活动的机理，较好地说明图书馆的核心业务活动的实质，因此，知识组织论可以成为应用图书馆学的理论基础之一。

2. 信息政治经济学理论

信息政治经济学是运用政治经济学的概念体系和方法分析信息生产、交换、使用过程中所体现的社会关系的理论体系，是20世纪后半叶随着信息经济资源之政治经济意义的增强而出现的批判性理论（critical theory）。英国学者韦伯斯特（Frank Webster）在评述信息政治经济学研究时指出，信息政治经济学视角有3个突出特点：① 在社会结构关系中研究信息过程，认为所有的信息现象都体现着已经建立的社会生产关系；② 从社会经济体系的整体出发来研究信息过程，认为信息产业已成为经济的支柱产业，这一全局趋势必然决定具体的信息政策的制定；③ 强调当前社会发展的历史延续性，认为信息作用的增强并未改变社会的基本关系，所谓的"信息社会"并不构成一种新的社会形态。这种政治经济学的视角使信息政治经济学比其他理论更加关注信息生产和利用过程中的阶级关系和信息平等问题，关注市场机制对知识、信息的公共获取和公益性提供的制约，关注政府以及社会的强势阶层通过信息流通而实施的社会控制，关注全球范围内日益拉大的信息鸿沟对发展中国家经济利益的损害，关注信息帝国主义或文化帝国主义对发展中国家的文化侵蚀。

---

❶ 蒋永福，付小红. 知识组织论：图书情报学的理论基础. 图书馆建设，2000（4）：14–17.

著名信息政治经济学学者席勒（Herbert Schiller）对美国图书馆事业现状进行分析后认为，私人资本为了扩大市场，必然积极倡导信息的商品化进程，他们一方面借助其强大的经济实力影响政府政策；另一方面资助保守的学术研究机构和媒体机构，为信息的商品化提供理论依据和舆论支持。席勒还以美国的公共图书馆和大学图书馆为例，证实了私人资本、政府、保守的研究和媒体机构在图书馆发展问题上的立场趋同，并因此得出这样的结论："作为社会分工的图书馆职业的存在正在被质疑。运用新技术谋求利润的做法正在瓦解着美国图书馆职业的基石——信息自由存取原则。" 20 世纪 80 年代以来，席勒、韦伯斯特等人又运用这种理论不断剖析西方国家信息资源的私有化对图书馆发展带来的影响，使信息政治经济学成为图书馆学领域一种有力的批判性理论基础。

3. 女权主义理论

在近代图书馆史上，图书馆职业的性别结构发生了巨大变化：越来越多的妇女参加图书馆工作，逐渐改变了原先由男子在图书馆工作者中占优势的现象。这与男子常被社会地位和待遇更高的职业吸引过去有关。在美国，早在 1878 年就有 2/3 的图书馆工作者是女性，到 20 世纪 80 年代女性图书馆员占到了 85% 的比例。[1] 至今，社会上很多人仍然认为图书馆职业是适合女性的职业。究其原因，美国学者德·盖里森（Dee Garrison）认为，图书馆职业女性化最主要的原因是雇用妇女从事图书馆工作的工资比男性要低得多，因此妇女也就开始大量进入图书馆职业。图书馆职业以女性为主，这已成为图书馆职业的一大特点。从历史的角度看，女性大量进入图书馆职业，推动了妇女融入主流社会的进程，客观上扩大了妇女参与社会活动的广度。

关于"女权主义"、"女权主义理论"、"女权主义运动"等概念，即使在女权主义者内部也不存在统一的认识。但是，女权主义的基本精神在于它把性别关系看成一种基本的社会关系和政治关系，把两性的不平等看成社会的基本的不平等，认为两性的不平等与阶级之间、种族之间、文化之间的不平等一样，应该予以消除。由于传统上图书馆职业一直被视为女性占多数的职业，20 世纪 70 年代以来，女权主义理论在西方图书馆学中逐渐得到重视。哈里斯（Roma Harris）、雷德福（Marie Radford）、科什雷克（Kerslake）都堪称女权主义图书馆学者。哈里斯认为，图书馆职业过去和今天存在的问题都与它的性别特色（女性占多数）相关。在一个男性占统治地位的世界里，即使图书馆职业拥有现代专业化职业的一切特征（如专业化的知识体系、成立有行业协会组织、规范的职业道德等），女性也不可能获得与以男性为主的职业（如医生、律师等）同样的地位和薪酬。

---

[1] 孙光成. 世界图书馆与情报服务百科全书［M］. 成都：四川民族出版社，1991：296 – 298.

这就是说，图书馆职业的很多问题事实上是涉及两性关系的社会问题和政治问题，而非专业问题。忽略这一点，可能会使解决职业问题的很多努力矢不中的。❶ 这就表明，研究性别问题的女权主义理论能够为图书馆职业特征（性别特征）研究提供独特的理论指导。

4. 政治哲学理论

政治哲学是研究社会政治关系的本质及其发展规律的科学，它主要研究政治价值和政治的本质。政治哲学是一种规范理论，它主要关注的不是关于现实政治的知识，而是关于政治生活的一般准则以及未来政治生活的导向性知识，为社会政治生活建立评价标准。"政治哲学就是要试图真正了解政治事务的性质以及正确的或完善的政治制度这两方面的知识。"❷ 政治哲学试图在最高层面上为评价、判别和概括政治现象提供价值标准与认识方法，因此它是政治学的"元理论"。

政治哲学的主要研究范畴包括自由、平等、民主、法治、公平、正义、权利、权力、意识形态及政治文明、政治伦理、政治权威、政治腐败等。现代图书馆活动普遍遵循的一些基本理念如知识自由、平等服务、多元文化、信息公平、信息民主、图书馆权利、图书馆法治等，都需要从政治哲学理论中汲取有关的思想资源。IFLA/UNESCO 的《公共图书馆宣言》之所以称为"现代公共图书馆是民主政治的产物"，就是因为公共图书馆的生存、发展与社会的政治状况具有紧密的联系。因此，研究社会的政治问题的政治哲学理论能够为图书馆学研究提供广泛的理论指导。

5. 制度经济学理论

制度经济学有旧制度经济学和新制度经济学之分。旧制度经济学以凡勃伦、康芒斯、加尔布雷斯等为代表，主要关注制度对经济行为主体的心理与行为的影响问题。而新制度经济学，以科斯、诺思、威廉姆森、卢瑟福等一大批经济学家为代表，其中科斯的交易成本理论、诺思等人的制度变迁的历史比较分析理论最具影响力。德国学者柯武刚和史漫飞对制度经济学的定义是："它关心的是分析各种具有协调功能的规则和规则集，以及这些规则和规则集的实施对经济后果的影响。制度经济学还与制度如何在经济环境的变迁中演化有关。简言之，制度经济学研究经济生活与制度之间的双向关系。"❸ 诺思（D. C. North）对制度经济学的定义是："制度经济学的目标是研究制度演进背景下如何在现实世界中作出决

❶ 于良芝. 图书馆学导论 [M]. 北京：科学出版社，2003：152 – 153.
❷ 宋惠昌等. 政治哲学 [M]. 北京：中共中央党校出版社，2003：22.
❸ [德] 柯武刚，史漫飞. 制度经济学 [M]. 韩朝华译. 北京：商务印书馆，2000：34.

定和这些决定又如何改变世界。"❶ 其实，制度经济学就是从经济学角度研究制度的产生、演化规律及其对人的决策行为的影响的学问。迄今为止，较之其他学科，制度经济学对制度的研究最为全面、深刻，乃至谈论制度问题都不得不直接或间接地借用制度经济学的研究成果。

图书馆不仅是一种社会机构，而且还是一种社会的制度安排——国家为了保障公民获取知识信息的自由权利而选择的一种制度安排。图书馆制度的产生、图书馆制度的合法性和合理性、图书馆制度的中外比较、图书馆制度的创新等，对这些图书馆制度问题的研究，显然有必要引入和借鉴制度经济学的研究成果。同时，与制度经济学密切相关的制度伦理学、制度哲学等理论，也可以为图书馆制度研究提供理论指导。

6. 公共物品理论

现代图书馆的存在是社会的制度安排的表现，因而图书馆是一种公共物品（制度本身就是一种公共物品）。因而图书馆的非排他性普遍服务、非竞争性平等服务以及图书馆本身性质上的公共性、公益性、共享性等，都可从公共物品理论中得到阐明。尤其是对公共图书馆来说，它的存在理由、使命以及管理与服务理念，都以其公共物品性质为基础，因而，对其进行证明和宣扬，都有必要以公共物品理论为依据。❷

7. 现代性与后现代性理论

现代性（modernity）与传统性（tradition）相对应。"传统"是前现代（pre - modern）的特征，而"现代性"则是现代社会的特征，它是社会在工业化推动下发生的全面变革而形成的一种属性，综合了精神、文化、经济、制度等多种维度。现代性大体可以概括为：民主化、法制化、工业化、都市化、均富化、福利化、社会阶层流动化、宗教世俗化、教育普及化、知识科学化、信息传播化、人口控制化等。"现代或现代性这一术语是指从现代化过程中发展起来的社会类型。向现代社会的转变开始于 17 世纪，经过两个世纪达到顶峰。对现代化有所贡献的要素包括宗教改革、文艺复兴、现代欧洲国家的兴起、科学革命、法国大革命、工业革命、大众城市社会的兴起……一般而言，现代性意味着工业、市场资本主义、资产阶级家庭的兴起、世俗化、民主化和社会合法化。"现代性有着自己特有的精神理念，它是在启蒙运动中明确提出的，被人们称为启蒙方案。它"立足于这样的假设：无知是人类苦难的基本根源，以科学知识减少无

---

❶ ［美］诺思. 经济史中的结构与变迁［M］. 陈郁，罗华平译. 上海：生活·读书·新知三联书店，1994：2.

❷ 关于公共物品理论的详细内容，见本书第五章第四节。

知，将为人类的无穷进步铺平道路"。通过理性获得知识，通过知识获得解放，成为现代性的核心理念。以这种理念为旨趣的思想理论就是现代主义（modernism）。现代主义（也叫启蒙主义哲学）思想要点主要包括以下几个方面：

第一，彻底的怀疑主义精神。无论是文艺复兴时期的艺术家、宗教改革运动的领袖，还是启蒙运动的思想家，抑或是斯宾诺莎、笛卡儿、康德等哲学家，他们与封建传统势力斗争的首要武器都是彻底的怀疑主义精神。

第二，勇敢的反抗精神。具有勇敢的反抗精神，敢于同占据主流地位的腐朽社会势力及其霸权话语作斗争。

第三，对理性的推崇。理性是启蒙主义哲学的基础，是现代主义反对蒙昧主义的最强有力的武器。现代主义正是依靠人类的理性才唤起了"主体的觉醒"，正是通过理性指导下的现代科学知识和技术才打碎了迷信的枷锁，驱走了中世纪的黑暗。

第四，对"主体性"的揭示和捍卫。现代主义揭开了上帝的神秘面纱，撕毁了基督教的伪善面具，恢复了人类在社会中的主体性地位。

然而，"现代性的发展是一个充满曲折与冲突的历史过程，因而，现代性包含着深刻的内在矛盾。一方面，现代性的发展的确给人类带来了前所未有的文明成果；另一方面，现代性又是在血与火中发展起来的"。确实，"现代性既带来了人类生产力与人类社会的巨大进步，又带来了经济危机和生态灾难；既带来了理性秩序对社会资源的优化配置，又带来了非理性的拜金主义和唯 GDP 发展观至上的混乱与疯癫；既带来了人类个性的自由与张扬，又带来了社会理性机器对人的支配；既带来了货币与法律程序上的人人平等，又带来了两极分化；既带来了人类主义的觉醒，又带来了民族矛盾与冲突，如此等等。现代性的利与弊、善与恶如影随形"。这就是现代性悖谬、现代性灾难。于是，后现代性理论便应运而生。

后现代性（post - modernity）理论旨在反省、批判和超越西方近现代主流文化的理论基础、价值取向和历史传统等，提倡一种不断更新、永不满足、不止于形式和不追求固定结果的自我突破创造精神。这种精神实际上是一种解构（deconstruction）精神，即对此前的真理性话语从根部加以消解、置换或否定。对现代主义话语的彻底批判，产生了后现代主义（post - modernism）。后现代主义不是体系化的理论知识，而是解构传统真理观的批判性、抵抗性思维方式。

后现代主义是对现代主义的质疑，最极端的情况是全面排斥现代主义观点，质疑宏大叙事（元叙事），质疑理性，质疑人本主义。后现代主义的著名理论家利奥塔说过："简化到极点，我们可以把对元叙事的怀疑看做'后现代。'"❶ 所谓"元叙事"或"元话语"，就是一种解释世界、解释历史的宏大叙事。这种宏大叙事或说明因果，或发现规律，或概括历史，或预言未来，它为人们的行为提供目标，绘制蓝图，为人类进步指出前进的方向。为资本主义制度辩护的宏大叙事，即关于自由解放的叙事和整体性（totalization）以及主客式二元对立思维模式的叙事。利奥塔将后现代性解释为一种否定了各类元叙事的局部决定论。他主张用局部叙事代替总体叙事，用小叙事取代宏大叙事。"在元叙事之后，合法性可能存在于什么地方呢？操作标准是技术性的，它不适宜用来判断真理和正义。"❷

表 1 – 2　现代性与后现代性话语比较

	话 语 范 畴	特点
现代性	理性、本质、知识、整体性、确定性、体系性、中心性、决定性、同一性、统一性等以及主体/客体、客观/主观、真理/谬误、精神/物质、本质/现象、原因/结果、整体/部分、西方/东方、善/恶、男/女、白/黑、实/虚……	宏大叙事、二元对立
后现代性	差异性、异质性、相对性、多元性、多样性、非理性、非连续性、非决定性、非确定性、非真理性、去中心化、不可通约性、无目的性、"上帝已死"、"主体消失"、"作者死亡"、"人之死"、启蒙失败、知识与权力同谋、符号化生存、消费意识形态……	解构与批判、相对主义、"向宏大叙事宣战"

对现代人来说，放弃现代性等于在"去根"，将自己虚置化，使得人自己无法感受生存与安全，但若死抱现代性不放，现代性悖谬、现代性灾难又将人类置于危险境地，而后现代性又无意，也无力为人类指明摆脱现代性悖谬、现代性灾难之路。

对中国当代图书馆人来说，我们不得不面对前现代、"未完成的现代性"和后现代性同时俱来的共时性存在命运。我们现在已建立的图书馆学理论，基本上属于以现代性思维方式为基准的理论，可称之为"现代性图书馆学"。那么，这种"现代性图书馆学"同样无法避免现代性悖谬、现代性灾难的拷问：我们已经完成了"现代性图书馆学"的建构吗？"现代性图书馆学"能够给我们指明理想未来吗？我们有必要构建"后现代图书馆学"吗？思考和回答这些问题，现代性与后现代性理论必然能够给我们以某些启发。

---

❶ ［法］让－弗朗索瓦·利奥塔尔. 后现代状态：关于知识的报告［M］. 车槿山译. 北京：生活·读书·新知三联书店，1997：2.

❷ ［法］让－弗朗索瓦·利奥塔尔. 后现代状态：关于知识的报告［M］. 车槿山译. 北京：生活·读书·新知三联书店，1997：1.

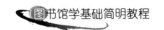

五、图书馆学研究方法

图书馆学研究方法，可分为定量研究方法和定性研究方法。

1. 几种常用的图书馆学定量研究方法[1]

（1）社会调查法

社会调查法就是从研究对象的人群总体中按一定的抽样方法选取样本，对样本的属性、特征、态度等进行调查分析，并将样本的属性、特征、态度概括为人群总体的一般属性、特征、态度的研究方法。社会调查法的一般过程包括确定假设和变量、选取样本、设计数据收集工具（最常用的就是问卷）、收集数据、分析数据、得出结论。这种方法在图书馆学领域的应用很广。用户需求研究、用户行为特征研究、用户对图书馆工作的评价研究、馆员培训需求研究等都是社会调查法的适用领域。

（2）实验方法

实验方法就是在实验室或现场，通过对研究对象进行随机分组并给予各组不同处理（treatment）来确定变量间因果关系的研究方法。实验研究的一般过程包括确定假设和变量，设计实验过程和实验条件，随机分组，对各组实施不同处理（treatment），观察和记录实验结果，对实验结果进行统计分析，解释实验结果，确定自变量和因变量之间的因果关系是否存在，得出结论。实验方法也是图书馆学领域经常采用的定量方法。情报检索系统的设计与评价、情报检索过程中的认知特性研究、用户培训方法研究、图书馆管理方法研究等都是实验方法的适用领域。

（3）文献计量方法

这是用统计方法对一批相关文献进行分析，以期揭示一个领域的历史发展轨迹以及文献著述、出版和利用模式的研究方法。主要包括引文分析、文献离散率统计、文献增长规律统计、文献老化规律统计、个人作者和机构的科研生产率统计、著作方式和作者数量统计等。文献计量方法的使用程序一般包括确定假设和变量（如引文语种变量、引文数量变量等），从特定范围的出版物中选取样本、收集数据、分析数据、得出结论。文献计量方法的经典性应用见于 20 世纪 30 年代到 40 年代的文献学家（如布拉德福等）的研究。它在我国的图书馆学文献中也很常见。

2. 几种常用的图书馆学定性研究方法[2]

（1）个案研究

这是对少量（一个或几个）个人、集团、机构等研究对象作深入的观察调

---

❶ 于良芝. 图书馆学导论［M］. 北京：科学出版社，2003：155－157.

❷ 于良芝. 图书馆学导论［M］. 北京：科学出版社，2003：157－159.

研，确定研究对象的属性，揭示其属性或特征之间的关系的研究。个案研究的最大优点就是它可以通过各种不同的数据收集方法（如访谈、实地考察、问卷调查、文献分析等），在研究对象所处的自然情境下，收集到有关研究对象的综合信息，形成对研究对象的全面的、细致的认识。其研究结果可以直接用于被调研的对象，也可以作为寻求同类对象一般规律的起点。在图书馆学领域，个案调研经常被用于图书馆管理、用户行为特征等问题的研究。

（2）历史研究

对历史资料进行收集、评价、分析和解释，从而描述和理解过去的人类经验的方法。历史方法的基本特征就是需要对历史资料（如档案）进行系统的收集、整理、核实、考证，在确认数据可靠性和真实性的基础上，对数据加以选择、整理、分析，作出结论。历史方法是研究图书馆史、图书馆思想史的基本方法。

（3）话语分析

话语分析法（discourse analysis）就是通过对谈话或文献中的语篇（discourse，即由若干句子构成的语言单位）进行分析，剖析一个领域话语体系的形式、结构和规则，透视这种形式、结构和规则背后的社会背景、文化背景及权势关系等的方法。话语分析是近年来得到较广泛应用的社会科学研究方法。它的哲学基础是 20 世纪后半叶出现的后现代主义思想，特别是法国哲学家福柯的思想。话语体系是社会制度的产物，作者用已经存在的话语体系来表述对研究对象的认识，这种认识就必然带有话语体系所体现的社会制度和权势关系的深刻烙印，体现着社会的权势关系。但与此同时，对一种话语体系的运用又反过来强化着它所体现的社会制度和权势关系，这种作用使话语体系本身就成为一种力量。托米宁（Tuominen）对"用户中心论"著述的分析是这一研究方法的范例。这项研究的目的是反思"用户中心论"中隐含的制度因素和权势关系。作者以"用户中心论"的代表作品《Seeking Meaning：A Process Approach To Library And Information Services》为样本，以其中的语篇为分析单位，考察了"用户中心论"的话语体系对用户和图书馆员及其相互关系的反映。研究发现，"用户中心论"的话语体系事实上把用户视做无知的、不能确定自己需求的，甚至不能正确表达自己感觉的情报外行人，把图书馆员视做能够解读用户思想的、能够驾驭情报查找过程的专家。作者认为，这样的话语体系恰恰在用户与图书馆员之间建构了一种不平等关系。

第二章　图书馆类型

国际标准化组织（ISO）2006 年修订的"国际图书馆统计标准"（ISO 2789：2006）将图书馆类型划分为中心图书馆/主图书馆、分图书馆、外部服务点、图书馆、高等学校图书馆、流动图书馆、国家图书馆、公共图书馆、学校图书馆、专业图书馆（政府图书馆、健康服务图书馆/医学图书馆、行业的学术研究机构或行业协会图书馆、工商图书馆、媒体图书馆、区域图书馆、其他专业图书馆）、保存图书馆/存储图书馆。我国图书馆界通常按照图书馆的管理体制，结合图书馆的目标、功能、用户群体等要素，将图书馆划分为国家图书馆、公共图书馆、高等学校图书馆、科学与专业图书馆、学校图书馆、工会图书馆、盲人图书馆、军队图书馆等。在我国图书馆界，一般把公共图书馆、高等学校图书馆、科学与专业图书馆称为"图书馆事业的三大支柱"。

第一节　公共图书馆

一、公共图书馆的特点

公共图书馆是指主要由地方政府的公共财政支持的，通过开展文献信息资源的收集、整理、保存、保护等工作，面向社会公众提供文化、信息与知识服务的公益性机构。从这一定义中可以看出，公共图书馆与其他类型图书馆相比，具有如下两个方面特点：

一是以地方政府的公共财政拨款为主要经费来源。地方政府是公共图书馆的建设主体，因而地方政府负有发展本地公共图书馆事业的责任。履行这种责任的根本标志之一就是保障公共图书馆发展所需的经费。

二是读者成分的广泛性和包容性。任何一个社会成员，只要自己需要，都可以成为公共图书馆的读者。公共图书馆的读者，从年龄上看，包括从幼儿到老年人的所有年龄段；从社会阶层来看，包括各种经济能力和政治地位的成员；从职业来看，包括工人、农民、专业技术人员、政府部门工作人员、学生、离退休及失业人员等各行各业的各类人员；从需求来看，包括寻求科研信息、决策信息、日常生活信息、娱乐信息等的各种需求者。公共图书馆读者成分的广泛性和包容性是它区别于其他社会机构的重要特征，也是公共图书馆存在和发展的巨大政治资本。社会越是分化，公共图书馆的这一特征越是突出和可贵。

二、公共图书馆的职能

按照 IFLA1975 年的认定，公共图书馆的社会职能包括以下 4 个方面：

（1）保存人类文化遗产；

（2）开展社会教育；

（3）传递科学信息；

（4）开发智力资源。

从社会公众对公共图书馆服务的需求而言，公共图书馆应该具有并发挥如下职能：

1. 满足公众的教育需求

包括满足社会成员在维持基本的阅读写作能力以及自学知识或接受学校教育时产生的对图书馆文献资料、服务和空间等的需求。

2. 满足公众的信息需求

包括满足社会成员或组织在职业活动、日常生活、兴趣爱好等方面产生的对各类知识和信息（如科学技术知识、商业经济信息、政府政策信息、本地区设施及服务信息等）及相关服务的需求。

3. 满足公众的研究需求

包括满足社会成员在从事职业性或业余性（如地方史、家史等）研究活动时所产生的对相关知识、信息、文献及服务的需求。

4. 满足公众的文化需求

包括满足公众为提高自己的文学艺术修养、开阔眼界、增长阅历、了解文化遗产等而产生的对各类资料和相关服务（如各种展览、书评、讲座等）的需求。

5. 满足公众的交往需求

包括满足社会成员在进行情感交流、图书资料交换、学习研究心得的交换等活动时所产生的对图书馆空间和环境的需求。❶

在公共图书馆职能的界定问题上，应该注意不同类型公共图书馆的职能区别。如国家图书馆作为综合性研究型图书馆，除履行公共图书馆的基本职能外，还应当承担国家文献信息资源总库（国家总书库）、国家书目数据中心、国家古籍保护中心等职能。再如我国的省级图书馆应该承担本行政区域的地方文献收藏

---

❶ 于良芝. 图书馆学导论［M］. 北京：科学出版社，2003：89.

中心、古籍保护中心和图书馆协调与协作中心的职能。

"公共图书馆的职能是什么"的问题与"公共图书馆应该是什么样的"的问题紧密相关。对这两个问题的回答，可以作不同形式的表述。1995 年 12 月，ALA 发表《美国图书馆事业发展的 12 条宣言》，对"公共图书馆应该是什么样的"问题作了如下表述：

（1）图书馆为居民提供获取信息的机会；

（2）图书馆应消除人们获取信息的社会障碍；

（3）图书馆是改变社会不公平现象的基地；

（4）图书馆尊重每个人的基本权利；

（5）图书馆培育创造精神；

（6）图书馆为儿童打开知识的大门；

（7）图书馆的服务物有所值；

（8）图书馆是构建和谐社会的重要力量；

（9）图书馆增进家庭的和睦与福祉；

（10）图书馆鼓励每个人的进步；

（11）图书馆是培育善良和美德心灵的圣地；

（12）图书馆保存历史记录。

1996 年，日本图书馆研究会所属的公共图书馆管理调查委员会发表了《关于公共图书馆管理的 12 条建议》，也对"公共图书馆应该是什么样的"问题作了如下表述：

（1）取消利用限制；

（2）选择读者现在需要的常用资料；

（3）藏书体系要反映读者的需要；

（4）重视儿童读者的需求愿望；

（5）平等地对待每一位读者；

（6）加大预约服务的力度；

（7）增加复本量；

（8）让开架图书更具有吸引力；

（9）有效使用经费；

（10）尊重每一个读者的基本权利；

（11）认真考虑服务的优先顺序；

（12）尽力解决读者的各种难题。

三、公共图书馆的服务

单个意义上的公共图书馆服务主要包括以下内容：

1. 文献提供服务

文献提供服务是图书馆最基本的服务。外借、阅览、送书上门等是文献提供服务的基本表现形式。

2. 参考咨询服务

参考咨询服务包括帮助读者指引馆藏资料的位置；帮助读者查找资料；利用参考馆藏和网上资源解答读者提出的问题；对图书馆无法解答的复杂问题，将读者指向能解答其问题的其他机构等。

3. 促进阅读服务

促进阅读服务是以故事会、推荐书目、作家讲座、读书俱乐部、书展等形式向社会成员宣传图书、引导阅读的活动，目的在于培养和推动社会的读书氛围，为建设学习型社会作出应有贡献。

4. 社区活动与社区信息服务

社区活动一般按用户类别组织。为儿童和青少年组织的活动经常包括故事会、读书俱乐部、有奖读书活动、家教辅导服务、计算机培训服务，甚至各类表演（如木偶表演、动物表演）等。为成人提供的活动经常包括讲座、培训（手工、体操、摄影等）、读书俱乐部、各类展览。很多公共图书馆还为社区群众团体（如集邮爱好者、天文爱好者等）的自发活动提供活动场地。这些活动虽然与文献资料的利用无涉，却是公共图书馆满足社区成员文化需求的重要途径。

社区信息服务（community information service）起源于 20 世纪五六十年代的英国和美国。社区信息服务所提供的信息主要包括与居民生活相关的法律信息、福利政策信息、消费者维权所需信息、税收信息以及有关社区内的政治、经济、文化、教育、娱乐等方面的信息。

5. 特殊服务

所谓特殊服务，就是为那些利用图书馆困难的人群所提供的、不同于常规服务的个别服务。为各类残疾人提供特殊的人性化服务，是特殊服务的重要内容。为残疾人提供的特殊服务包括允许携带盲犬进馆，上门服务，从书架上代取资料，提供盲文资料及其阅读设备，提供特制路标，将资料制成盲文或录成磁带，馆内带路，提供交通等。❶

四、公共图书馆的普遍均等服务

前面介绍的公共图书馆的服务，指的是单个图书馆的服务，而这里要讲的是

---

❶ 于良芝. 图书馆学导论 [M]. 北京：科学出版社，2003：91 - 95.

地区性或全国性的公共图书馆服务。一个地区乃至一个国家的公共图书馆服务，作为公共文化服务体系的重要组成部分，必须遵循普遍均等的原则，即要提供普遍均等的公共图书馆服务。提供普遍均等的服务，必须首先建立普遍均等的公共图书馆服务体系。普遍均等的公共图书馆服务体系，"是指一个国家或地区的公共图书馆服务体系可以保障居住其中的所有人，无论其经济状况、年龄、性别、身体状况、种族、宗教等区别，都能就近获取其需要的知识、信息、文化资源以及其他的图书馆服务"❶。

1. 普遍均等服务的概念

所谓普遍均等服务，就是使图书馆服务覆盖全社会，使所有的人都能无遗漏地、平等地就近获得图书馆服务，以此保障每个人获得图书馆服务的平等权利。这一概念的内涵可从"覆盖全社会"、"就近获得服务"和"权利平等"3个方面进行诠释。

（1）覆盖全社会：普遍均等服务的基本表现

顾名思义，"覆盖全社会"指的是图书馆服务的所及范围，即以全社会所有人群都能得到服务为其范围。具体到每一个公共图书馆而言，"覆盖全社会"指的是在所属区域范围内所有居民无遗漏地都能得到图书馆服务。对一个国家而言，每个地区的图书馆服务所覆盖的人口数量之和，就是这个国家的公共图书馆服务"覆盖全社会"的程度。对一个特定的区域（如一个省、市、县、乡镇、社区等）而言，实际得到公共图书馆服务的人口数量与该区域应得到公共图书馆服务的人口数量之比，就是该区域公共图书馆服务的覆盖率（"覆盖全社会"的程度）。在现实的服务实践中，不存在"服务盲区"——某区域或某部分居民得不到图书馆服务——是覆盖全社会的基本要求；覆盖率高低是衡量一个地区公共图书馆服务体系是否完善的基本标准之一。所谓普遍均等的公共图书馆服务，首先指的是遍及所有人的服务，而"遍及所有人的服务"必然要求"覆盖全社会"。所以说，覆盖全社会是普遍均等服务的基本表现。

（2）就近获得服务：普遍均等服务的可及性

为了更好地理解"就近获得服务"的含义，我们可以作这样一个假设：设某一个县的方圆面积为5 000多平方公里，人口80万，在县城里建有面积为2 000平方米的公共图书馆一座，且未在县城之外设有分馆和流动服务点，即未建成公共图书馆服务体系，但该县政府宣称该图书馆面向全县人民服务，据此又声称该县公共图书馆服务做到了"覆盖全县"。显然，该县所称"覆盖全县"只

---

❶ 邱冠华，于良芝，许晓霞. 覆盖全社会的公共图书馆服务体系：模式、技术支撑与方案［M］. 北京：北京图书馆出版社，2008：3.

是一个理论意义上的"应然",而不是现实意义上的"实然",因为只建有一座图书馆必然使得该县绝大多数居民处于"服务盲区"(尤其是广大农村地区的居民),其主要原因是该县的图书馆服务对大多数居民来说不具有可及性,即大多数居民无法就近获得图书馆服务,因而事实上得不到图书馆服务。可见,让居民"就近获得服务"也是普遍均等服务的必备条件。关于就近获得服务的程度,公共图书馆界往往用"服务半径"来衡量,只不过各国对服务半径的要求不尽一致。所谓服务半径,是指图书馆服务所辐射的地理范围,是读者到达公共图书馆的距离。IFLA/UNESCO 于 2001 年修订的《公共图书馆服务发展指南》建议,在城市和近郊,利用私人交通工具到达最近的图书馆的时间不超过 15 分钟。而英国所确定的"服务半径"则用"在指定距离到达固定图书馆的住户比例"来衡量,其详尽程度令人叹服(见表 2-1)。美国《威斯康星公共图书馆标准》(2005)确定的服务半径是:在城市内部,驾车 15 分钟内可到达;在乡村地区,驾车 30 分钟可到达。新加坡人口密集区域服务半径约为 1~2 千米,最大服务半径为 5~6 千米;少儿图书馆位于公寓楼的底层,街区的大多数小孩只需 5 分钟就能走到。我国的《公共图书馆用地指标》(2008 年 6 月 1 日起正式施行)提出的公共图书馆服务半径指标为:大型公共图书馆≤9 公里;中型公共图书馆≤6.5 公里;小型公共图书馆≤2.5 公里❶。同时规定,大型馆覆盖的 6.5 公里服务半径内不应再设置中型馆;大、中型馆覆盖的 2.5 公里服务半径内不应再设置小型馆。❷

表 2-1　在指定距离到达固定图书馆的住户比例

区域类型	范围内的住户比率（%）		
	1 英里	2 英里	人口稀疏区 2 英里
内伦敦区	100	—	—
外伦敦区	99	—	—
大城市区	95	100	—
自治市镇	88	100	72
郡县	—	85	72

❶ 依据我国的《公共图书馆建设标准》,大型馆指服务人口 150 万以上的馆,中型馆指服务人口 20 万~150 万的馆,小型馆指服务人口 20 万以下的馆。

❷ 截至 2010 年年底,我国共有县级以上公共图书馆 2 884 所,服务半径约 52.8 公里;每 46.8 万人拥有一座公共图书馆,与国际通行的每 2 万~5 万人拥有一座公共图书馆标准相比差距甚大;人均藏书量 0.46 册,与国际通行的 1.5~2.5 册标准相比差距甚大。

（3）权利平等：普遍均等服务的实质

无论是"覆盖全社会"还是"就近获得服务"，都是为了实现权利平等。权利平等是普遍均等服务的实质和目的。所谓权利平等，主要指的是"当人们得到了相等的机会，拥有了基本的权益——在某种意义上是与他人一样的权益，他们就会感到获得了正义"。❶ 对公共图书馆服务来说，所谓权利平等，指的是人人都具有平等地获得图书馆服务的机会和条件。对此，IFLA/UNESCO《公共图书馆宣言》的描述是："公共图书馆应该在人人享有平等利用权利的基础上，不分年龄、种族、性别、宗教信仰、国籍、语言或社会地位，向所有的人提供服务。公共图书馆必须为那些因各种原因不能利用普通服务的用户，如小语种民族、伤残人员、住院人员、被监禁人员，提供特殊的服务和资料。"

2. 普遍均等服务的政策与措施

（1）普遍均等服务的政策

在国外的图书馆政策中，非常重视体现普遍均等服务的理念。其重点是为利用图书馆困难的人群提供政策支持。所谓"利用图书馆困难的人群"主要包括3部分人群，一是行动受限制的人群，如残疾人、老年人、孕妇、监狱服刑人员等；二是身处偏远地区的人群，如农村地区人群、城市远郊人群、海上作业人群等；三是在生活、交往和技能上存在障碍的人群，如低收入人群、少数语种人群、非主流文化人群（移民、土著人群等）、信息技术能力差的人群等。图书馆的普遍均等服务，必须照顾到这些利用图书馆困难的人群。所以，图书馆服务政策必须明确支持利用图书馆困难的人群，以此促动和鼓励图书馆采取切实措施解决这些人群利用图书馆的困难。

1956年颁布的美国《图书馆服务法》明确规定："本法的目的在于向没有公共图书馆服务或图书馆服务不足的农村地区推广图书馆服务。……本法涉及的任何联邦拨款，只能用于在农村地区推广公共图书馆服务。"1982年修订的美国《图书馆服务与建设法》规定："优先向低收入人群和英语不好、人口集中的人群提供图书馆服务。"2009年的美国《博物馆与图书馆服务法》决定在博物馆与图书馆服务署（Institute of Museum Library Services）内设立国家博物馆与图书馆服务委员会（National Museum and Library Services Board），规定其成员中不少于1人是图书馆弱势群体服务方面的专家，委员会成员应充分考虑代表妇女、少数群体、残障人的利益；在"图书馆项目"条款中规定：为多元文化、残障人、缺乏信息技术或读写能力的人群提供图书馆服务，为利用图书馆有困难的人群、落后城市和农村地区提供图书馆服务。美国加利福尼亚州《图书馆法》规定：州

---

❶ ［美］莱斯利·里普森. 政治学的重大问题［M］. 刘晓等译. 北京：华夏出版社，2001：42.

图书馆一贯为盲人或因身体残疾而无法阅读印刷文献的人购买录音资料；州图书馆员可以为盲人和残疾人士提供免费的电话服务以便他们能直接利用图书馆服务。该法还规定在州政府任命的图书馆服务委员会成员中必须包括 3 名非业内人士：一位代表残疾人；一位代表英语水平有限的人群；一位代表贫困人群。英国的图书馆与信息专业人员注册协会（CILIP）依据英国《残疾人歧视法》中规定的"取消获取服务的所有物理障碍，以便确保有视觉、听觉、活动和学习障碍的人能享受服务"要求，制定了适应残疾人需求的图书馆建筑标准，建议图书馆书架的高度适合残疾人使用。芬兰 1962 年《图书馆法》规定，中央政府拨款占乡村地区图书馆总经费的 2/3、城镇馆总经费的 1/3，在此基础上边远地区可再追加 10% ~25% 。

（2）普遍均等服务的措施

图书馆提供普遍均等服务的措施，概括地说就是要建立覆盖全社会的公共图书馆服务体系。从国外的做法看，总分馆制、流动图书馆服务和特殊服务是较普遍的做法。

① 总分馆制

总分馆制也叫总分馆体系。根据 ALA 的定义，总分馆体系中的总馆是一个独立建制的图书馆或一个图书馆系统中充当管理中心的图书馆，它是图书馆系统集中加工文献的场所，也是收藏整个系统主要藏书的处所。分馆是总馆把一部分业务分离出去而形成的附属场所，必须拥有一个基本馆藏、常规的人员配置和固定的开馆时间。总分馆体系是指由同一个建设主体资助、同一个管理机构管理的图书馆群，其中一个图书馆处于核心地位作为总馆，其他图书馆处于从属地位作为分馆。❶ 分馆在行政上隶属于总馆，或与总馆一起隶属于同一个主管部门，在业务上接受总馆管理。也就是说，在一个总分馆体系中，总馆具有财产管理权、业务管理权和行政管理权（包含人员管理权）。

总分馆体系一般具有如下特征：

- 由同一个建设主体设置和维持；
- 统一规划、布局；
- 统一财物管理；
- 统一人事管理；
- 统一文献采购和加工；
- 统一自动化平台和网站；

---

❶ 邱冠华，于良芝，许晓霞. 覆盖全社会的公共图书馆服务体系：模式、技术支撑与方案［M］. 北京：北京图书馆出版社，2008：7 - 8.

- 使用通用借阅证并开展通借通还；

- 统一策划读者活动；

- 统一处理各分馆转移的参考咨询问题。❶

实行总分馆制的目的就是为了借助星罗棋布的分馆模式把图书馆服务伸向需要服务的各个地方和人群之中，以此实现图书馆服务的"覆盖全社会"和"就近获得服务"。美国等图书馆事业发达国家普遍推行的总分馆制，就是旨在消除读者的距离障碍、提供普遍服务和就近服务而采取的图书馆服务模式。例如，美国纽约皇后区中心图书馆就设有遍布全区的 62 个分馆；洛杉矶市中心图书馆设有 66 个分馆，遍布全市各个部位。据 ALA2010 年 8 月的统计，美国公共图书馆按行政单位计算共有 9 221 所，按中心馆和分馆的分布模式计算，则有中心馆（Central Buildings）9 042 所，分馆（Branch Buildings）7 629 所，共计 16 671 所。丹麦哥本哈根公共图书馆系统，现包括 1 个总馆，21 个分馆，1 部流动书车，1 个数据馆，1 个连环画馆，1 个地方行政管理图书馆，9 个中学图书馆和 100 多个设在医院、监狱、养老院等处的阅览部。在法国，仅巴黎市就有 80 多家图书馆；人口在 1 万 ~ 5 万的市镇中，91% 设有图书馆；为了解决人口在 1 万人以下的乡镇和农村居民的借书难问题，法国政府专门成立了省外借中心图书馆，覆盖全国 97.75% 的村镇，平均每 1 500 名乡村居民便有一个图书馆服务点或借阅点。

② 流动图书馆服务

除总分馆制外，开展流动图书馆服务也是让偏远少数人群就近获得图书馆服务的有效措施。所谓流动图书馆服务，是指在不设立固定图书馆馆舍的情况下，为偏远少数人群提供图书馆服务的一种服务方式。下面是一些国家开展流动图书馆服务的事例：

- 在智利的圣地亚哥，图书馆在地铁站提供服务；

- 在葡萄牙和西班牙的加泰罗尼亚，每年夏季都设立海滨图书馆；

- 使用多种交通工具来提供图书馆服务，流动书车在很多国家都很普遍。在挪威有流动书船；在印度尼西亚用自行车和三轮车提供图书借还服务；在秘鲁人们使用驴来运送计算机和图书；在肯尼亚使用骆驼；在津巴布韦使用驴车；在荷兰的阿塔尔冬，人们使用机动脚踏两用车将图书运送到读者办公室或家中。

- 在南非的一些地方，在没有基础设施的非正式住宅区也有各种形式的图

---

❶ 邱冠华，于良芝，许晓霞. 覆盖全社会的公共图书馆服务体系：模式、技术支撑与方案［M］. 北京：北京图书馆出版社，2008：47.

书馆服务。例如，用汽车行李箱、诊所里的铁柜、货船集装箱或在大树底下提供服务，或者由个人或商店向社区的其他成员提供服务。还有对学校和养老院提供大批馆藏资料外借服务，为儿童疗养中心无法去图书馆的儿童提供故事会和学校作业信息服务。

- 在哥伦比亚，在人口较集中的地方，图书馆用可以装大约 300 册图书的铁柜，外加长凳和广告牌等为用户提供服务，每天开放两个小时。

③ 特殊服务

所谓特殊服务，就是为那些利用图书馆困难的人群所提供的、不同于常规服务的个别服务。有些读者因为各自不同原因无法享用图书馆的常规服务，但是这些读者同样有权利获得图书馆服务。因此，图书馆必须采取措施让这些读者得到馆藏资料和服务。为此，IFLA/UNESCO 于 2001 年修订的《公共图书馆服务发展指南》列举了如下特殊服务方式：

- 配备特别交通工具，如流动书车、流动书船和其他交通工具，为边远地区的居民服务；
- 为那些不能离家外出的人上门服务；
- 到工厂为职工服务；
- 为那些活动受限制的人，如住院病人和监狱犯人服务；
- 为身心残疾者提供特殊的设备和阅读资料，如为听力或视力不健全者提供个别的特殊服务；
- 为学习有困难的人提供特殊资料，如易读资料和录音带等；
- 为移民和新公民服务，协助他们适应新的社会，并提供他们的本土文化资料；
- 电子通信，如网上书目等。

在国外图书馆提供特殊服务的事例举不胜举，这里仅举一例：英国托贝郡（Torbay）地区约 30% 的公民已超过 60 岁，当地图书馆通过与其他机构合作，为当地老人提供大字版和语音版的文献资料。而且托贝的图书馆服务会考虑退休人员的需要，帮助他们提高退休后的生活质量，为他们提供适当的家政服务。此外，对于该地区的有学习障碍的公民，提供可以提高生活基本技能的培训资料，以帮助这些有心理障碍的人群融入社会生活。

第二节　高等学校图书馆

高等学校图书馆指隶属于特定高等教育机构，为该机构的教师、学生、科研人员及其他相关人员服务的图书馆。

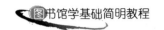

一、高等学校图书馆的主要功能

1. 支撑研究过程的功能

通过建设相对全面的期刊馆藏、各类型数据库、高效率的馆际互借系统和文献传递服务、专业化的参考咨询及其他相关服务，满足教师、科研人员和研究生的科研需求，帮助学校提高科研生产率。

2. 支撑教学过程的功能

通过建设相对全面的教学参考资料馆藏、加强与各院系的联系、参与课件开发及远程教育、提供教学设施等活动，为各院系的教学提供支撑服务。

3. 实施教学过程的功能

通过参与课程设计、讲授信息素质课和其他通用技能课程，直接实施教学功能。

4. 支持自主学习过程的功能

通过为学生个人提供舒适的自学场所、解答学生自学过程中遇到的资料需求问题等方式，成为学生学习的"第二课堂"。高等学校图书馆支撑着学生的自主学习过程，培养着他们终身学习的能力。

5. 开展图书馆学研究的功能

高等学校图书馆人才济济，有条件承担图书馆学研究项目，因而成为图书馆学研究成果的重要来源。❶

二、高等学校图书馆的服务

1. 文献提供服务

与公共图书馆一样，文献提供服务也是高等学校图书馆的基本服务内容，其表现形式也是外借、阅览。

2. 参考咨询服务

高等学校图书馆的参考咨询服务是图书馆日常服务的重要组成部分。它经常处理的问题包括：① 有关图书馆使用过程的问题，如确定馆藏文献的位置，解决硬件、软件和网络问题等。随着数字化文献的增长，读者使用图书馆时遇到的硬件、软件和网络问题日益突出。② 读者工作学习过程中遇到的问题，如统计资料、历史事实、人物、事件等。③ 有些图书馆也承担一些较复杂的文献查询或调研任务，如科研课题的文献查新和文献综述。

---

❶ 于良芝. 图书馆学导论［M］. 北京：科学出版社，2003：108－109.

3. 直接的教学支持服务

此类服务的内容主要包括：① 在馆内提供各种教学用设施，如视听室、计算机实验室、研讨室等；② 参与课程设计，将信息素质教育融入专业课程或单独开设；③ 参与远程教育，如在图书馆内设专人负责远程教育服务，包括用户培训、邮寄书刊、电话咨询、电子邮件咨询、维护远程教育网页等；④ 参与计算机辅助教学课件的开发，在这方面图书馆员的主要职责是评价、组织高质量的网络资源，形成嵌入课件的超链接，设计检索图书馆电子资源的用户界面，提供虚拟咨询台，承担课件开发中的版权申请和管理任务等。

4. 社区服务

一些高等学校图书馆还为所在社区提供一定程度的服务，这包括在一定范围内向社区成员开放阅览馆藏、辅助性服务（如复印服务），为社区内的企业提供咨询服务或文献查询等。❶ 我国高等学校图书馆尚未形成为社区服务的普遍传统。

第三节 科学与专业图书馆

科学与专业图书馆是由各种研究机构、政府部门、学会、协会、商业公司、企业商会等组织机构所支持的图书馆。在我国，中国科学院系统，中国社会科学院系统，中国医学科学院系统，中国农业科学院系统，中国军事科学院系统，大中型企业系统，医院系统，人民团体系统以及隶属于国务院的各部、委、局系统等所支持的图书馆，是科学与专业图书馆的主体。

与其他类型的图书馆相比，科学与专业图书馆的特点主要表现在以下 4 个方面：

第一，办馆目标与其母体机构的目标相一致。如研究机构的图书馆的目标就是支持母体机构的研究活动，公司企业的图书馆的目标就是帮助母体机构赢得利润。

第二，馆藏文献来源更加多样。不仅包括公开出版的文献还包括非公开出版的文献（如会议论文、内部交流文献、课题项目结题原件、本单位活动形成的各类资料等）。

第三，更加显著的专业性。这一特点体现在两个方面：一是收藏文献范围的专业性；一是文献处理与加工过程的专业性。科学与专业图书馆通常需要对文献进行深层加工，形成和提供二、三次文献，如对图书章节或科技论文进行深度标

---

❶ 于良芝. 图书馆学导论［M］. 北京：科学出版社，2003：106–109.

引、编制科研动态通报、编写专题索引、文摘或综述等。

第四，服务的针对性。科学与专业图书馆通常需要提供定题服务，即针对某一课题研究的需要，提供相应的检索、代译、代写、复制及其他辅助性服务。

第四节　国家图书馆

《国际图书馆统计标准》（ISO 2789：2006）将国家图书馆定义为：按照法律或其他规定，负责收集和保管国内出版的所有的主要出版物的副本，并起储藏图书馆的作用，不管其名称如何，都是国家图书馆。该标准之所以强调"不管名称如何"，是因为不同国家的国家图书馆往往因其起源的不同而在名称和功能上有所差异。如我国的国家图书馆，是 1909 年建立的京师图书馆延续发展、改名而来的综合性图书馆。在北欧一些国家，大学图书馆（如丹麦的哥本哈根大学图书馆、挪威的奥斯陆大学图书馆、芬兰的赫尔辛基大学图书馆）肩负着国家图书馆的任务。而美国以国会图书馆作为国家图书馆，另设有国立医学图书馆、国立农业图书馆和国立教育图书馆。

一、国家图书馆的管理体制

世界上大部分发达国家的国家图书馆，其管理体制有两个特点：一是立有专门的国家图书馆法；一是采用董事会制度来管理国家图书馆。如在英国，1972 年首先制定了"不列颠图书馆法"，然后于 1973 年正式建立不列颠图书馆。不列颠图书馆由专门成立的国家图书馆董事会（British Library Board）管理。该董事会通常包括 8~13 名委员。董事长由国务大臣任命，委员中，一位由女王任命，其余的由国务大臣任命。董事会负责制定国家图书馆政策，审定预算，任命馆长等决策事务；图书馆馆长是董事会的当然成员，负责图书馆的日常管理工作。我国的国家图书馆一直隶属于国家文化部，文化部直接负责制定国家图书馆的方针政策和发展规划等；国家图书馆馆长由文化部任命，负责管理图书馆的日常业务及行政工作。

二、国家图书馆的职能

（1）完整、系统地搜集和保管本国的文献，从而成为国家总书库。

（2）有重点地收藏国外出版物，拥有一个丰富的外文馆藏。

（3）为国家机关提供法律、政策方面的调研与咨询服务。

（4）编印国家书目和联合目录，利用网络进行远程合作编目，发挥国家书目中心的作用。

（5）负责组织图书馆现代技术设备的研究、试验、应用和推广工作，在推动图书馆实现现代化的过程中起枢纽作用。

（6）组织、推动全国图书馆学研究。

（7）代表本国图书馆界和广大图书馆读者的利益，参加国际图书馆组织的学术交流活动，成为本国图书馆界的对外交流中心。

第三章　图书馆工作的组织原理

图书馆工作的组织活动，包括单个图书馆（系统）的微观工作组织和地区性或全国性的宏观图书馆工作组织两大方面。微观工作组织由文献资源建设和读者服务工作两个方面构成。其中的读者服务工作，在第二章中的"公共图书馆的服务"、"公共图书馆的普遍均等服务"、"高校图书馆的服务"部分已分别作了介绍，故本章不再专门论述。宏观工作组织包括资源共享、图书馆行业管理、图书馆评估等内容。如今的图书馆工作又可分为实体图书馆工作和虚拟图书馆/数字图书馆工作，故本章设专节介绍数字图书馆的基本原理。而图书馆理事会制度则既与微观工作组织有联系，也与宏观工作组织有联系，故本章也将介绍其基本原理。

第一节　文献资源建设

在数字化、网络化环境下，图书馆的馆藏大体可分为实体馆藏和虚拟馆藏（数字馆藏）两部分。既能提供实体馆藏服务又能提供虚拟馆藏服务的图书馆形态，叫做"复合图书馆"（Hybrid Library）。❶ 数字图书馆的馆藏资源建设一般就叫"信息资源建设"，而"文献资源建设"一词一般是针对传统图书馆和复合图书馆中的实体馆藏建设而言的。单个图书馆的文献资源建设工作，大体包括文献采访、文献登录、文献加工整理、文献组织与保护等基本环节。

一、文献采访

文献采访又有文献采购、文献采选、文献收集、文献补充等多种称谓。文献采访就是根据每个馆的文献收藏原则对出版物和其他资料进行选择与采集的过程。

---

❶ "复合图书馆"一词最早由英国图书馆学专家苏顿（S. Stton）于1996年提出。他将图书馆分为连续发展的4种形态，即传统图书馆、自动化图书馆、复合图书馆与数字图书馆。他认为在复合图书馆阶段，可以实现传统馆藏与数字馆藏的并存，但两者的平衡越来越倚重数字型，因为用户可以通过图书馆的服务器或网络自由访问跨地域的分布式数字化信息资源。

1. 出版物选择理论

图书馆应该选择采集什么样的出版物，反之，图书馆不应该选择采集什么样的出版物，对此形成有两种派别：价值论（value theory）和需求论（demand theory）。

主张价值论的代表人物是杜威。价值论派的主张是：图书馆应该只选择那些"优秀的图书"（best books），而不论读者中有多少人喜欢这种图书。在 19 世纪末以前，价值论观点在欧美各国图书馆界占优势。不过，进入 20 世纪，价值论观点受到了自由主义者们的严厉批评。自由主义者们对价值论派的诘问是：什么是"优秀的图书"？它的判断标准是什么？由谁来判断？自由主义者们认为，所谓"优秀的图书"的判断是一种主观价值判断，并不能代表"真理"。谢拉也曾质问道："什么样的图书才算是最佳图书？为了什么目的？为谁所用？"❶ 价值论派的另一个瑕疵在于对"通俗读物"的鄙视。他们认为，通俗读物中难免夹杂着"低俗"的东西，毒害人的心灵，败坏社会良俗。通俗读物难道真的一无是处吗？对此谢拉评论道："消遣性读物给人轻松愉快之感；各种冒险故事使人产生的激动；诙谐幽默读物给人以极大的欢乐；侦探、神怪小说使人为之惊愕，所有这些在丰富、充实人类生活方面都有一定的作用。图书馆员应当收藏这类书籍。"❷ 从图书馆学之外的思想资源看，对图书"价值论"的批判，可以追溯到 17 世纪英国的社会活动家弥尔顿（John Milton，1608—1674）的出版自由思想。弥尔顿认为，即使是所谓的"坏书"，也没有必要禁止人们阅读，因为人是有理性判断能力的人，而有理性的人通过阅读这些"坏书"，从中了解到恶的本质，进而能从反面受到教育走向善。他说："在我们这个世界中，关于恶的认识与观察对人类美德的构成是十分必要的，对于辨别错误、肯定真理也是十分必要的。"❸ 在图书馆界，自第二次世界大战结束以后，知识自由论的广泛兴起几乎完全否定了价值论的合法性。

另一派是以普尔（W. F. Poole）和克特（C. Cutter）为代表的需求论。需求论的主张是：选择出版物应当以适合读者需求为宗旨，应挑选适合的图书，而不是所谓"最好的图书"。需求论重视读者的需求，不强调出版物本身的价值，"也就是公众需要什么，图书馆就提供什么"❹。需求论派认为，试图选择"最好的图书"的做法是不合理的，因为"就像读者有许多种类一样，最好的图书也有许多种类"。克特反问道："在什么方面'最好'？在体裁上还是在兴趣上？在

---

❶ ［美］杰西·H. 谢拉. 图书馆学引论［M］. 张沙丽译. 兰州：兰州大学出版社，1986：74.
❷ ［美］杰西·H. 谢拉. 图书馆学引论［M］. 张沙丽译. 兰州：兰州大学出版社，1986：73.
❸ ［英］弥尔顿. 论出版自由［M］. 吴之椿译. 北京：商务印书馆，1959：17.
❹ ［美］杰西·H. 谢拉. 图书馆学引论［M］. 张沙丽译. 兰州：兰州大学出版社，1986：74.

指导方面还是在建议方面？为谁选择'最好'的图书？为经验不足的读者，还是为一般的读者？为学院学生还是为退职学者？"他们指出，读者的兴趣、水平、修养、年龄不同，阅读需求各异，图书馆员不能把自己的观点强加于人。所以，他们认为，应根据读者的具体情况，选择适合读者阅读的读物。需求论在19世纪末以后，逐渐占了上风，尤其是20世纪以来，进一步确立了它在图书馆界的主导地位。

2. 文献采访方法

归纳起来，文献采访方法，可分为购入和非购入两种方式。

购入方式是指图书馆用货币向文献销售系统购买出版物的方式。它包括预订、直接选购、委托代购、邮购、复制等方法。这是文献采访的主要方式，它能保证有计划、有针对性地选购入藏出版物。

非购入方式，即采用多种方法免费或用少量经费获得各种非卖品书刊资料。这是广开途径、扩大书源的重要方式。许多过期出版物、内部编印的书刊资料，学术性强，资料价值大，不通过商品流通渠道销售，对这些非卖品书刊，只能采取征集、交换、索要等非购入方式获取。

以上介绍的购入方式和非购入方式，均是针对传统意义上的图书馆书刊采访工作而言的。在数字图书馆条件下，实体馆藏的形成和补充，仍然可采用上述购入方式或非购入方式，而虚拟馆藏的形成和补充，则既可采用购入方式（如购买电子出版物、数据库产品），也可采用网络租用（数据库等）、免费下载（公共信息）、开放获取（Open Access，OA）等多种方式。其实现技术也多种多样，如新闻聚合订阅、数据仓库、信息推送等。

二、文献登录

通过采访工作收集来的文献，作为公共财产需要进行财产登记，这就是文献登录工作。文献登录分为个别登录和总括登录两种。

个别登录，是将每种图书的书名、责任者、版本、价格、来源、册数及登录号码等逐项记入"图书财产登记簿"。它是检查每一种书的入藏历史的重要依据，借助它可以查清每一种书的入藏日期、来源、价格以及它何时被注销和注销原因等信息。

总括登录，是按照每批采访图书的验收凭证（如收据、拨交或赠送图书目录等）或每批注销图书的批准文据，分别将每批图书的总册数、总价格、图书种数、册数等记入"图书馆藏书总括登录簿"。通过总括登录，可以了解和掌握全馆藏书的总册数、总价值、来源和去向、实际藏书量及各类图书的入藏情况等信息。

三、文献加工整理

进行登录后的文献，就要进入加工整理环节。文献加工整理过程主要包括文献标引、文献著录与编目环节（这里省略盖藏书印、包膜、贴书标等环节）。

1. 文献标引

文献标引就是将文献的内容特征和某些外表特征转换成特定的文献标识（如分类号、主题词等）的处理和加工过程。通过标引工作，各种文献获得特定的、便于检索的分类号、主题词等。这种标识如同交通地图能够指引人们迅速判断城市街道一样，为人们指明在浩繁的文献海洋中能够迅速查找所需文献的路径。文献标引工作，已成为图书馆、情报和档案部门业务工作的中心环节之一，也是编制各类书目、索引和其他检索工具，以及建立数据库和计算机检索系统的基础。

文献标引分为分类标引和主题标引两大类。分类标引是将文献主题分析的结果转换成分类标识，即分类号，以供人们从学科分类角度查找所需文献。主题标引是将文献主题分析的结果转换成主题标识即检索词，以供人们从主题概念角度查找所需文献。

（1）分类标引

在我国，分类标引所依据的是《中国图书馆分类法》（简称《中图法》）。《中图法》的整个体系结构分为 5 大部类、22 个基本大类，依次分别用从 A 到 Z 的 22 个英文字母表示（L、M、W、Y 4 个字母除外），如下所示。

马克思主义、列宁主义、毛泽东思想 ………… A 马克思主义、列宁主义
毛泽东思想、邓小平理论

哲学 ………………………………………… B 哲学、宗教

社会科学 …………………………………… C 社会科学总论

D 政治、法律

E 军事

F 经济

G 文化、科学、教育、体育

H 语言文字

I 文学

J 艺术

K 历史、地理

自然科学 …………………………………… N 自然科学总论

O 数理科学和化学

P 天文学、地球科学

Q 生物科学

R 医药、卫生

S 农业科学

T 工业技术

U 交通运输

V 航空、航天

X 环境科学、安全科学

综合性图书 ……………………………………… Z 综合性图书

《中图法》作为等级体系分类法，其类目体系结构都是从大到小、从粗到细、同级相平的等级编排，如：

I 文学

I0 文学理论

I1 世界文学

I2 中国文学

………

I209 文学史、文学思想史

………

I22 诗歌、韵文

………

I24 小说

I242 古代至近代作品（—1919 年前）

I242.1 笔记小说

I242.3 话本、评话

I242.4 章回小说

………

I246 现代作品（1919—1949 年）

………

I246.5 新体长篇、中篇小说

………

I247 当代作品（1949—）

………

I247.5 新体长篇、中篇小说

………

根据以上类表，我们可以进行如下的文献分类：

《文学概论》，分类号为：I0

《中国文学史》，分类号为：I209

《红楼梦》，分类号为：I242.4（未再依 I24 下的专类复分表细分，下同）

《三国演义》，分类号为：I242.4

《子夜》，分类号为：I246.5

《苦菜花》，分类号为：I247.5

经过分类后的每一种文献，都得到了个别的标识——分类号，若加上每一件文献的次序号（图书分类中称为书次号，如种次号、著者号、出版年代号等）以及相应的辅助区分号，每一册书就获得了唯一的分类索书号和排架号，由此实现对所有文献内容的分类揭示和文献载体的分类编排。

（2）主题标引

主题标引一般都借助特定的主题词词典——主题词表，如汉语文献的主题标引，都借助《汉语主题词表》（简称《汉表》）及其专业词表。每一种文献的主题标引，都要经过主题分析，借助《汉表》进行抽词标引。下面仅举几例：

《汉语教学》标引为：汉语—语言教学

《水稻、小麦、玉米栽培技术》标引为：水稻—栽培；或，小麦—栽培；或，玉米—栽培；或，禾谷类作物—栽培

《广东话与普通话》标引为：粤语—比较—普通话；或，普通话—比较—粤语

《中国大百科全书》标引为：百科全书，中国；或，中国—百科全书

通过这种主题标引，所有主题的文献都能够得到主题角度的揭示，并形成主题检索系统。

2. 文献著录与编目

标引后的文献就可以进入著录环节。所谓文献著录，就是将每一种文献的若干形式特征和内容特征按一定的格式加以记录和描述的过程。文献的形式特征和内容特征，叫做著录项目（Area）。1996 年出版的《中国文献编目规则》和 1985 年出版的《西文文献著录条例》均确定了 8 个著录项目，即：① 题名与责任说明项；② 版本项；③ 文献特殊细节项；④ 出版、发行项；⑤ 载体形态项；⑥ 丛编项；⑦ 附注项；⑧ 标准编号与获得方式项。以上 8 个项目为基本项目，适用于各类型文献的著录。对于不同类型的文献，由于其自身的特点不同，其著录项目可作适当增减。如普通图书著录，可不著录"文献特殊细节项"；非丛书者可不著录整个丛编项等。

文献著录的结果产生款目（Entry）。款目是反映文献的形式和内容特征的著录项目的特定排列组合。在机读目录条件下，每一个款目通常被称为"一条记

录"。所谓机读目录（MARC），是指以代码形式和特定结构记录在计算机存储载体上的、用计算机识别与处理的目录。

文献著录无论是手工著录还是机器著录，最终都是为了编制出图书馆目录，因为只有编制出图书馆目录，才能揭示和报导馆藏文献，才能使读者查找到自己所需的具体文献。图书馆目录实际上就是由一张张款目或一条条记录按一定次序编排而成。目录的编制过程就是文献编目过程。文献编目和文献著录是包含与被包含的关系，即文献著录过程包含于文献编目过程之中。

文献著录是按照事先制定好的标准进行的。1971 年后，IFLA 开始制定一套文献著录国际标准，即《国际标准书目著录》（*International Standard Bibliographic Description*，ISBD）。

到目前为止，正式出版的 ISBD 文本主要有以下几种：

《国际标准书目著录（总则）》，简称 ISBD（G），1977 年。

《国际标准书目著录（专著）》，简称 ISBD（M），1987 年。

《国际标准书目著录（连续出版物）》，简称 ISBD（S），1987 年。

《国际标准书目著录（非书资料）》，简称 ISBD（NBM），1987 年。

《国际标准书目著录（舆图资料）》，简称 ISBD（CM），1987 年。

《国际标准书目著录（乐谱）》，简称 ISBD（PM），1980 年。

《国际标准书目著录（古籍）》，简称 ISBD（A），1977 年。

《国际标准书目著录（分析著录）》，简称 ISBD（CP），1982 年。

《国际标准书目著录（计算机文件）》，简称 ISBD（CF），1990 年。

《国际标准书目著录（电子资源）》，简称 ISBD（ER），1997 年。

我国也制定有相应的著录标准，主要有：

《文献著录总则》（GB 3792.1—1983）

《普通图书著录规则》（GB 3792.2—1985）

《连续出版物著录规则》（GB 3792.3—1985）

《非书资料著录规则》（GB 3792.4—1985）

《档案著录规则》（GB 3792.5—1985）

《地图资料著录规则》（GB 3792.6—1986）

《古籍著录规则》（GB 3792.7—1987）

对我国图书馆来说，只要加入集中编目或编目共享组织，不必为每一种图书进行重复性标引和著录，而可以直接套录编目中心的编目成果（加上本馆馆藏项）形成本馆的书目数据。还有一种基本免于烦琐编目劳顿的途径是直接借用在版编目成果。因为我国对 1987 年以后出版的图书实行了在版编目，所以各个图书馆可以借助在版编目形成本馆的标引（自行给书次号）和著录款目。所谓在版编目（Cataloguing In Publication，CIP），是指在图书出版过程中，由某一集中编目机构根据出版机构提供的书稿清样进行的文献编目工作，编目数据一般印在所出版的图书的特定位置（书名页背面或版权页），以供各图书馆及其他文献工作机构用于编制各种目录。

四、文献组织与保护

文献组织，就是把加工整理完的文献分别归入相应的库房，并予以排列，以便保管和流通利用。书库划分是文献组织的重要内容。一般情况下，大中型图书馆需要分别设保存本书库、辅助书库（流通用）、特藏书库（如古籍书库、盲文书库、缩微资料书库等）、外文书库、报刊库、地方文献书库等。文献排架也是文献组织的重要内容。在我国图书馆，文献排架大都采用分类排架，即按《中图法》22 大类及其分类号大小排列，同类书按书次号大小排列。

文献保护，是对文献载体予以保护性措施的工作。对于纸质载体的文献保护，包括装订、修补、防火、防潮、防光、防霉、防虫及防止机械性损伤等。对于缩微文献、电子出版物等文献类型，其保护措施要求更为严格。

第二节　数字图书馆

一、数字图书馆定义

数字图书馆（Digital Library），是用数字技术处理和存储各种图文并茂的文献的图书馆，它实质上是一种多媒体制作的分布式信息系统。它把各种不同载体、不同地理位置的信息资源用数字技术存储，以便于跨越空间距离查询和传播。通俗地说，数字图书馆就是虚拟的、没有围墙的图书馆，是基于网络环境而共建共享的可扩展的知识信息网络系统，是超大规模的、分布式的、便于使用的、没有时空限制的、可以实现无缝链接与智能检索的知识信息中心。

数字图书馆并没有改变图书馆的基本性质和使命，但它进一步丰富了图书馆的服务内容，增强了图书馆的服务功能。数字图书馆有 3 个方面的特点：① 信息资源数字化；② 信息存取网络化；③ 信息服务智能化和便利化。

二、数字图书馆的服务

数字图书馆的服务内容主要包括：虚拟参考服务，信息推送服务，定题服务、个性化信息服务。

1. 虚拟参考服务

虚拟参考服务（Virtual Reference Service，VRS）也称数字参考服务、网络参考咨询服务，是一种借助互联网（Internet 或 Web）进行的咨询服务，即用户提出各种问题，请求网上的"信息专家"给予回答，而信息专家也在网上予以回答的过程。虚拟参考服务不受资源和地域等条件的限制，能利用相关资源通过专家为用户提供 24 小时不间断的服务，其实质是通过网络化、数字化的手段为用户提供咨询服务，帮助用户获取所需信息。

VRS 具有两个明显的特征。首先，区别于传统图书馆参考服务中用户与参考馆员直接面对面的或电话式的信息传递方式，VRS 中用户的提问和专家的回答采用了网络信息交流工具；其次，区别于一般网络信息搜寻过程，VRS 是以多主题领域的信息专家直接响应用户的各种提问，是一种人工协调的提问—回答服务（question – and – answer services）。专家对用户提问的回答可以是直接、事实性、知识性的最终答案，也可以是印刷版、数字化的源信息的指示线索，或者是两者的有机结合。

虚拟参考服务的实现必须具备的基本条件是计算机网络环境、数字化参考咨询服务系统、数字化参考咨询源、资深的参考馆员。其工作机制主要包括以下几个步骤：

第一步，问题接收（question acquisition）。以各种电子方式接收用户的提问。

第二步，提问解析和分派（triage）。对接收到的用户提问进行分析、筛选、评估，并查询先前的问题/答案保存文档，看是否有现成的答案。若无现成的答案，系统便将此提问按照一定的规则发至专家库（poll of possible respondents），以寻求能回答问题的最合适的专家，专家库则根据一定的规则顺序回答问题。

第三步，专家生成答案（expert answer generation）。专家根据自身知识和可获取资源，按照一定的要求回答问题并产生答案。

第四步，答案发送（answer set）。专家回答问题后，答案粘贴在系统的回答页面，供用户查询浏览，当然答案也可直接发送至用户 E-mail 信箱。

第五步，跟踪（tracking）。通过所记录的提问信息来了解每个问题的处理情况，如需要，可随时将当前处理的状况通报给用户，而每个问题回答后，问题和答案需进行存档，以便日后查询，这样就逐步形成了供检索的知识库。

2. 信息推送服务

信息推送技术（Push Technology）又称网播技术（Web Casting），是网络服务器实现主动向客户机传递信息的一种新型服务方式，它实际上是一系列的软件，这种软件可以根据用户提交的用户兴趣文档（User Profile），自动搜集用户最可能感兴趣的信息，然后根据用户指定的时间间隔，将信息报送到用户的计算机上。

信息推送服务形式一般有以下几种：

（1）通知

通知（notification）是推送技术的最基本的形式，如电子邮件。

（2）提要

比简单的通知智能化程度更高些的推送技术是一种提要。提要可实现查看 Web 页或其他信息源，寻找需要匹配的信息，并向用户传递信息。

（3）自动拉出

它有一组可供用户经常查看的 Web 页。自动拉出将获得所有这些 Web 页，并保存起来供用户以后阅读。自动拉出可以获得许多资料，用户还可以通过 E-mail 接收这些资料，或至少通过 E-mail 知道这些 Web 页是为你编制的。

（4）自动推送

自动推送能够根据自身的刷新时间表发布信息。用户可以预订推送信息服务，但需要在 Web 上连续收听广播。一般情况下，这种服务要求在用户终端上装有特殊的客户机软件，定期发出更新请求。如果用户不在 Web 上提出服务要求，将得不到任何服务。利用自动报送，用户得到的可能是全屏报道，或在屏幕底部显示大字标题。这种级别的报送技术有很多交互性，用户可以选择需要查看的信息流，也可以精选发送给用户的信息，或者试探可能让用户感兴趣的其他信息。

基于不同的技术，信息推送有不同的实现方式，如：

（1）邮件方式

用电子邮件方式主动将有关信息推送给已在列表中注册的用户，这种方式只需要实现一个基于 Web 的 E-mail 发送系统。

（2）基于 CGI 的推送方式

这种方法是使用服务器扩展 CGI（通用网关接口）来扩充原有 Web 服务器的功能，实现信息报送。这种报送方法是一种最弱意义上的报送，通过这种方法可以获得个性化定制的信息。它实际上是拉取技术，只不过在用户看来就像报送一样。其基本原理如下：Web 站点把 HTML（Hypertext Markup Language，文本标记语言）表单嵌入 Web 页面中提供给用户，用户在浏览页面时填写并提交进行订阅。由服务器上的 CGI 命令文件处理后动态地生成所需的 HTML 页面，最后由 Web 服务器将特定的信息送给用户。

（3）客户代理方式

在这种方式中，通过代理服务器来收集用户感兴趣的信息，并与信息提供商建立联系，遍历相关站点，收集用户感兴趣的内容然后报送给用户。

（4）频道方式

它提供包括 Push 服务器、客户部件及开发工具等一整套集成应用环境。它将某些站点定义为浏览器中的频道，用户可以像选择电视频道那样去选择收看感兴趣的、通过网络播送的信息，而且还可以指定其播放时间。通常 Push 服务器对信息进行分类组织，先将信息量较大的数据推送给用户，若用户需要详细了解某一方面的信息则再次获取该项内容。

3. 定题服务

定题服务的英文全称为 Selective Dissemination of Information，简称 SDI，是图书馆等信息工作机构根据一定范围内的用户对某领域的信息需求，确定服务主题，然后围绕主题进行文献信息的搜集、筛选、整理，以定期或不定期的形式提供给用户的一种信息服务业务。数字图书馆的定题服务，是用户通过网络给出所需信息主题，由图书情报人员通过多种途径，运用多种技术方法把所收集和整理的相关信息或资料提供给用户的信息服务过程。在这个服务过程中，图书情报人员是信息检索的主体，用户只需提供一定的所需内容和范围。这种服务需要工作人员具有熟练的专业知识、网络知识、检索知识和分析、筛选、归纳、总结能力等综合素质。

数字图书馆定题服务的特点主要表现在以下几方面：

（1）信息流动由 Pull 向 Push 转换

在数字图书馆环境下，SDI 由传统的被动服务模式转向主动服务模式，即由 Pull 向 Push 转变。在传统的咨询服务中，信息的传输是按照"拉"（Pull）的模式进行的，服务器所提供的服务是被动的。而在数字图书馆系统中，服务器把信息"推"（Push）给客户和系统。

（2）更好地为用户提供信息挖掘服务

对任何一个特定用户的特定需求来说，数字图书馆中的任何一个信息库都可能是异构数据库，如何从中将最有针对性的信息找出来，必须借助于数据挖掘技术。利用数据挖掘技术来改革传统的 SDI 服务方式，可以说是数字图书馆 SDI 服务的一个重要技术标志。

（3）更充分的个性化

由于采用了数据挖掘、智能信息推拉、网页动态生成、智能代理等技术，一方面，使得用户能更快、更准确地从信息服务人员提供的信息资源中拉取到自己所需要的最新信息；另一方面，信息服务人员根据用户的信息需求，更及时、更有针对性地向用户推送实用信息，从而充分体现个性化特点。

4. 个性化信息服务

数字图书馆的个性化信息服务是以网络为依托，以用户为中心，围绕用户的兴趣、爱好、习性、专长等个性需求而开展的动态的特定信息服务活动。

个性化信息服务的基本原则就是要以用户为中心，尊重用户，研究用户的行为和习惯，为用户选择更切合的资源。它具有两个特点，一是用户根据自身的兴趣、爱好和需求定制自己所需要的信息和服务；二是信息提供者针对用户的个性和特点主动为用户选择并传递最重要的信息和服务，并根据需求变化，动态地改变所提供的信息资源。

数字图书馆的个性化信息服务应包括3个方面的内涵，其一，个性化信息服务的基础，是读者总能很容易地登录与自己需求相近的资源库，即数字图书馆馆藏的个性化；其二，读者可以根据自己的习惯、兴趣、爱好和信息利用任务，制定个性化的界面，完整、准确、便捷地获取自己所需的信息资源和服务；其三，数字图书馆针对读者的个性和特点，主动地为读者选择并传递重要的资源和服务，并根据读者的需求变化动态地更新信息服务。个性化信息服务的宗旨，就是尊重读者的需求和选择，体现读者之间的区别，并据此提供不同的信息服务。

数字图书馆个性化信息服务的"个性化"可从如下几个方面体现：

（1）个性化的界面设置

个性化的界面设置主要包括个性化网页外观定制、栏目布局和内容模块的选择等。网页外观定制主要是定制网页和主题的颜色、网页字体、问候语和网页刷新频率等；栏目布局是确定所选栏目在个性化网页上的布局方式和排列顺序，如在 My Yahoo! 中，可选按两列或三列方式布局，可设定栏目的上下左右位置和顺序；内容模块的选择主要是对各项信息和服务模块的具体内容进行定制。

（2）个性化的信息环境

所谓个性化的信息环境，是指在数字图书馆环境下，读者可借助数字图书馆提供的一套工具和机制来构建自己的个人馆藏，从而满足特定的需求。数字图书馆的个性化信息服务要求数字图书馆根据用户的特性和需求为之"量身定做"或由用户定制所需的资源和服务，为特定用户和特定任务提供有针对性的资源与服务。

（3）个性化的信息快报

个性化的信息快报就是数字图书馆按用户提供的检索条件将资源库中的最新信息及时通知给用户的一种服务。数字图书馆的个性化信息快报服务能为用户自定义检索条件提供方便。因为在检索过程中，不同的用户有检索习惯和检索技能的差别，他们可能用不同的词汇来表达同一专业的概念，对检索结果的选取原则和排序方法也可能不同，这些都是用户个性化的具体表现。因此，个性化的信息快报服务在接收用户档案文件时应充分支持用户在检索策略、检索方法和检索结果处理方面的个性化。❶

---

❶ 李培等. 数字图书馆原理及应用 ［M］. 北京：高等教育出版社，2004：270－289。以上介绍的数字图书馆内容，均参考此书而写。在此向作者表示感谢。

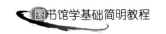

三、数字图书馆的意义

数字图书馆比传统图书馆具有许多优势，这些优势就是数字图书馆的意义所在。

1. 数字图书馆突破了时空的限制，带来了用户的根本解放

传统图书馆由于受时间和空间的制约，对用户行为有很多客观的或人为的（政策性的）限制。首先，在传统图书馆背景下，用户若要使用图书馆，就必须亲自到图书馆去，对很多用户来说（如公共图书馆的用户或大学图书馆的半工半读用户），这往往意味着几个小时的路程；其次，传统图书馆要求用户必须在指定的时间访问图书馆，很多用户会因为开馆时间与他们的工作时间相冲突而无法利用图书馆服务；再次，用户向传统图书馆提出的借阅需求，只有当文献在架时（没有错架或被其他用户借走），才能得到满足，即使是服务质量很好的图书馆，也无法保证所有的用户需求都能得到即时满足；最后，为了兼顾所有用户的利益，图书馆必须限制一次性借阅的文献数量及借阅时间，如果需求大于限额，用户通常只能割爱。在数字图书馆中，虽然用户行为还将受到其他因素，如版权协定、网络性能等的限制，但因文献时空而造成的限制将大大减弱，甚至消失。

2. 数字图书馆的知识交流是以获取而非拥有为基础的交流

传统图书馆若要实现知识交流，必须购进并长期储存文献。如此购进的文献一经进入图书馆，就成为该馆的财产，图书馆对这类文献具有所有权，该馆用户对它们具有无限使用权，因此，虽然通过这些文献所有权的交流，如通过馆际互借可以进行交流，但这种交流十分有限。在数字图书馆中，大部分数字化文献并不储存于图书馆，图书馆在"采购"过程中得到的是以获取为基础的交流。随着"拥有"意识的淡薄，更多信息将通过即时方式（just–in–time）获取，即图书馆在收到用户对本馆既不拥有也未授权的文献的申请后，即时地从专门的文献传递机构获取需求的文献。

3. 数字图书馆支持一体化的文献检索、文献获取、文献利用过程

在利用传统图书馆时，文献的检索、获取和利用是3个不同的过程。这些步骤不仅泾渭分明，而且经常发生在不同场合。例如很多研究都发现，用户利用传统的期刊文献的过程可以分为查找、复印、阅读三部曲。查找的过程是根据二次文献数据库、引文或同事推荐确定相关文献内容的过程。在数字图书馆中，用户经常可以从检索结果直接浏览全文，对于相关文献，用户可以直接下载文献的书目数据或复制相关段落作为引文。所有这些都可以在同一地点、同一过程进行。数字图书馆通过支持这种一体化的知识利用过程，更好地支持了知识创新。

4. 数字图书馆改变了图书馆的活动内容与方法

随着时空限制的突破、服务基础从拥有到获取的转移以及用户知识查询与利用过程之间界限的模糊，图书馆的工作内容与方法也在经历深刻的变化。一些传统的工作内容，如图书修缮、期刊装订、书刊上架、排架等可能消失；新的工作内容，如网络导航（即对网上资源进行评价、筛选、分类、描述，形成便于本馆用户利用的导航库）、用户技术支持（即解决用户使用数字图书馆时遇到的硬件、软件和网络问题），将日益重要；更多的工作内容将启用新的手段或方法。例如，在知识的组织整理方面，用元数据编码技术补充原有的知识组织整理技术；在用户服务方面，用即时文献传递服务、虚拟参考咨询等补充传统用户服务；在图书馆绩效评估方面，用反映数字图书馆特点的绩效指标补充传统指标（如文献流通率指标、用户访问次数指标等）。[1]

四、数字图书馆的版权问题

数字图书馆中的版权涉及很多人的利益，其中最主要的利益权人（stakeholder）有作者、出版商（包括数据库生产商和经纪商）、图书馆职业队伍和用户。由于数字化资源很容易被复制和传播，以出版商为代表的版权人（copyright holder）从一开始就担心数字图书馆的发展会削弱他们对数字化资源的控制，损害他们的利益。20世纪90年代以来，电子资源的出版商始终在向政策和法律争取最大限度的保护。严格的版权保护虽然能鼓励文献的作者和出版者积极参与数字化文献的生产，但也不可避免地制约了数字图书馆在某些方面的发展（如对纸质文献的数字化处理，对数字化资源的传播和利用）。因此，在网络化、数字化的服务环境下，图书馆应该如何在平衡各方利益的前提下，最大限度地促进数字化文献的传播和利用，是现代图书馆职业面临的严峻挑战。[2]

第三节　资源共享

一、资源共享的定义

所谓资源共享，是指图书馆在自愿、平等、互惠的基础上，通过建立图书馆与图书馆之间和图书馆与其他相关机构之间的各种合作、协作、协调关系，利用各种技术、方法和途径，共同揭示、共同建设和共同利用信息资源，以最大限度

---

[1]　于良芝. 图书馆学导论［M］. 北京：科学出版社，2003：58－59.
[2]　于良芝. 图书馆学导论［M］. 北京：科学出版社，2003：61.

地满足用户信息资源需求的全部活动。❶ 美国图书馆学者肯特（Allen Kent）认为："'资源共享'最确切的意义是指互惠（reciprocity），意即一种每个成员都拥有一些可以贡献给其他成员的有用事物，并且每个成员都愿意和能够在其他成员需要时提供这些事物的伙伴关系。"肯特还特别指出，"开展资源共享的唯一途径是拥有可供共享的资源、具有共享资源的意愿和实施资源共享的计划，否则资源共享就是一个空洞的概念，因为非此则不能按需提供帮助"。

二、资源共享的组织平台——图书馆合作

图书馆合作指两个或两个以上的图书馆，为了改进服务或减少成本，本着互利原则而开展的文献、书目、服务、发展规划等的交换和共享活动。图书馆合作可以是非正式的、临时性的互帮互助和互通有无活动，也可以是按正式协议或合同组织的合作活动；合作时间可以是短期的，也可以是长期的；合作区域可以是地方性的、全国性的或国际性的。当多个图书馆按正式协议或合同组织合作时，其组织形式通常称为图书馆网或图书馆联盟。

图书馆联盟是以一定地域范围或学科领域为基础建立的，在一个中心机构的协调和管理下，协同执行一项或多项资源共享计划的正式图书馆合作组织。图书馆联盟可以是同一地区、同类型或多类型图书馆之间的联合模式，也可以是跨地域、跨类型图书馆之间的联合模式。2012年3月成立的我国"首都图书馆联盟"就是同一地区多类型图书馆之间的联合模式。首都图书馆联盟由位于北京行政区域内的国家图书馆、党校系统图书馆、科研院所图书馆、高等院校图书馆以及医院、部队、中小学图书馆和北京市公共图书馆共110余家图书馆，自愿联合发起成立。从此，首都市民可凭一张借阅卡来浏览百余家图书馆的文献资料。首都图书馆联盟在成立之时就宣称将提供10个方面的服务：

（1）在全市60家图书馆实现图书通借通还，使北京地区的图书文献无障碍流转，满足读者的阅读需求。

（2）在国家图书馆与首都图书馆之间实现读者证相互认证，实现授权数字资源的共享，逐步实现文献的通借通还，方便市民借阅图书。

（3）高等院校图书馆逐步实现面向社会免费开放，通过办理借阅证使读者共享图书资源。

（4）开通"首都图书馆联盟"网站，集中发布联盟资讯，加大对北京地区图书馆的统一宣传推介力度，让市民广泛深入地了解图书馆服务信息。

（5）联盟成员之间开展网络互联，实现馆际授权数字资源的共享。搭建联合参考咨询服务平台，集合联盟成员专家人才优势，免费为读者进行实时咨询

---

❶ 程焕文，潘燕桃主编. 信息资源共享［M］. 北京：高等教育出版社，2004：15.

服务。

（6）联盟成员开展讲座、展览等文化惠民服务合作，方便市民参与公共文化活动，并开展针对外来务工人员的服务。

（7）联盟成员利用流动图书车等形式，深入社区、中小学、农村、工地，开展图书馆流动服务。

（8）联盟成员合作，每年举办一届市民图书交换活动，让市民家中的图书流动起来。

（9）联盟成员将部分复本图书集中起来共同建立调剂书库，基层图书馆可在调剂书库内挑选图书，补充文献资源。联盟选定若干家成员单位与出版发行机构合作，在图书馆设立新版图书展架，让读者优惠购买图书。

（10）联盟确定每年9月的第一周为"首都读者周"。读者周期间，联盟成员向市民讲解利用图书馆、计算机检索、图书馆功能、读者权益等知识，让市民走进图书馆，了解图书馆，利用图书馆。

三、资源共享的内容

1. 合作建设馆藏

合作建设馆藏是指根据各成员馆的资源需求，实行分工采购、联合采购和协同采购等合作采购计划，以期既满足各成员馆的资源需求，又优化整体资源结构。历史上最有影响的分工采购计划当属美国研究图书馆协会于1942年发起的、旨在分工采购外国文献的"法明顿计划"。该计划运行30余年，后来由于经费和协调上的困难，于1972年停止。20世纪90年代以来，数字化资源的增长已经促使越来越多的网络或联盟采用协同采购的合作方式。

2. 合作开展馆藏文献数字化

目前，对印刷式文献进行数字化处理的技术主要是扫描技术。这种技术条件下的数字化过程既烦琐又昂贵，由此产生的费用再加上数字化过程中的其他费用（如版权费），使单个图书馆很难独立承担馆藏文献的数字化。因而对于那些具有较大数字化处理意义的文献如古籍善本文献，就非常有必要通过合作方式实现数字化。

3. 合作编目

合作编目是图书馆为提高工作效率而开展的最早的合作内容之一。这种合作有多种形式。其中一种形式是指定一个馆进行编目，其他馆分享编目成果；另一种形式是由网络或联盟成立一个集中编目机构，向各成员馆发放编目记录。为了促进全世界范围的编目成果共享，IFLA于1971年提出了"UBC计划"，即世界书目控制计划。作为一项全球性计划，UBC致力于建立一个由各国出版界和图书馆界的全国性机构共同构成的世界编目网络，适用国际通用的规格和标准，准确迅速地提供世界各国所有出版物的基本书目数据，以达到世界范围内交流书目信息的目的。在"UBC 计划"基础上，IFLA 于 1975 年还提出了"UAP 计划"，即世界出版物共享计划，其主要内容是促进各国建立起一个具有文献的出版、发行、采购、加工、存储、保护、馆际互借等基本功能的国家系统，建立国内书目系统和馆际互借网络，最大限度地向用户提供所需的出版物，最终实现全球性的文献信息资源共享。一国内的书目控制系统叫国家书目控制（NBC），它是 UBC 的基础。1986 年，IFLA 把 UBC 和国际机读目录（IM）两项计划合并成立了世界书目控制与国际机读目录计划（UBCIM），其目的是促进世界各国图书馆之间，特别是国家书目机构之间的统一书目记录的交换和利用。

4. 共同组织整理网络资源

互联网上存在着大量有价值的信息资源，但是网络信息资源的特点之一是数量庞大、良莠混杂，因此，组织整理网络信息资源不仅涉及通常的文分类和描述，还涉及筛选和质量评价。这是一项非常复杂的工作，为此，很多网络或联盟都在组织其成员馆共同组织网络资源，共建共享网上信息导航库。

5. 馆际互借（interlibrary loan services）

馆际互借是指图书馆根据读者的特定需求，从其他馆借阅本馆未入藏的资料，同时按照互惠原则在其他馆向本馆提出借阅申请时，向申请馆出借文献的活动。

6. 互借馆藏（reciprocal borrowing）

互借馆藏是指图书馆根据协议或事先约定，向网络或联盟内的其他馆的读者直接出借本馆文献的合作活动，常见于地区性或专业性图书馆联盟服务中。当开展互借馆藏活动时，读者所持借阅证就具有"通用借阅证"的性质。

7. 合作解答咨询

合作解答咨询是指当某图书馆无法解答读者咨询时，请求其他馆帮助解答的合作活动。

8. 合作储存文献

合作储存文献的最常见形式是共同建立储存图书馆，以便储存、保管那些利用率低、成员馆无力或无意长期保存的文献。

9. 联合培训馆员

图书馆网或图书馆联盟通过安排专门负责培训工作的人员，或聘请有关专家，定期为成员馆组织培训班、研讨会等。

10. 信息发布

图书馆网或图书馆联盟可以通过网络（联盟）通信、电子邮件、电子公告板等形式向成员馆通报有关图书馆职业、图书馆联盟工作计划、图书馆技术与产品等的最新动态，以支持其成员馆的独立决策。

第四节　图书馆理事会制度

一、图书馆理事会制度的概念

图书馆理事会也叫"图书馆委员会"、"图书馆董事会"。图书馆理事会就是图书馆事务的集体管理主体，它的管理权限一般处于政府主管行政部门之下、馆长之上。图书馆理事会制度，是指由理事会来行使决策权的图书馆管理体制。图书馆理事会制度是人们面对"图书馆事务的管理权力应该交给谁"的问题而有意识地设计和选择的产物。正如一位专家指出的，"对于许多重要问题的决定权，应该托付谁？比较起来，与其托付给个人不如托付给集体。集体比任何个人都能善于评价、判断舆论和储备公共资源。……这项政策比起行政局（课）首长个人思考的政策要稳定且较少动摇。它也难接受形形色色的邪恶的政治活动的影响。"❶图书馆理事会制度的产生，意味着图书馆所有者和管理者的分离，意味着图书馆管理的专业化和"去行政化"。图书馆理事会制是一种开放、民主的图书馆管理方式，是图书馆组织与管理体制的一部分，相比较于由政府或机构主管领导，或者馆长直接管理图书馆的制度安排，图书馆理事会制度能够更有效地吸纳多个利益主体参与管理并协调彼此的利益冲突，而且它还是图书馆自主治理和人民实践其在图书馆公共事务上的公民权利的重要形式。

图书馆理事会制度肇始于1848年。是年，美国马萨诸塞州议会通过了一项法案，决定在波士顿市"建立一所免费的公共图书馆"，同时决定将图书馆事务交由专门成立的理事会管理。波士顿公共图书馆所创立的图书馆理事会制度，已被世界上许多国家所效仿，仅美国本土95%的图书馆都已实行理事会制度。美国著名政治学家威廉·B. 门罗（William B. Munro）曾经指出："在所有的地方自治体领域里，图书馆部门最适合委员会管理体制。"❷

图书馆事业较发达的国家大都实行图书馆理事会制度。如在美国，从联邦政府层面到州、县、自治城市，都建立有相应级别的图书馆理事会。1970年尼克松总统签署建立"国家图书馆和信息科学委员会"（National Commission on Libraries and Information Science，NCLIS）。NCLIS 不是行政机构，而是一种专门的、独立的咨询机构，其职责包括：① 发现美国人民图书馆和信息服务的需求；

---

❶　［美］A. 雷登逊. 美国公共图书馆的管理和经营［J］. 杨华译. 河北图苑，1992（4）：49－59.
❷　［美］A. 雷登逊. 美国公共图书馆的管理和经营［J］. 杨华译. 河北图苑，1992（4）：49－59.

② 将这些需求转变成国家的政策建议，以满足美国人民对于图书馆和信息服务的需求；③ 向总统、国会、州政府和地方政府提供有关国家政策实施的咨询。如果说 NCLIS 是政策咨询机构，那么根据 1996 年联邦议会通过的《图书馆服务与技术法案》（*Library Services and Technology Act*，LSTA）成立的博物馆与图书馆服务署（IMLS），则是专门负责管理 LSTA 拨款的独立机构。2008 年年初，NCLIS 的职能归并于 IMLS，实行"两个机构，一套人马"体制。NCLIS 由 16 人组成，其中国会图书馆馆长和 IMLS 负责人是法定成员，但没有投票权，另外 14 人由参议院推荐和批准，由总统任命。委员中有 5 人是专业图书馆员或信息专家，其余人必须特别了解美国人民对图书馆和信息服务的需求。现有的委员中有律师、退休的图书馆馆长、房地产经纪人、杂志编辑、演员、历史学家等。从 IMLS 和 NCLIS 的职责及 NCLIS 的人员构成来看，可以把 IMLS 和 NCLIS 视为非正式的美国国家层级公共图书馆理事会。❶

美国州层级的图书馆理事会，以华盛顿州图书馆理事会为例。华盛顿州普通法规定，州图书馆理事会的职权包括：① 聘用图书馆馆长，规定其职责、报酬，并可依正当理由予以免职；② 制定和批准用来指导理事会工作与监管图书馆的各种管理制度、规章和纪律；③ 讨论、通过和定期审议政策，主动与公众就图书馆方面的政策议题展开交流和讨论；④ 与馆长合作，制定和通过图书馆的使命宣言、长远规划、战略报告和年度报告；⑤ 控制图书馆的财务，依据相关法律规划，确保图书馆拥有充足的资金；⑥ 在预算规模内，为员工提供合适的薪酬、奖金和继续教育机会。另外，在美国的大部分州通过制定相关的行政规章或运营标准来引导图书馆实行理事会制度。如美国依利诺伊州的《服务公众：依利诺伊州公共图书馆标准》中规定："图书馆由一个理事会管理；理事会任命一名取得资格认证的人做图书馆管理者；理事会拥有控制图书馆所有财产以及对图书馆募集来或受捐赠获取的资金合理支出的专权；图书馆管理者每个月都要向理事会呈交一份关于图书馆运行的书面报告。"❷

再如英国，1892 修订的《公共图书馆法》规定，"图书馆主管单位（Library Authority）应授权于各市图书馆委员会"；1919 年修订的《公共图书馆法》规定，"现行图书馆主管单位应将权力转移至郡……一区域若归并入较大之郡，仍可于该区设立图书馆委员会，并指派图书馆馆长"；1964 年修订的现行《图书馆

---

❶ 因为美国是联邦制国家，发展公共图书馆的事务由州政府和地方政府负责，联邦政府无权干涉。因此美国不可能有正式的国家级图书馆理事会。

❷ Illinois Library Association，Public Library Management Forum，Standards Review Committee. Serving Our Public：Standards for Illinois Public Libraries［EB/OL］.［2010 - 02 - 10］. http://www.ila.org/trustees/serving.pdf.

与博物馆法》规定"英格兰和威尔士应分别设立图书馆顾问委员会"。

再如韩国，2006 年新修订的《韩国图书馆法》第十二条规定，"为了制定、审议、调整图书馆政策的重要内容，在总统属下设置图书馆信息政策委员会"，这实际上是设立国家级图书馆事务咨询机构的法律规定；第二十四条规定，"为了审议均衡发展辖区范围内图书馆及消除知识信息差距的主要内容，市、道设立地方图书馆信息服务委员会"，这实际上是设立地方图书馆理事会的法律规定；第三十条规定，"为了有效地运营图书馆，加强与其他文化设施之间的紧密协作，公立公共图书馆必须设立图书馆运营委员会"，这实际上是设立个别图书馆理事会的法律规定。《韩国图书馆法》中所称的各类"委员会"，不一定具有像美国图书馆理事会那样的职能与职权，但这些委员会能够参与图书馆事务的决策这一点是毋庸置疑的。

二、以理事会为核心的图书馆法人治理结构

图书馆法人治理结构是指为了实现图书馆法人自主管理而设计的、以形成主要利益相关主体之间的权力分享与制衡机制为核心旨归的管理体制。就公共图书馆而言，其法人治理结构由外部治理结构和内部治理结构两方面整合而成，其中外部治理结构由政府部门、图书馆行业协会组织、社会监督部门与图书馆之间相互协调与相互制衡关系构成的宏观及中观管理体制，而内部治理结构则是在单个图书馆管理事务中由决策层、执行层和监督层三方面相互协调与相互制衡关系构成的微观管理体制。一般情况下，人们所说的"图书馆法人治理结构"指的是图书馆内部治理结构（见图 3 - 1）。

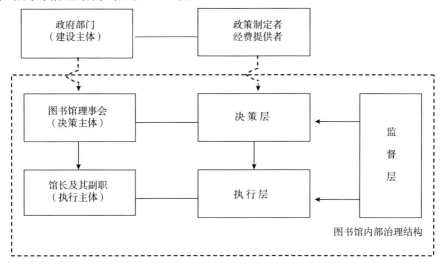

图 3 - 1　图书馆内部治理结构示意图

图书馆理事会被视为图书馆法人治理结构的核心，其理由有二：一是因为组建有理事会是图书馆实施法人治理结构制度的根本标志（如果不是由理事会来行使图书馆事务的决策权而是由政府来直接控制图书馆事务，那就根本谈不上法人治理结构）；二是因为图书馆法人治理结构的实际运行要靠理事会来决策和推动，或者说是因为图书馆法人治理结构能否实现"良好治理"目标主要取决于理事会的决策质量。从这个意义上说，所谓的图书馆法人治理结构，其意思就是实施理事会决策制度的图书馆管理模式。由此可见，若想建立、健全图书馆法人治理结构，首先要建立并实施图书馆理事会制度。

三、建立、健全图书馆理事会制度的措施

1. 政策与立法先行

对一个没有图书馆理事会管理传统的国家来说（如我国），实施图书馆理事会制度，显然是一个制度变迁过程。制度变迁有诱致性制度变迁和强制性制度变迁之分。诱致性制度变迁是指现行制度安排的变更，表现为组织的自发倡导和实行的过程；而强制性制度变迁是指由政府规章或法律来强制实行的变迁，其实施主体是国家及其政府。❶ 显然，由于历史和国情的缘故，在我国实施图书馆理事会制度，必然是一个强制性制度变迁过程。既然是强制性制度变迁，就需要政策与立法先行。因此，我国的文化发展政策、事业单位改革政策以及其他相关政策，应对实行图书馆理事会制度作出明确的规定，尤其是图书馆专门法更有必要作出相关的法律规定。

2. 认清政府与理事会之间的关系

在英国实施的新公共管理体制中，图书馆理事会被称为"非部门公共实体"（non-departmental public bodies），它是"不属于政府部门，但在一定程度上受到政府管理，并承担一定职能的机构"，是处于政府部门和图书馆之间的一种准自治机构。也就是说，政府与图书馆理事会之间不是纯粹的领导与被领导的关系，而是一种以政策和法律为纽带的契约关系；政府对理事会的影响主要表现为政策引导、经费约束和行为监督，而不直接干预理事会的决策行为，理事会具有较独立的自主决策权力，但须按照一定的程序向政府主管部门报告工作并接受其监督。

3. 认清理事会与执行层之间的关系

图书馆法人治理结构中的执行层由馆长及其副职组成，是理事会决策的执行

---

❶ 林毅夫. 关于制度变迁的经济学理论［G］// ［美］科斯等. 财产权利与制度变迁. 刘守英等译. 上海：生活·读书·新知三联书店，1994：384、396.

主体。理事会与执行层的关系是：理事会通过理事会章程和理事会会议行使决策权，支持执行层的工作，但不直接参与图书馆的微观管理事务；执行层执行理事会决议，接受理事会监督。关于理事会与馆长的关系，美国伊利诺伊州立大学芝加哥分校图书馆的赵力沙女士曾有过评论："图书馆人员和社区服务人员组成理事会，对图书馆馆长进行挑选，必须符合社区公民的要求和标准。因为有各种制度的保证，如果图书馆馆长做得不好，理事会将不会同意此人继续留任，上级部门会将其辞退，从而也用不着法律的措施。"❶

4. 搞好理事会自身建设

（1）选好理事会组成人员

遴选理事会组成人员，一要保证代表民意的广泛性；二要注重选任那些有责任心的社会贤达人士；三要按照事先规定的标准和程序选任，避免任人唯亲。以美国加利福尼亚州为例，该州法律规定，全州的图书馆事务由州图书馆理事会负责。法律对该理事会成员从任命/任期、组成人数以及职责，都作出了详细的规定：理事会由 13 人组成，由州长任命其中 9 人，其中 3 人代表残疾人、英文不好的人和经济贫困户，另外 6 人来自学校图书馆、机构图书馆、公共图书馆、学术图书馆、特殊图书馆；其他 4 人则代表上述以外的方面，其中两名要由州议会规章委员会任命，另外两名则由议长会议任命。澳大利亚新南威尔士州图书馆理事会由州艺术、体育和娱乐部部长提名、州长任命的 9 名成员组成，且规定理事成员中至少有一名拥有教育方面的知识或经历，还有至少包含一名拥有地方政府知识或经历的人员担任。

（2）合理确定理事会的职责

科学设定理事会的职责是建立、健全理事会制度的关键。一般情况下，图书馆理事会应负有如下职责：制定图书馆总体战略发展、规划和政策；审批图书馆年度工作计划和财务预算方案；审议图书馆年度报告和财政收支状况；监督图书馆公共资金使用情况；审议图书馆绩效考核指标和服务标准；聘任符合标准的图书馆馆长，评价馆长的工作表现与效率；审议和采纳图书馆人事政策、人员选聘方案；审议图书馆全体职员薪酬分配方案。

（3）合理设置理事会组织机构

合理设置理事会组织机构是理事会顺利开展工作并取得相应业绩的基本组织保障。理事会可设立执行委员会、咨询委员会以及政策、立法、服务、人力、财务、审计等各类专业委员会，聘请社会专业人士担任委员，为理事会决策提供专

---

❶ 赵力沙. 法律为图书馆注入活力——美国图书馆立法成就与图书馆价值［J］. 图书馆建设，2006
（5）：19－21.

业咨询和管理咨询服务。委员会成员的具体职能、选聘办法和权限应经理事会会议审议批准，并予以公示。委员会成员受聘期间，向理事会负责，并承担相应的诚信和勤勉义务。以美国波士顿公共图书馆理事会为例，目前它设有4个委员会和2个特别小组：资金项目委员会、馆藏委员会、财政和审计委员会、社区服务委员会以及市场营销和筹资特别小组、技术特别小组。

（4）规范理事会议事规则

理事会本身作为民主议事和决策机构，必须遵循民主决策和科学决策原则，尤其是在会议制度上，必须遵循平等协商、自由发言和程序民主原则。澳大利亚图书馆法规定理事长在任何理由、任何情形下认为有必要时可以召集理事会会议；或在接到不少于4名理事书面请求时召集会议；部长也可能在任何时候召集理事会会议；会议的主持人是理事长，如理事长缺席时，则由副理事长主持，如果正、副理事长均缺席，则由出席会议的理事推举其中一名理事主持该次会议。澳洲国家图书馆与大英图书馆理事会会议的法定人数均为5人。一般要求会议召开的法定人数占理事所有成员半数以上。理事会每年度召集会议在4~6次。大英图书馆理事会还规定其中的一次会议是重点讨论图书馆战略发展议题。为使理事成员有效履行职责，会前向理事提供合适而又动态更新的信息，并于会议召开前一周将会议议程的相关材料发送给理事，以便理事提前做好参加会议的准备。会议决议实行投票或举手表决制度，须过规定票数或规定人数方可生效。当相左意见的表决票数相同时，理事长或其他会议召集人有权投决定票。理事会秘书对所议事项的决定做好真实、完整的记录，理事会会议形成的决议文件，须在出席会议的理事见证下，由理事长或会议召集人（主持人）签名、盖章，并署日期，方为有效。

（5）建立、健全理事会自身的规章制度

图书馆理事会是一个民主决策机构，它的一切活动都要体现民主、公开、效能、责任等原则，为了保证体现这些原则，必须制定有健全的制度规范。理事会的各项制度名称及其主要内容，一般在理事会章程中作出原则性规定。一般而言，理事会制度的内容，除了前面论述的理事会议事规则及理事会章程中规定的理事会组成、理事职责等之外，至少还应包括年度报告制度、绩效评估制度、信息公开制度和审计制度。① 年度报告制度。图书馆要对一个计划年度运行情况进行全面系统的总结，编制年度报告，年度报告的具体内容包括本年度作出的重要决策、重要活动、预算执行情况、计划与目标的完成情况、主要财务状况、运作中出现的问题等。年度报告由馆长负责编制，提呈给理事会审议，并将审议后的报告及时公之于众。② 绩效评估制度。由主管部门会同有关部门制定图书馆绩效评估标准体系，具体评估工作应委托第三方评估机构负责。在理事会的绩效评估制度中，除了对所管辖图书馆的绩效评估外，还应包括理事会自身的业绩评估以及对所聘任执行层（馆长及其副职）的业绩评估。为此制定馆长（副馆长）聘任条件、程序及岗位责任制度也是有必要的。③信息公开制度。年度报告要提交给建设主体及相关部门（政府），并在每年相对固定的时段向公众公开，接受政府机关及社会的评议。在日常运行中，也应随时通过媒体、网站、宣传册等多种形式向社会公开其服务内容、服务标准、财务审计制度、政策依据、运作状况、发展规划等内容及变化调整情况。在运行过程中涉及公众利益的重大举措应通过听证会等形式接受公众听证。④审计制度。审计机关依法对图书馆财务状况实施审计监督，其中对法人代表任期届满或离任时要进行离任审计。

第五节　图书馆行业管理制度

一、图书馆行业管理的概念

行业（trade 或 industry）是用于指称社会分工类别的一个广泛通用的概念。劳动的社会分工，其结果就是社会生产的专门化，由此整个国民经济被划分为"各行各业"，这就是行业的形成机理。某一行业就其实质来说是指从事一种或主要从事一种活动的所有单位的集合体。"行业"以及"行业管理"（Trades Management）概念起初多用于经济领域，后来扩展至其他非经济领域。传统的行业管理是指在古典的市场经济（没有国家宏观管理）条件下，从事某种生产活动的人们，为了保护同业者的利益，自发地按照商品的性质和用途成立"行会"和"同业公会"等行业组织，并由这种组织所开展的协调内部矛盾、抵制外来竞争者的管理活动。现代行业管理是指在现代市场经济（有国家宏观管理）条件下，既要加强和发挥行业组织自主性的自我协调与服务功能，又要政府为防止"市场失灵"而发挥引导、协调、监督和服务功能的管理活动。

经济学意义上的行业管理，是指介于宏观经济管理与企业微观经济管理之间的中观管理层次，是市场经济体制的有机组成部分。具体地说，就是按照不同行业分别进行规划、协调、监督和服务的一种管理体制。这种管理体制的特点在于，通过行业协会（Trade Promotion Association）这一非政府组织来对所属经济活动主体（主要是企业）进行自主性的规划、协调和监督，并以此促进行业的自主管理和自主发展。综观经济发达国家的行业管理体制，均具有以下两个重要特征：一是政府不按行业设置专门的管理机构而由带有综合性的经济部门行使行业管理的职能。如英国、法国、日本的行业由工业和贸易部门统一管理，德国由政府综合经济部门负责，美国则由商务部负责；二是政府不包揽行业管理的全部职能，而只是集中搞好政策制定与协调，把非政策性的大量行业管理事务交由行

101

业协会和其他民间组织承担。

从一般意义上说，行业管理是指政府部门和行业协会对某一行业进行互补性的双重管理的一种体制安排。需要指出的是，这种双重管理并非"多头管理"，因为行业管理体制中的政府部门和行业协会之间是分工与合作的关系，而不是领导与被领导的关系。现代意义上的行业管理和传统的政府部门管理的区别之一就是"行业管理的组织形式可以有政府和民间两种，而部门管理的组织形式则只有主管部门一种"。

图书馆行业管理是指在政府有关部门的政策指导和监督下，以图书馆行业协会（简称图书馆协会）为行业内部事务的管理主体，赋予图书馆协会以规划、协调、规范、监督、服务等职权，对图书馆行业进行自主管理的体制安排。图书馆协会既是图书馆行业的利益代表者，又是政府与图书馆行业之间的联系纽带。由图书馆协会来独立自主地管理图书馆行业内的事务，是图书馆行业管理的基本特征。在此需要指出的是：第一，图书馆行业管理的主体是图书馆协会，而政府有关部门是图书馆行业管理的协调主体和监督主体；第二，由图书馆协会来独立自主地管理图书馆行业内的事务，绝不意味着政府对图书馆事务"撒手不管"。在图书馆行业管理过程中，政府部门和图书馆协会之间必须形成互补性的分工与合作关系（见表3-1）。

表3-1　政府部门与图书馆协会之间分工关系

	政府部门	图书馆协会
组织性质	行政组织	民间组织或非政府组织
管理层次	宏观	中观
管理方式	间接指导与调控	直接协调、监督与服务
管理工具	政策与法律	章程、标准、协议、自律规范等
关键概念	政治、行政、科层制、宏观调控、意识形态等	治理、自律、行业利益、市民社会等

二、图书馆行业协会的职能

行业协会是一种互益型组织，即由个人会员或团体会员构成、以促进会员特定利益为目标的社团组织。日本经济界人士认为，行业协会是"以增进共同利益为目的而组织起来的事业者的联合体"。❶ 英国协会管理专家斯坦利·海曼认为，

---

❶ 张新文. 行业协会之性质、角色功能及运作机制探讨——一个中外比较研究视角的分析 [D]. 苏州大学，2003：14.

"行业协会是由独立的经营单位组成、保护和增加全体成员既定利益的非营利组织"。❶ 其实，行业协会就是指由团体会员和个人会员参加的，旨在通过行业管理来实现行业的共同利益和发展目标的一种非营利性的、非政府性的、自律性的社团法人组织。行业协会有如下 8 个方面的职能：

① 代表职能：代表本行业全体成员的共同利益。

② 沟通职能：作为政府与行业成员之间的桥梁，向政府传达行业成员的共同要求，同时协助政府制定和实施行业发展规划、行政法规和有关法律。

③ 协调职能：制定并执行行规、行约和各类标准，协调行业成员之间的行为。

④ 监督职能：对本行业成员的行为进行监督，维护行业信誉，鼓励公平竞争，打击违法、违规行为。

⑤ 认证职能：即受政府委托，进行资格审查、签发证照，如行业准入资格认证，专业教育认证，服务质量评估认证等。

⑥ 统计职能：对本行业的基本情况进行统计、分析并发布。

⑦ 研究职能：开展对本行业国内外发展情况的调查，研究本行业面临的问题，提出解决问题的建议；出版刊物，供行业人员和政府参考。

⑧ 服务职能：如信息服务、教育与培训服务、咨询服务、举办展览、组织会议等。

众所周知，发达国家大都实施图书馆行业管理制度。为了更好地认识图书馆协会的职能，不妨先了解一下若干国外图书馆协会的职能定位及其开展活动情况。

● 美国图书馆协会（ALA）。ALA 成立的目的是：推动图书馆服务和图书馆事业。ALA 的宗旨是：为促进及改善图书馆服务与图书馆事业提供指南，促进全民学习，保证全民的信息获取需求。ALA 的工作主要涉及 6 个方面，即图书馆立法、图书馆教育、专业资格认定、国际合作、改善馆员地位与待遇以及出版专业文献。ALA 活动的具体目标，根据《美国图书馆协会 2010 战略规划》包括 7 个方面：多元化（Diversity）、平等获取信息和图书馆服务（Equitable Access to Information and Library Services）、教育和终身学习（Education and Lifelong）、知识自由（Interlectual Freedom）、图书馆及行业宣传（Advocacy for Libraries and the Profession）、信息素养（Literacy）、组织优化（Organizational Excellence）。

● 英国图书馆协会（LA，成立于 1877 年）。LA 曾参与《英美编目条例》及其他有关图书馆的标准和指南的编纂与颁行工作，并发表过 3 个著名报告：

---

❶ ［英］斯坦利·海曼. 协会管理［M］. 尉晓鸥等译. 北京：中国经济出版社，1985：125.

1927 年的《凯尼恩报告》推动了全英图书馆之间的合作；1959 年的《罗伯特报告》推动了 1964 年《公共图书馆和博物馆法》的制定；1969 年的《丹顿报告》推动了 1972 年《不列颠图书馆法》的颁布。同时，LA 在国际图书馆界也发挥了重要作用：1927 年在爱丁堡举行的纪念协会创立 5 周年大会上促成了 IFLA 的成立；主办过多次 IFLA 会议，促进了海外图书馆尤其是英联邦国家图书馆的发展。

● 澳大利亚图书馆和信息协会（ALIA，1937 年成立）。ALIA 实际上就是澳大利亚图书馆协会，1949 年就曾定名为澳大利亚图书馆协会，1989 年改为现名。ALIA 的主要目标是：促进和改善图书馆与信息服务机构的服务水平；提高图书馆和信息工作者的专业水平，激发他们的专业兴趣和热情；在政府、其他组织和社会活动中代表会员的利益；鼓励人们为改进图书馆工作和提高信息服务水平作出贡献；对高等院校设立图书馆或信息管理专业课程进行评估和认可，授予毕业生和图书馆员学位、专业证书和职称；对全国 16 所图书馆信息学院的 46 门课程进行评估认定，对图书馆学教育政策的落实进行监督等。

● 日本图书馆协会（JLA，成立于 1892 年）。JLA 的主要职能定位在制定和执行日本图书馆相关法令和行业标准的实施，维护图书馆员权益，以及图书馆协会建筑奖的评选等。JLA 的活动主要包括促进图书馆学教育发展，出版图书馆专业文献，推动与国际图书馆界的合作，维护知识自由，促进国民阅读。

国外图书馆协会的职能定位，有其特定的政治制度、文化传统、意识形态等方面的国情背景，不宜直接适用于我国，但国外的图书馆协会毕竟已有较长的发展历史及其经验，它们的职能定位对我国的图书馆行业协会的职能定位有一定的借鉴意义。

我国的图书馆行业协会的职能至少应该包括以下几方面内容：

① 推进图书馆立法，促进图书馆法治化管理；

② 制定行业标准和发展规划；

③ 宣传图书馆核心价值，提高全民的图书馆认同度；

④ 推动全民阅读，维护公民的求知与阅读权益；

⑤ 发展专业教育，培训从业人员，建立和实施职业准入制度；

⑥ 协调和整合各系统、各类型图书馆的资源，促进资源共享；

⑦ 制定行业自律规范，维护图书馆的良好形象；

⑧ 服务会员，维护会员合法权益。

三、图书馆职业准入制度

图书馆协会的重要职能之一是建立和实施图书馆职业准入制度（也叫图书馆职业资格认证制度）。

作为专业化的职业，图书馆职业要求它的成员必须经过图书馆学专业知识、技能和职业精神的培训。经过这种培训之后，新成员往往还需要经过特定的资格认证，才能成为图书馆职业的正式成员。这种受过图书馆学专业培训的，具有专业馆员资格的人员被称做"专业馆员"（Professional Librarian）。由于图书馆业务涉及大量事务性工作，所以，在实际工作中，图书馆职业还需要大量的辅助人员队伍，这些人员被称为非专业馆员（Para‐Professional Librarian）。在美国公共图书馆界，非专业馆员约占所有公共图书馆工作人员的 77% ；在英国公共图书馆界，这一比例约占 75% 。

为了保证图书馆职业工作的质量，无论是专业馆员还是非专业馆员，都应该有一个资质认定问题，即具备什么样的资质才能有资格被聘任为专业馆员或非专业馆员的问题。这种对图书馆从业人员（包括图书馆馆长）进行资格认证并按资质标准许可从业的制度，就是图书馆职业准入制度。图书馆职业准入制度，"是对于图书馆工作者个人工作资格的一种认定方式，是图书馆行业对图书馆工作者的准入控制，是从事图书馆工作应具备的前提条件"。❶ 只有具备规定的资质标准的人才能被准予从事图书馆职业工作，这样才能保证图书馆职业人员的基本素养，从而保证图书馆各项活动的高标准开展。图书馆职业准入制度是图书馆人力资源建设的首要制度，是图书馆能否保持优良服务形象、能否赢得社会公众认可和赞誉的根本保障。因此，世界上图书馆事业比较发达的国家都非常重视图书馆职业准入制度的建立和实施。

图书馆职业准入制度的核心问题是确定图书馆职业的准入标准（或叫图书馆职业资格标准）。从已经建立图书馆职业准入制度的国家情况看，图书馆职业准入标准主要涉及如下 3 方面的要求（一般只具备其中一方面要求即可）：

- 具有本专业的硕士学位。
- 具有一定的专业工作年限，且修满规定的专业课学分。
- 具有一定的学历和学位，且通过特定的专业资格考试（如公务员专类考试或专业资格考试）。

准入资格证书的获得方式，主要有：

- 获得专业组织（一般是各国图书馆协会）指定的大学的硕士学位。这是直接获得准入资格证书的渠道；
- 具备硕士以下学位，并修满规定的图书馆学课程学分；
- 具备硕士以下学位，并通过图书馆专业培训课程考试。

作为一种职业准入制度，首先需要确立的是职业资格标准和获取资格的程序、方式。但资格标准和获得资格程序还不是准入制度的全部内容，至少还有下

---

❶ 初景利，李麟. 美国图书馆员职业资格认证体系［J］. 国家图书馆学刊，2005（3）：29–35.

面两个问题对维系准入制度的稳定和健全至关重要：

第一，具有资格者对本行业职位的独占。很难想象一个社会会认可没有执业医师资格者去当医生，没有执业律师资格者去当律师。如果不让具有资格者对本专业职位的独占，那么职业资格标准以及获取资格的程序与方法，全都会沦落为形同虚设的境地。目前，我国的图书馆职业独占情况很不容乐观，非专业者占位现象非常严重。

第二，可预期的职业待遇。没有职业独占，职业资格就会形同虚设；没有相应的职业待遇制度，即便是职业独占，也会导致少有人问津或已占职位者的流失。所以，职业待遇制度也是完善职业准入制度的关键性要素。❶

下面介绍美国的图书馆职业准入制度。

美国图书馆员的职业资格要求是：必须具有 ALA 所认可的图书馆学硕士（MLS）学位，并获得任职单位所属州政府颁发的图书馆员资格证书才能担任专业馆员。不同的州对图书馆员的资格要求有所不同。

在美国，图书馆学教育的起点是硕士，即要求入学者必须具备大学本科学历。ALA 是美国教育部高等教育认可委员会（Commission of Recognition of Postsecondary Accreditation，CORPA）唯一认可的图书馆学教育资质认可专门机构。ALA 在 1951 年公布的《1951 年认可标准》（*Standards for Accreditation*，1951）中将硕士学位定为专业图书馆员的最低要求。1956 年 ALA 成立了认可委员会（Committee on Accreditation，COA），负责学位认可工作。

此外，美国图书馆职业资格制度还把图书馆员分为专职人员和非专职人员两大类，并对各类人员进行细分。如专职人员可区分为专业馆员（Professional Librarian）、图书馆技术助理员（Library Technical Assistant）、事务员（Library Clerk）；非专职人员主要指一些从事辅助性工作的志愿人员，如兼职工作人员（Parttimer）及志愿工作人员（Volunteer）。其中专业馆员必须具有硕士以上学位。而对非专职人员没有对学历和专业知识的特别要求。下面是美国新泽西州图书馆法中关于职业准入的规定："由公共财政支持的、服务对象超过一万人的公共图书馆，其馆员必须具有职业馆员资格证且获得州教育委员会认可的图书馆信息学院的硕士学位，在公立学校工作的媒体专家（包括图书馆工作人员）必须同时具备以下条件：具有受认可学院的硕士学位、有新泽西州教师认证或助理教育媒体专家认证、有一年的成功教学或担当辅助教育媒体专家的工作经验且必须学过相应的课程。"

---

❶ 李国新. 日本图书馆员专业职务制度［J］. 国家图书馆学刊，2005（3）：22－28.

第六节　图书馆评估

一、图书馆评估的概念

图书馆评估，就是对图书馆工作全面、系统地进行定量或定性的考核和评价的过程。

图书馆评估一般包括 3 方面的评估：投入（Inputs）、产出（Outputs）和成效（Outcomes）。在 20 世纪 90 年代末之前，国际图书馆界主要注重投入、产出的评估，这种意义上的评估一般称为图书馆绩效评估。而 20 世纪 90 年代末之后，国际图书馆界在广泛开展绩效评估的基础上开始重视成效评估。

图书馆绩效评估，依据国际标准化组织（ISO）的定义，就是"对图书馆服务或设备的效能、效率、利用及适应程度的测评程序"。❶ 也就是评估图书馆所提供的服务和所开展的其他活动的质量与效率，并评估图书馆为开展这些服务和活动所配置资源的效率。

图书馆绩效评估主要评价的是图书馆的投入（如经费、馆藏、设备、人员等）与其产出（主要是读者人数/人次、馆藏流通量、解答咨询数量、读者活动次数等）情况，而且其评估过程由图书馆界或独立的评估机构根据图书馆提供的统计资料（业务档案）对照评估标准指标来赋值和评价。这种绩效评估的显著缺点就是没有充分反映读者对图书馆服务的感受评价。为了弥补这种缺点，从 20 世纪 90 年代末起，国际图书馆界开始重视成效评估。

图书馆成效评估（Outcome Assessment），又叫影响评估，是以读者为中心即以读者的感受评价为主来评估图书馆项目或服务的一种方法。这里的成效，即指对终端用户的影响程度，包括对读者的行为、态度、技能、知识的改变及其程度。显然，图书馆成效评估较之绩效评估有两个特点：一是重结果而不是过程，这符合 20 世纪 80 年代以来西方国家普遍重视的新公共管理理念；二是以读者的评价为导向和主要标准，把"读者在图书馆的生活中"改变为"图书馆在读者的心目中"，强调"只有读者才能评判图书馆服务的质量"。

二、图书馆评估的标准

1. 国际标准

目前，国际图书馆界已形成有绩效评估的系列标准，而成效评估暂无国际标准。绩效评估的系列国际标准包括：

---

❶ 张红霞. 图书馆质量评估体系与国际标准 ［M］. 北京：国家图书馆出版社，2008：12.

• ISO 11620：1998 图书馆绩效指标（Information and Documentaion-Library Performance Indicators）（1998 年 4 月第 1 版）。

• ISO 11620：1998/Amd. 1：2003 图书馆绩效指标补充本 1：增订图书馆绩效指标（Information and Documentaion—Library Performance Indicators AMENDMENT 1：Additional Performance Indicators for Libraries）（补充本第 1 版，2003 年 7 月）。

• ISO/TR 20983：2003 电子图书馆服务绩效指标（Performance Indicators for Electronic Library Services）（2003 年 11 月第 1 版）。

• ISO 2789：2006 国际图书馆统计数据标准（Information and Documentaion—International Library Statistics）（2006 年 9 月第 4 版）。

其中，ISO 11620：1998 和 ISO 11620：1998/Amd. 1：2003 统称 ISO 11620，是传统图书馆绩效评估的指标体系标准，ISO/TR 20983：2003 则是电子图书馆服务绩效评估的指标体系。而 ISO 2789 是为图书馆评估提供基本统计数据的一种工具，它提供评估所需的馆藏规模和服务、用户数量和类型、图书馆人员、设备、馆舍等投入（Inputs）方面的基本数据。因此，ISO 2789 不仅是图书馆绩效评估不可或缺的工具，同时也是图书馆成效评估的必备工具。图书馆评估国际标准体系如图 3 - 2 所示。

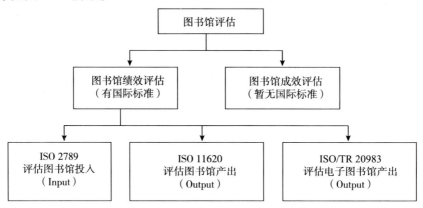

图 3 - 2　图书馆评估国际标准体系

ISO 11620 从图书馆公共服务、技术服务、服务的改善（暂无指标）、用户评价以及人力资源的有效性与利用这 5 个方面入手，共规范了 34 个指标，以此对传统图书馆的服务和活动进行绩效测评。而 ISO/TR 20983 则从电子图书馆公共服务、人力资源的有效性与利用这两个方面，共规范了 15 个指标，以此对电子图书馆的服务和活动进行绩效测评。

ISO 11620 和 ISO/TR 20983 为传统图书馆评估和电子图书馆评估提供了较好

的评价标准，但是，目前的图书馆大都处于传统图书馆与电子图书馆结合的"复合图书馆"状态，因而，ISO 11620 和 ISO/TR 20983 都无法单独适用于复合图书馆的评估。为了评估复合图书馆服务质量，德国的 Roswitha Poll 受 IFLA 委托设计出了能够覆盖传统图书馆和电子图书馆服务的混合服务评估标准指标（见表3－2）。❶

表3－2　混合服务评估指标一览表

未来 ISO 11620 指标体系覆盖图书馆服务范畴的分析			
	传统服务	混合服务	电子服务
资源、可获取性、基础设施	上架准确率 闭架文献索取时间 开架文献索取时间	文献获取的有效性 需求文献在馆藏中的百分比 设备的有效性 自动化系统的有效性 开展读者服务的员工数量 开展读者服务的员工占总员工的比例	电子服务对服务人群的覆盖率，电子馆藏建设的费用支持比率，人均公共检索工作站台数，人均工作站有效时间
利用	外借馆藏周转率 文献利用率 人均馆内利用率 未利用库存的百分比	人均到馆率（包括虚拟访问） 人均用户培训次数 服务人群覆盖率 用户满意度 题名目录检索成功率 主题目录检索成功率 设备的利用率 座位占有率	每次登录平均下载文献数，登录被拒率 远程 OPAC 登录比率 虚拟访问的比率 通过电子方式递交的信息请求比率 每公共开放工作站的平均服务人数 工作站利用率
效率	平均外借成本	需求文献获取的实效性 到馆平均成本 读者人均成本 馆际互借速度 文献采访的时间 文献加工处理的时间 每种文献编目平均成本 正确回答满足率	每次数据库登录平均成本，每次文献下载平均成本
潜能和发展	—	图书馆员工人均培训次数	每个员工参加正式的 IT 和相关培训课程的平均时数 读者参加电子服务培训课程的次数

❶ 张红霞. 图书馆质量评估体系与国际标准［M］. 北京：国家图书出版社，2008：46.

2. 中国标准

我国从 1994 年起开展公共图书馆评估活动,至今已进行 4 次(分别为 1994 年、1998 年、2003 年和 2009 年)。2009 年文化部制定了《公共图书馆评估标准》,根据这一标准,中国图书馆学会分别制定出了《省级图书馆评估标准》、《地级市图书馆评估标准》、《县市级图书馆评估标准》、《省级少年儿童图书馆评估标准》、《地市级少年儿童图书馆评估标准》、《县市级少年儿童图书馆评估标准》和《省、地市、县市级图书馆定级必备条件》、《省、地市、县市级少年儿童图书馆定级必备条件》(见表 3-3、表 3-4、表 3-5)。

表 3-3 我国省、地、县级公共图书馆评估标准(一级指标及其分值)

省级图书馆评估标准		地级图书馆评估标准		县级图书馆评估标准	
一级指标	分值	一级指标	分值	一级指标	分值
1. 办馆条件	180	1. 办馆条件	180	1. 办馆条件	240
2. 基础业务建设	250	2. 基础业务建设	220	2. 基础业务建设	255
3. 读者服务工作	270	3. 读者服务工作	310	3. 读者服务工作	260
4. 业务研究、辅导、协作协调	120	4. 业务研究、辅导、协作协调	120	4. 业务研究、辅导、协作协调	90
5. 文化共享工程建设	80	5. 文化共享工程建设	50	5. 文化共享工程建设	50
6. 管理	80	6. 管理	100	6. 管理	85
7. 表彰、奖励	20	7. 表彰、奖励	20	7. 表彰、奖励	20
分值合计	1 000	分值合计	1 000	分值合计	1 000

表 3-4 县级公共图书馆评估标准(简略展开表)

一级指标	二级指标	分 值	备 注
一、办馆条件 (240 分)	设施	45	
	现代化技术设备	30	
	经费	65	
	人员	70	
	总藏量	8~30	
二、基础业务建设 (255 分)	文献入藏	85	
	文献标引与著录	50	
	目录设置、组织管理	30	
	藏书组织管理	35	
	自动化、网络化建设	35	
	数据库建设	20	

一级指标	二级指标	分　值	备　注
三、读者服务工作（260分）	免费开放程度	0～10	
	读者满意率	0～20	由评估组发放调查表，对图书馆办馆条件、环境、服务质量、服务效果等征求读者意见
	读者服务	125	包括：年外借册次、年流通总人次、开架书刊册数/总藏量、书刊宣传、周开馆时间、服务点和流通站、为特殊群体和弱势人群服务
	信息服务	30	
	读者活动	60	
	社会教育与用户培训	0～15	
四、业务研究、辅导、协作协调（90分）	业务研究	20	
	业务辅导	50	
	开展协作协调、参与资源共享	0～20	
五、文化共享工程建设（50分）	（略）	50	
六、管理（85分）	人事管理	15	
	财务管理	0～10	
	设备、物资管理	0～10	
	档案管理	12	
	统计工作	14	
	环境管理	12	
	消防、保卫	12	
七、表彰、奖励（20分）	—	0～20	

表 3 - 5　县级公共图书馆定级必备条件

一级馆必备条件	二级馆必备条件
1. 馆舍建筑面积不低于 2 500 平方米；城市的区图书馆不低于 2 000 平方米； 2. 年补助经费不低于 40 万元； 3. 大专以上学历人员数占职工总数之比不低于 30%； 4. 图书年入藏种数不低于 3 000 种； 5. 年外借册次（以计算机统计为准）不低于 10 万册次； 6. "现代化技术装备"、"自动化、网络化建设"两项得分不低于 50 分； 7. 建立规范化文化共享工程县级支中心，文化共享工程建设得分不低于 35 分； 8. 读者满意率不低于 80%	1. 馆舍建筑面积不低于 2 000 平方米； 2. 年补助经费不低于 35 万元； 3. 图书年入藏种数不低于 2 500 种； 4. 年外借册次（以计算机统计为准）不低于 8 万册次； 5. "现代化技术装备"、"自动化、网络化建设"两项得分不低于 40 分； 6. 建立规范化文化共享工程县级支中心，文化共享工程建设得分不低于 30 分 7. 读者满意率不低于 70%

　　2010 年 5 月，《公共图书馆服务规范》得到文化部、国家质量监督检验检疫总局、国家标准化管理委员会批准，从 2011 年起实施。该《规范》分"服务资源"、"服务效能"、"服务宣传"、"服务监督与反馈"四大方面，规定了各类事项或工作所应达到的最低标准（见表 3 - 6）。此《规范》的实施，对以后中国图书馆评估活动的进一步规范化、科学化，必将产生重大影响。

表 3 - 6　公共图书馆服务规范

服务资源	馆舍建筑指标	服务半径、服务人口
		建筑功能总体布局
		电子信息设备
	人力资源	人员要求
		人员配备
		人员数量
		教育培训
		志愿者队伍
	文献资源	馆藏文献
		呈缴本
		政府出版物
		文献购置经费

续表

服务效能	基本服务	服务时间
		流动服务
		总分馆服务
	拓展服务	远程服务
		个性化
	服务效率	文献加工处理时间
		闭架文献获取时间
		开架图书排架正确率
		馆藏外借量
		人均借阅量
		电子文献使用量
		文献提供响应时间
		参考咨询响应时间
服务宣传	导引标识	方位区域标识
		文献排架标识
		无障碍标识
	服务告示	告示内容和方式
		闭馆告示
	馆藏揭示	
	活动推广	
服务监督与反馈	监督途径和方法	
	读者满意度调查	

三、LibQUAL⁺：走向成效评价

LibQUAL⁺（图表化图书馆服务质量评价系统）是由美国研究图书馆协会（ARL）研发的以读者感受为导向的图书馆服务质量评价方法。

LibQUAL⁺来源于一种叫"SERVQUAL"的服务质量评价模式。SERVQUAL是 20 世纪 80 年代末由市场营销专家帕拉苏拉曼（Parasuraman）等人设计的一种面向顾客的问卷式服务质量评估工具。该工具由 22 个陈述项（Statements）构成，每个陈述项都测度着顾客对服务的最低期望水平（Minimum Service Level）、理想水平（Desired Service Level）和感受到的水平（Perceived Service Level）。三者的比较可以得出反映服务质量的两项差距值：①感受到的水平与最低期望水平的差距；②感受到的水平与理想水平的差距。

2000 年 10 月，ARL 把 LibQUAL⁺评价体系归纳为 4 个层面：服务影响（Affect of Service）、图书馆整体环境（Library as Place）、信息获取（Access to Information）和个人控制（Personal Control）。每一个层面又被分为若干个问题。其具体内容见表 3 – 7。

表 3 – 7 LibQUAL⁺服务质量层面及相关问题

层　面	问　题（25 个）
信息获取	全部期刊名录 及时的文献传递服务/馆际互借 需要标识的交叉学科 便利的开放时间 全面广泛的印刷藏书
服务影响	乐于帮助读者 彬彬有礼的工作人员 处理读者服务问题的可靠性 给予读者个别关注 以关切的态度接待读者 具有解答读者咨询的知识的工作人员 随时随地回答读者问题 培养读者的自信心 理解读者需要
图书馆整体环境	便于安静学习的场所 宁静的场所 便于发挥想象和创造力的场所 舒适和吸引人的场所 沉思的场所
个人控制	能够从家中或办公室获得电子资源 让读者轻易地检索到所需要信息的现代化设备 能够使读者自己定位信息的图书馆网站 允许读者自己查找信息的易用检索工具 信息不受约束地易于获得 便于获取图书馆藏书

LibQUAL⁺的基本原理是：第一步，调查读者对图书馆服务整体满意度情况（见表 3 – 8）；第二步，对 LibQUAL⁺评价体系所归纳的 4 个层面中的 25 个具体问题，逐个进行读者满意度调查；第三步，整理分析调查表，从中归纳出存在的问题，作为改进工作决策的依据。

表 3 – 8　LibQUAL⁺ 调查表

请您指出对下列描述满意的程度：		
1	您对图书馆所提供的服务方式的满意程度	1　2　3　4　5　6　7　8　9 很不满意　　　　　很满意
2	您对图书馆所提供的学习、研究和教学需要支持的满意程度	1　2　3　4　5　6　7　8　9 很不满意　　　　　很满意
3	您对图书馆所提供服务的整体质量的满意程度	1　2　3　4　5　6　7　8　9 很不满意　　　　　很满意

注：最低满意度为 1，最高满意度为 9

LibQUAL⁺ 的指导思想是：读者的意见是判断图书馆服务质量的唯一可靠依据；服务质量表现为读者感受的服务水平与其期待水平之间的差距；服务质量包含若干个不同方面，而且每个方面可以通过若干相互关联的陈述项来测度。可见，LibQUAL⁺ 是图书馆评估从绩效评估走向成效评估的重要标志。

四、条件价值评估法：图书馆社会价值的评估

条件价值评估法（Contingent Valuation Method，CVM）是一种对非市场物品或服务进行价值评估的有效方法。该方法最初由 Ciriacy – Wantrup 提出。1963 年 Robert K. Davis 首次将其应用于研究美国缅因州林地宿营、狩猎的娱乐价值。之后，CVM 在西方社会得到日益广泛的应用，其应用范围逐步发展到各种非市场公共物品的价值评估中，如对博物馆、图书馆、道路、湖泊、自然资源、文化遗产等公共物品的价值评估。

CVM 的基本思路是：根据人类行为的效用最大化普遍原理，以测评某种物品或服务的投资回报率（Return On Investment，ROI）为目的，采用问卷调查的方式掌握人们在模拟市场中对某种物品或服务的两个意愿——为了使某种物品或服务继续存在并得到改善而愿意支付的最大货币量，此为支付意愿（Willing To Pay，WTP）；若放弃某种物品或服务而愿意接受的最小货币补偿量意愿，此为接受补偿意愿（Willing To Accept，WTA），从而最终得到某种物品或服务的社会价值。CVM 评估过程（流程）分为 4 个环节：问卷设计阶段、调查阶段、数据统计分析阶段、结果有效性和可靠性检验阶段。

CVM 完全适用于公共图书馆社会价值的评估。对公共图书馆进行 CVM 评估，其意义在于能够回答"公共图书馆的存在是否物有所值"、"对公共图书馆的投资能否获得正的回报"等重大问题。图书馆的价值包括使用价值和非使用价值。CVM 不仅能够测得公共图书馆的使用价值，也能够测得公共图书馆的非使用价值。图书馆的使用价值是指通过利用图书馆的资源而获得的价值或利益，如

读者通过利用图书馆解决资料查找、灵感的产生、活动场地的获得等方面的实际问题；图书馆的非使用价值是指图书馆在知识信息的传播、维护社会的信息公平（如缩小信息鸿沟）、提高公民素质、保障读者的平等获取知识信息的权利等方面的作用价值。

2004 年，大英图书馆采用 CVM 对 2000 多人进行问卷调查，在调查表中所设的假设性问题就是：如果现在这样的图书馆不存在了，你愿意支付多少钱来获得相应的图书馆服务（WTP）；相应地，你愿意得到多少补偿以放弃获得图书馆服务的权利（WTA）。结果表明，2003 年大英图书馆产生的价值是 3.63 亿英镑，当年公共资金投入是 8 300 万英镑，产出的投资回报率就是 4.4:1。

利用 CVM 对图书馆的社会价值进行评价，既可以对图书馆的整体价值进行评价，也可以对图书馆的某一特定服务进行评价。表 3-9 是对图书馆整体评价的案例，表 3-10 是对图书馆某一服务项目进行评价的案例。

表 3-9 利用 CVM 对图书馆进行整体评价的案例

年度	机构	案例内容	调查方式	调查样本	样本分类	ROI	辅助方法
1999	美国圣路易斯图书馆	图书馆服务的价值	电话调查	422 人	普通读者、教师、商务人士	4:1	消费者剩余、时间成本法
2004	大英图书馆	测量我们的价值	问卷调查	>2000 人	阅览室读者、远程读者以及普通公众	4.4:1	消费者剩余
2004	美国佛罗里达州公共图书馆	纳税人投资佛里达州公共图书馆的回报率	家庭读者电话调查、邮寄调查问卷、E-mail 调查问卷	238 人、169 个机构	家庭读者、馆内读者、机构用户	6.54:1	区域经济模型 REMI
2005	挪威全国范围内的图书馆	图书馆价值几何	电话调查	999 人	全国范围内随机调查	4:1	
2006	美国宾夕法尼亚图书馆	社区投资回报研究	家庭读者电话调查、问卷调查	386 人、226 个组织	家庭读者、馆内读者、有关组织	5.5:1	时间成本法

表 3－10　利用 CVM 对图书馆某一服务项目进行评价的案例

年度	机构	案例内容	调查方式	调查样本	样本分类	ROI	辅助方法
1999	维吉尼亚大学图书馆	参考咨询服务	面对面访谈	382 人	教师、学生	3.5:1	消费者剩余、时间成本法
2002	新西兰国家图书馆	书目数据库和联合目录的价值	面对面访谈、CAPI（计算机辅助面谈）		资深馆员、个人读者、专业用户	3.5:1	叙述选择法、联合分析法
2006	美国匹兹堡大学图书馆	期刊馆藏	问卷调查	209 人	教师、学生	4.38:1	时间成本法

国内的殷沈琴、赵睿杰于 2010 年对上海图书馆进行了 CVM 评估，其结果是：上海图书馆每年产生的经济价值介于 3.65 亿元和 9.82 亿元之间，相对上海图书馆每年投入 9 000 万元计算，成本效益比例在 1:10.9～1:4。❶ 这一结果与国外图书馆经济价值评估的结果比较接近。

五、图书馆评估的趋势：结果为本

对图书馆管理与服务活动进行评价（即通常意义上的图书馆评估），要求在管理方式上实行绩效管理。对政府提供的各种公共服务（包括公共图书馆服务），实施绩效管理是新公共管理（NPM）理论的一个基本主张。绩效管理强调"3E"目标的实现：效益（Economy）、效率（Efficiency）、效用（Effectiveness）。后来有的学者认为还应考虑另一个"E"：公平（Equity）。绩效管理的核心理念就是：注重结果而非过程，注重公众的满意程度而非按部就班地遵守规则。从公共治理的角度说，要求绩效评价的重点从"投入"（Input）、"产出"（Output）转向"结果"（Outcome）。区分产出和结果这两个概念，是绩效管理的一个特点。"产出"是指所提供的物品和服务，"结果"是指所提供的物品和服务对接受者产生的实际影响。

在新公共管理理论和实践的影响下，美国公共图书馆的评价也迅速转向了以结果为导向的轨道。美国国会为此专门通过了《政府绩效与结果法》（1993），规定政府公共服务支出项目的评价从"规则为本"向"结果为本"转变。1982

---

❶ 殷沈琴，赵睿杰. 公共图书馆价值评估实证研究——运用 CVM 评估上海图书馆的价值为例［J］. 图书馆杂志，2011（2）：17－20.

年，美国公共图书馆协会（Public Library Association）颁布了《公共图书馆服务成效评估：规范化操作手册》（*Output Measures for Public Libraries：A Manual of Standardized Procedures*，1987 年经修订出版了第 2 版）。该手册将图书馆服务的输出结果或服务绩效（Performance）分为 5 个方面内容及其 12 个评价指标（见表 3 – 11）。这 5 个方面内容及其 12 个评价指标，均体现了结果为本的理念。

表 3 – 11   美国公共图书馆评估内容与评估指标

评估内容	评 估 指 标
图书馆使用状况	1. 每年每人平均到访图书馆次数 = 该年读者实际到访图书馆总次数 ÷ 图书馆服务辖区内的人口总数 2. 登记使用者占社区人口的百分比 = 登记使用者总人数 ÷ 图书馆服务辖区内的人口总数 × 100%
图书资料使用状况	3. 每年每人平均图书资料流通量 = 该年图书资料流通量总数 ÷ 图书馆服务辖区内的人口总数 4. 每年每人平均馆内使用图书资料量 = 该年馆内使用图书资料总数 ÷ 图书馆服务辖区内的人口总数 5. 每年每一图书资料的平均流通次数 = 该年图书资料的总流通次数 ÷ 图书资料的馆藏总数
图书资料获得率	6. 图书资料刊名满足率 = 读者在图书馆中实际找到的书刊名总数 ÷ 读者在图书馆中想找寻的书刊名总数 × 100% 7. 图书资料主题和著者名满足率 = 读者在图书馆中实际找到的书刊主题和著者名总数 ÷ 读者在图书馆中想找寻的书刊主题和著者名总数 × 100% 8. 图书资料浏览者的满足率 = 浏览者找到其有兴趣的资料人数 ÷ 图书资料浏览者的总数 × 100% 9. 图书资料的递送率 = 7 天（或 14 天、30 天）内图书资料递送到读者手中的次数 ÷ 经由文献递送使读者获取资料的总次数 × 100%
参考咨询服务	10. 每年每人平均使用参考咨询服务次数 = 该年使用参考咨询服务总次数 ÷ 图书馆服务辖区内的人口总数 11. 参考咨询服务完成率 = 参考咨询服务圆满回答的总次数 ÷ 使用参考咨询服务的总次数 × 100%
图书馆活动状况	12. 每年每人平均参加图书馆活动次数 = 该年读者实际参加图书馆活动的总次数 ÷ 图书馆服务辖区内的人口总数

英国的文化传媒体育部于 2008 年修订的《公共图书馆服务标准》，更是体现了以"结果为本"的价值取向（见表 3－12）。它共有 10 个测评指标，其中测评"为读者提供方便服务的程度"的指标有 5 个（指标 1～指标 5），测评"图书馆被利用程度"的指标有 1 个（指标 6），测评"读者满意度评价"的指标有 2 个（指标 7 和指标 8），测评"馆藏资源保障程度"的指标有 2 个（指标 9 和指标 10）。从这 10 个测评指标及其内涵可以明显地看出其"用户为中心"和"结果为本"的价值取向。

表 3－12　英国公共图书馆服务标准

指　标	最低标准或目标
指标 1：固定图书馆一定距离内能覆盖的家庭比例	（见本书第二章表 2－1）
指标 2：所有图书馆平均每千人拥有的累计开放时间	128 小时
指标 3：能够提供互联网信息资源的图书馆比例	100%
指标 4：拥有互联网接口和提供联机书目查询服务的电子工作站（包括可供公众使用的固定图书馆、流动图书馆以及其他服务点）应达到每万人拥有数量	6 个或以上
指标 5：图书预约	Ⅰ 7 天内可获取图书的比例 Ⅱ 15 天内可获取图书的比例 Ⅲ 30 天内可获取图书的比例 目标： 50% 在 7 天内到； 70% 在 15 天内到； 85% 在 30 天内到
指标 6：平均每千人到馆人次	目标： 内伦敦区 7 650 人次（或增加 6 800 人次）； 外伦敦区 8 600 人次； 大都会区 6 000 人次； 自治区 6 300 人次； 郡治区 6 600 人次
指标 7：16 岁以上读者对图书馆服务的评价	Ⅰ 非常好；Ⅱ 好；Ⅲ 尚可；Ⅳ 差；Ⅴ 非常差
指标 8：16 岁以下读者对图书馆服务的评价	Ⅰ 好；Ⅱ 尚可；Ⅲ 差
指标 9：每千人每年新购馆藏	216 种
指标 10：流通馆藏替换年限	6.7 年

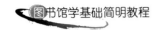

六、图书馆评估的意义

图书馆评估的意义，概括地说表现为以下 4 个方面：

1. 有利于促进图书馆事业的整体发展

对图书馆进行评估，有利于提高各级政府和主管部门对图书馆事业的重视程度，即图书馆借助评估获取各级政府和主管部门对图书馆硬件与软件设施设备建设上的支持。而且，各图书馆为了在评估中取得优异评价，会竭尽全力去弥补所存在的不足，在这个过程中，图书馆的整体管理水平和服务水平得到提升。

2. 有利于提高图书馆工作的规范化和标准化水平

评估工作所依据的评估标准，是衡量图书馆各项工作的规范化、标准化程度的范本，因此各馆在参评过程中自然要竭尽全力提高本馆的规范化、标准化水平，通过这种努力，图书馆的规范化、标准化程度得到整体上的提升。

3. 有利于增进馆际间的相互了解与学习

定期开展的图书馆评估活动，为图书馆之间相互了解、相互学习提供了良好的机会。在评估中获得优异成绩的图书馆，成为成绩差的图书馆学习的榜样，由此形成馆际之间相互学习、相互促进的局面。

4. 有利于改进读者服务工作，改善图书馆的社会形象

图书馆评估的重中之重在于考量读者服务工作的成效，评估的主要目的也是为了不断提升服务水平，使图书馆的价值得以充分体现，越来越接近公众的期望值，从而树立图书馆的良好社会形象。

第四章　读者权利与图书馆权利

从一般意义上说，图书馆的设立和存在就是为了满足读者的阅读需要。而从权利政治学意义上说，设立和发展图书馆事业，是为了保障社会公众利用图书馆来获取知识和信息的权利，这是保障公民文化权利的重要途径之一。社会公众利用图书馆来获取知识和信息的权利，即读者权利。图书馆为维护读者权利而应负有的责任及其原则立场，即图书馆权利。无论是读者权利还是图书馆权利，必须避免政府权力及其他社会权势的非正当干涉，才能得到有效保障。反过来说，无论是读者权利还是图书馆权利，必须得到政府的有力支持，才能得到有效的保障。

第一节　读者权利

根据国内外图书馆理论和实践中的普遍共识，图书馆读者权利可概括为五大方面：平等获取知识和信息的权利（简称"平等获取权"），免费享受图书馆基本服务的权利（简称"免费享受权"），自主选择知识和信息而不受干涉的权利（简称"自主选择权"），对图书馆服务进行批评、建议和监督的权利（简称"参与管理权"）和个人信息受到保护的权利（简称"个人信息权"）。

一、平等获取知识和信息的权利

1. 平等获取权的内容

平等获取知识和信息的权利，也可以叫做"平等利用图书馆的权利"。平等获取权包含两个方面的内容，即身份平等权和机会平等权。

（1）身份平等权

身份平等权，是指每个人无论出身背景（出生地、性别、年龄、种族等）、思想意识（思想传统、信仰、禀性、习惯等）和社会地位（政治地位、经济地位、文化地位等）如何，一律平等地享有利用图书馆获取所需知识和信息的权利。对此 IFLA/UNESCO 的《公共图书馆宣言》（1994）的表述是："每一个人都有平等享受公共图书馆服务的权利，而不受年龄、种族、性别、宗教信仰、国籍、语言或社会地位的限制。" IFLA 的《格拉斯哥宣言》（2002）的表述是："图书馆和信息服务机构要一视同仁地为用户提供资料、设施和服务，不允许出现因种族、国家或地区、性别、年龄、健康状况、宗教或政治信仰等任何因素而引发的歧视。"

在图书馆服务中，读者身份平等，意味着"图书馆面前人人平等"，所有读者在身份上不存在高低贵贱之分。身份平等的对立面是身份特权。所以，"图书馆面前人人平等"意味着任何读者都没有特权。如果某一读者或某些读者具有身份特权，必然会产生身份歧视，而身份歧视被现代图书馆理念视为"不人道"而被加以摈弃和抵制。

（2）机会平等权

所谓机会，主要是指社会成员生存与发展所需的可能性空间。对每一个具体的人来说，机会是一种稀缺性资源。机会平等权是指社会成员应该平等享有获得基本权利和自我发展潜能的机会。实现机会平等的基本原则应该是：平等的应当予以平等的对待，不平等的应当予以不平等的对待。这一基本原则可以进一步具体表述为：社会提供的机会应该完全平等，而非社会提供的机会则不应平等。社会提供的机会完全平等，意味着人人应该完全平等享有社会所提供的发展自己潜能的各种机会。而由家庭、禀赋、运气等非社会提供的机会，归根结底是幸运者的个人权利，无论如何不平等，社会和他人都无权干涉。

图书馆服务中的机会平等权，是指每个社会成员无论身份如何，都应有享受图书馆服务的机会。毋庸置疑，人们利用图书馆来获取知识和信息的机会，属于"社会提供的机会"。如果在一个图书馆服务系统中，只有一部分人能够得到服务（即一部分人垄断了机会），而另一部分人得不到实际的服务（即这一部分人被剥夺了机会），那么这种情况就是典型的机会不平等情况。

身份平等和机会平等两者之间具有紧密的内在联系。其实，我们可以把两者看做是"一个问题的两个方面"。所谓"一个问题"，是指两者的本质一致，即两者的实质都是"权利平等"——无论是身份平等还是机会平等，都是读者利用图书馆的权利平等的表现。所谓"两个方面"，是指两者具有一定的区别：身份平等强调的是"平等地对待每一个读者"，反对身份特权和身份歧视；机会平等强调的是"给每个人以平等地利用图书馆的机会"，反对机会垄断，反对人为地剥夺某一或某些读者利用图书馆的机会权利；有平等的身份不一定有平等的机会，如在现代社会，每个人都有成为亿万富翁的权利（身份平等），但每个人都不一定有成为亿万富翁的机会（机会不平等）。

2. 保障平等获取权的基本要求

图书馆欲保障读者的平等获取权，关键是要做好三个方面的工作：同等情况同等对待；给所有读者以平等机会；特别重视保障弱势群体读者的平等权利。

（1）同等情况同等对待

从语言逻辑上看，在"同等情况同等对待"命题中实际上包含了"不同情况不同对待"的意涵。同等情况同等对待是平等对待，不同情况不同对待也是一种平等对待。

对"同等情况同等对待"而言，关键是要杜绝"同等情况不同等对待"。为此应该做到：对同一读物的借阅需求，无论其读者身份如何，都应同等对待（除了某一读物的流通有合理合法的限制性规定）；同一类型读者（如同为少儿读者、同为老年读者、同为残障读者、同为研究型读者等），无论其身份如何，都应同等对待；任何规章制度，对其规约对象无论其身份如何都要平等对待，即规章制度面前人人平等，对任何读者都不应给予违规而不受规制的特权；任何一种服务活动（如外借服务、阅览服务、参考服务、讲座报告、读者活动等），无论读者或用户的身份及其表现有何区别，都应给予平等的准入权和享用权❶。

在"不同情况不同对待"方面，关键之一是要杜绝"不同情况同等对待"。为此，必须对不同特征、不同需求的读者采取不同的服务策略，如对少年儿童读者的服务，必须与对成年人、老年人读者服务的方式区别开来，应该为他们专门提供适宜的阅览座椅、读物以及相应的服务语言和服务环境；对农民工读者的服务，也要与其他读者服务适当区别，应为他们提供适宜的读物和所需要的技术指导；对不同需要的读者采取个别的服务方式，如对需要得到课外学习辅导的少儿读者提供辅导教师服务，对远距离或行动不便的读者提供送书上门服务等。

图书馆服务中的"不同情况不同对待"，其要求用一句话概括地说就是：杜绝把读者之间的客观差异同质化的做法。如果对不同读者采取同质化的服务手段，必然产生"一般淹没特殊"、"普遍化代替个性化"的现象，也就是说，无视差异的同质化服务手段，必然带来剥夺一部分人正当权利的结果。"不同情况不同对待"的合理性，用哲学语言说就是它符合"具体问题具体处理"的辩证唯物主义原理，也符合"多数人保护和尊重少数人权利"的现代民主政治原则。

在对"不同情况不同对待"原则的认识上，有一个问题需要澄清，这就是如何正确认识"区别服务"问题。在以往我国图书馆服务原则上，"区别服务"曾经被作为一项必须坚持的服务原则来加以遵循，但是，在实践过程中这一原则

---

❶　2009 年，国内某公共图书馆门前曾立有这样一个告示牌："为保持馆内文明舒适的公共环境，请您注重仪容整洁，请不要穿背心、短裤、拖鞋（含无后系带的凉鞋）等进入馆内。"这可视为剥夺读者平等准入权的典型案例。

被严重歪解，在许多图书馆成为为特权者（如领导干部）或"内部人"提供优待服务的依据，"区别服务"变异成"为特权阶层服务"。在这种情况下，读者的平等获取权被严重践踏。于是，从20世纪90年代起，在公民权利意识普遍觉醒的背景下，"区别服务"原则遭到了人们普遍的质疑和诟病。其实，单从字面意义上看，"区别服务"与"不同情况不同对待"之间不存在本质上的区别，但是从两者提出的时代背景和语境上看，两者之间却存在天壤之别：过去意义上的"区别服务"中普遍存在"身份区别服务"和"权力等级区别服务"，而现在意义上的"不同情况不同对待"强调的是"尊重需求差异，满足不同类型读者的个性化需要"；过去的"区别服务"中普遍存在"特殊"侵害"普遍"，而现在的"不同情况不同对待"则是"特殊"不侵害"普遍"，"普遍"不淹没"特殊"，即"特殊"与"普遍"各得其所。

（2）给所有读者以平等机会

对一个获取某种社会资源的个体而言，有权利不一定有机会。因此，图书馆为了保障读者的平等获取权，不仅要保障读者利用图书馆的平等权利，而且还要保障读者利用图书馆的平等机会。目前，我国在公共文化服务体系建设中遵循的"普遍均等"原则，反映到图书馆领域就是"给所有读者以平等机会"。也就是说，"给所有读者以平等机会"，是公共文化服务普遍均等原则在图书馆服务中的具体体现。

在公共图书馆服务中，要做到"给所有读者以平等机会"，关键是要做到不排斥、不遗漏任何一部分读者利用图书馆的平等机会。也就是说，公共图书馆服务体系应该达到"覆盖全社会"的要求。具体地说，就是不存在"服务盲区"——某区域或某部分居民得不到图书馆服务。

所谓"普遍均等"，其实质是"权利平等"、"机会均等"。我国公共图书馆服务体系建设在"机会均等"的保障上还有很大差距，如城市居民与农村居民之间获得公共图书馆服务的机会严重不均等；东部发达地区居民与中西部欠发达地区居民之间获得公共图书馆服务的机会严重不均等；非弱势人群与弱势人群之间获得公共图书馆服务的机会严重不均等。又如靠省级财政支持的省级图书馆从理论上说服务于全省人民，但事实上主要服务于省城的机构和居民；靠地市级财政支持的市图书馆从理论上说服务于全市人民，事实上却主要服务于城区的居民；靠县级财政支持的县级图书馆从理论上说是服务于全县人民，事实上却主要服务于县城居民；而到了人口很多的乡镇、村级组织，则基本不提供图书馆服务。这就是我国目前在公共图书馆服务供给上城乡差别巨大的根本原因及其表现。在我国，建设普遍均等的公共图书馆服务体系的意义就在于解决这种"机会严重不均等"的问题。

（3）特别重视保障弱势群体读者的平等权利

在图书馆服务中，能否保障读者的身份平等权与机会平等权，其中一个特别关键的问题就是能否有效保障弱势群体读者的平等权利。可以说，有效保障弱势群体读者的平等权利，是图书馆保障平等获取权的关键所在，甚至可以说，不能有效保障弱势群体读者的平等权利，就称不上保障读者的平等获取权。其实，"特别重视保障弱势群体读者的平等权利"，是"给所有读者以平等机会"原则的延伸性原则，因为能否给所有读者以平等机会的关键是能否给弱势群体读者以平等机会。博尔赫斯曾说"天堂应该是图书馆的模样"，其实，若把图书馆比做"弱势群体读者的天堂"，更具有深入人心的意义。

在国外图书馆界，关于"弱势群体"（Vulnerable Groups）的称谓，不同国家图书馆学文献中曾使用过多种术语——未服务到的人群，未充分受到服务的人群，城市边远人群，非用户群体或非读者，特殊人群，社会底层群体，工人阶级，以及难以延伸到的人群等。从总的流变情况看，20世纪60年代以前，以"穷人"称之的比较多；20世纪60~80年代以"弱势群体"来称谓的比较多。为了更全面、更深入地了解图书馆重视保障弱势群体读者的平等权利的意义，下面分别介绍英国、美国和IFLA关注弱势群体读者权利的情况。

● 英国关注弱势群体读者权利的情况

20世纪30年代以来，英国公共图书馆界开始以"普遍服务"（Universal Service）来重新界定自己的使命。麦克考文（Lionel McColvin）就认为一个"图书馆必须为所有人服务"。[1] 为此必须建设图书馆网络（Library Grid），通过设立分馆、流动图书馆来使图书馆在全国范围内普及，同时也将服务延伸到如监狱犯人、医院病人、海上灯塔的看护人以及残疾群体等具有特殊需求的用户群体身边，图书馆员应该承担起把服务延伸到图书馆之外的读者和潜在读者的责任。

自1997年以布莱尔为首相的工党执政以来，英国图书馆界的普遍服务、向所有人服务、为弱势群体服务等理念逐渐被纳入"社会包容/社会排斥"话语体系中。2003年，由英国公共图书馆的政府主管部门文化传媒和体育部（DCMS）推出的报告《未来行动框架：未来10年中的图书馆，学习和信息》指出，所有图书馆都被鼓励"与那些难以延伸到的群体和个人打交道，识别这些人群，并明确其特定需求，必要的话重新设计服务以消除包容方面的障碍"，"图书馆必须寻找、理解和服务于非用户的需求，他们中一些人可能在图书馆环境中感觉不自在"。英国图书馆界为视障读者和行动不便读者提供特殊服务的数据，说明了英国图书馆界保障弱势群体平等权利的概貌：93%的英国公共图书馆允许视障者带

---

[1]　McColvin, L. the public library system of Great Britain[M]. Library Association, London, 1942.

导盲犬进馆，93%图书馆为行动不便的人提供上门服务。

• 美国关注弱势群体读者权利的情况

总的来说，美国公共图书馆界保障弱势群体平等权利的做法主要表现为：图书馆服务覆盖城市边远居民、覆盖农村居民、为弱势群体读者提供特别服务。

在覆盖城市边远居民方面，以边远居民为服务目标的分馆建设，为不便于利用图书馆的城市边远人群提供了方便地利用图书馆的保障条件。1869 年，波士顿公共图书馆率先在东波士顿建立了分馆。此前他们做了一个调查发现，波士顿1/8 居民注册成为图书馆用户，罗克斯伯勒有 1/14，南波士顿有 1/16，而东波士顿只有 1/26 的居民注册成为图书馆用户。究其原因，主要是因为东波士顿居民距波士顿公共图书馆较远，因而大多数人难以利用图书馆。于是，波士顿图书馆理事会决定在东波士顿建立一个分馆，到 1877 年，波士顿市共建 6 个分馆。可见，服务半径是影响人们利用图书馆的重要因素。缩小服务半径的最好办法就是设立星罗棋布的图书馆及其服务网点。例如，纽约公共图书馆系统，1980 年纽约 5 个区共有 201 个图书馆（中心馆和分馆之和），分馆之间的平均距离为1.3 英里（即平均服务半径为 1 千米），平均 3.5 万人拥有一座图书馆。据统计，2008 年全美国共有 9 221 家公共图书馆，其中 1 559 家建有一个或多个分馆，670 家设有流动图书馆。在这些"中心馆—分馆"体系内共有 16 671 个场馆，其中中心馆 9 042 个，分馆 7 629 个，流动图书馆 797 个。建立如此众多的分馆和流动图书馆，并保证分馆之间适宜的服务半径，❶ 目的就是为了保障不便于利用图书馆的人群平等利用图书馆的权利。对公共图书馆服务来说，"不便于利用图书馆的人群"即可视为广义上的"弱势群体"范畴。

在覆盖农村居民方面，美国联邦政府 1956 年出台的《图书馆服务法》起到了最有力的推动作用。该法的第一条"政策声明"中强调本法目的是"向没有图书馆服务或图书馆服务不足的农村地区推广图书馆服务"。《图书馆服务法》规定联邦拨款只能用于人口在一万人以下的农村（不得用于城镇地区）。所以，各州执行《图书馆服务法》的主要做法就是通过大量的流动图书馆（Bookmobiles）把服务延伸至广大偏远农村地区。根据 1960 年的统计，全国当时共有200 多辆流动书车投入使用，约 3 000 万农村居民、65 万个农村郡县第一次获得图书馆服务。

从美国联邦图书馆法的演变过程看，对保障弱势群体利用图书馆的平等权利

---

❶ 早在 1942 年，ALA 的公共图书馆标准就规定了分馆的标准：服务半径为 1~1.5 英里，最低服务人口为 2.5 万~5.5 万人。参见：刘旋. 美国公共图书馆"中心馆—分馆"体系溯源 [J]. 国家图书馆学刊，2011（1）：56 – 60.

强调最多的是 1964 年出台的《图书馆服务与建设法》（*Library Services and Con-struction Act*）。起初，该法第四条"州图书馆特殊服务"中规定对弱势群体提供特殊服务只限于两类对象：一是为公立机构（如监狱、医院、孤儿院、养老院等）提供图书馆服务；二是为残疾人提供服务。1984 年修订时，增加了"针对印第安部落与土著居民的图书馆服务"（Library Services for Indian Tribes and Native Hawaiians）和"图书馆扫盲活动"（Library Literacy Programs）条款。在 1990 年修订时，扩大了"残疾人"的定义，将肢体或精神障碍、视觉障碍或听觉障碍人群纳入范围，而在"计划与项目"（Plans and Programs）一条中，增加对反歧视的要求，规定任何接受联邦资助的项目都必须无歧视地向所有公民提供服务，不得因种族、宗教信仰、年龄、性别、国籍或身体等原因限制人们利用图书馆服务。该修订法案又增设协助图书馆开展"代际图书馆项目"（Intergenerational Library Program）一项，即由老年人志愿者来照看放学后的学龄儿童；协助图书馆提供流动图书馆服务，建立符合资质要求的"幼儿照看中心"（Child-Care Centers）；协助图书馆与其他非营利机构合作，成立扫盲中心，减少成年人的文盲数量，帮助他们充分就业。《图书馆服务与建设法》作为一种联邦拨款法，对州政府投入于残疾人服务方面的要求非常严格，为此专门提出有要求：州政府对残疾人图书馆服务事业在第二年的投入水平不能低于上一年度。另外值得一提的是，该法 1982 年修订时专门设有"老年人图书馆服务"一条，并规定联邦拨款中专门划出经费用于下列事项：① 开展图书馆员培训，使之更好地服务于老年人；② 为老年人开展特殊的图书馆服务项目；③ 为老年人购买特殊的图书资料；④ 为在图书馆老年人服务项目中担任助理工作的老年人支付工资；⑤ 为老年人提供送书上门或其他图书馆服务；⑥ 建立推广服务中心，使更多老年人了解到可用的图书馆服务；⑦为老年人利用图书馆提供交通工具。可见《图书馆服务与建设法》所涉及的弱势群体范围非常广泛，包括弱势公立机构（如监狱、医院、孤儿院、养老院、特殊教育学校等），残疾人，儿童，老年人，少数族裔（如印第安部落居民、土著居民以及非英语母语族群等）。

1979 年，美国"白宫图书馆和信息服务会议"召开，会议主题为"将信息带给民众"（Bring Information to People）。在此次会议通过的建议案中，关于保障弱势群体读者利用图书馆的平等权利的理念，得到了最全面的表述："……图书馆有责任将服务延伸到所有人……获取利用精确的、及时的信息对于个人来说是十分必要的……图书馆通常并不能延伸到那些需要其服务的人群中……特殊人群如儿童和青少年，老年人，困居家中者，囿于机构者包括受监禁和服刑人员等，种族少数族裔，那些处于地理隔离区域的人群，聋哑、智障、多重障碍等残疾人，文盲以及半文盲，以及英语非母语者等，现在仍没有给予足够服务……因而，如果要解决这些问题，阻碍这些服务的障碍，无论是法律的、经济的、技术的、态度的、环境的、文化的、地理的、或者其他的，都必须被消除，图书馆的物理设施和员工必须有能力为社会所有成员提供服务……应该通过联邦立法来保证所有公民具有平等获取所有公共信息的权利。"

说到图书馆为弱势群体服务，在方法上人们普遍想到延伸服务（在英国一般称为"社区服务"）。美国图书馆界将延伸服务界定为"识别如下群体并与之建立联系和提供服务的图书馆服务项目，这些人群包括未能充分接受教育的人群，需要特殊图书馆服务的种族或少数群体，失业人群和需要就业帮助的人群，居住在没有图书馆服务地区的人群，盲人，身体残疾群体，老年人，以及犯人等囿于机构中的人群"。由此可见，在延伸服务中必然包含为弱势群体服务的内容，而且延伸服务的主要意义和价值就在于它是为弱势群体服务的有效手段，亦即延伸服务（包括社区服务和特殊服务）是图书馆保障弱势群体读者平等获取权的基本手段。

- IFLA 关注弱势群体读者权利的情况

IFLA 也非常重视保障弱势群体读者的平等权利的问题。尤其是进入信息社会以来，IFLA 根据建设信息公平社会的诉求，把保障弱势群体读者的平等权利问题纳入"信息富有者/信息贫穷者"话语体系中加以讨论和研究。如 1999 年在泰国曼谷举行的 IFLA 大会上，教育与发展部属下的"社会责任讨论组"发表了《国家内部和国家之间不断增长的信息富有者和信息贫穷者之间的差距》（*The Growing Gap between the Information Rich and the Information Poor, Both Within Countries and Between Countries*）论文集，从 5 个方面全面定义了信息贫穷者：① 发展中国家中经济状况处于弱势的人群；② 与外界缺乏交流和交通不便的边远地区的人们；③ 文化缺乏的弱势群体，尤其是文盲、老人、妇女和儿童；④ 由于种族、信仰和宗教而受到歧视的少数人群；⑤ 生理残疾者。同时，此次会议指出了信息贫穷者产生的原因并提出了改进建议：① 文盲是产生弱势群体的重要原因，建议图书馆必须要融入到所在的社区中，识字教育是图书馆的职责，IFLA 应当促使识字培训成为图书馆的一项基本服务；② 信息是一切发展的先决条件，必须要确保合适的信息在合适的时间以最广泛的形式传递给需要的用户，图书馆要为弱势人群提供信息获取点，成为社区的信息中心；③ 图书馆服务是一项公共福利，保障免费获取信息是民主政府的职责，收费会降低一部分人对图书馆的使用，尤其是对儿童和青少年；④ 信息技术的快速发展更加大了已经存在的信息富有者和信息贫穷者之间的差距，图书馆有责任尽力使电子信息的获取公平化；⑤ 南北世界缺乏充分的合作和资源共享，IFLA 应当监督和报道各个国家图书馆协会是如何解决信息鸿沟问题的，并把对第三世界图书馆的关注作为其规划

和活动的中心。❶

为了专门研究和制定弱势群体服务政策，IFLA 成立有"弱势群体服务图书馆专业组"（Libraries Serving Disadvantaged Persons Section，LSDP），是 IFLA 内长期关注那些不能利用常规图书馆服务的特殊人群的专业组之一。它从 IFLA "医院图书馆委员会"（IFLA'S Hospital Library Committee）发展而来，至今已有 70 多年的历史。该专业组长期致力于制定和落实图书馆为弱势群体服务的有关政策（见表 4－1）。❷

表 4－1 IFLA 弱势群体服务图书馆专业组制定的服务政策一览表

名　　称	出　版时　间	基　本　情　况
监狱犯人图书馆服务指南（第 3 版）	2005	IFLA 专业报告 46 号
残疾群体利用图书馆——检查清单	2005	IFLA 专业报告 89 号，2005 年出版；是关于图书馆如何使各类残疾人平等利用图书馆的一个综合指南。主要从物理设施、馆藏资料类型、服务及与社会残疾人组织和个人交流三个方面进行阐述
诵读困难群体图书馆服务指南	2001	IFLA 专业报告 70 号
医院病人、长期居住在护理机构中的老年人和残疾人图书馆服务指南	2000	IFLA 专业报告 61 号
聋哑群体图书馆服务指南（第 2 版）	2000	IFLA 专业报告 24 号；在 1991 年第 1 版基础上修订而成，2000 年出版
活动受限群体对图书馆建筑的物理要求指南		在该专业组 2002—2003 年度规划中提到要制定这个指南
易读服务指南	1997	由 Bror I. Tronbacke 编撰ISBN90－70916－6－49
医院病人和社区残疾群体图书馆服务指南	1984	1984 年 IFLA 专业报告 2 号

二、免费享受图书馆基本服务的权利

公共图书馆提供的基本服务必须免费，社会公众具有免费获得公共图书馆基本服务的权利，这是世界公共图书馆界一贯遵循的基本理念和基本行为规范。

---

❶ 肖雪，王子舟. 国外图书馆对弱势群体知识援助的历史与现状［J］. 图书情报知识，2006（3）：21－29.

❷ 王素芳. IFLA 弱势人群服务图书馆专业组制定的服务政策及对我国的启示［J］. 图书馆，2006（6）：17－21，84.

1. 免费享受权的依据

(1) 免费享受权的法理依据

社会公众具有免费获得公共图书馆基本服务的权利，其法理依据在于：民主国家依据"人民主权"原则，保障公民的思想自由和表达自由，进而实现公民的民主参与，为此政府有责任以公费提供实现思想自由、表达自由、民主参与所需的教育和信息服务，而提供免费的公共图书馆基本服务就是政府履行这种责任的具体表现。也就是说，政府提供免费的公共图书馆基本服务，是基于充分实现民主政治的需要而作出的具体的制度安排。实现民主政治必然要求广泛的公民参与，而公民能够理智地参与民主政治需要两个基本条件，一是公民要具有一定的民主理念和参与意识，即公民需要接受民主素养教育；二是能够获得参政所需要的充分的相关信息。也就是说，让公民掌握充分的知识和信息，是民主政治的必要条件。提供免费的公共图书馆基本服务，就是"让公众掌握充分的知识和信息"进而有助于提高其参政议政的水平，而如果公共图书馆的基本服务采取收费方式，那就等于把那些无力付费的公民拒之于民主政治之外，缩小了民主的广泛性与合法性。故此，IFLA/UNESCO 的《公共图书馆宣言》1949 年版申明："公共图书馆是现代民主政治的产物，是作为终身教育的大众教育中体现的民主信念的实际典范……作为一种民享民有的民主化机构，公共图书馆必须依法设立和运作，必须全部或大部分由公费支持，对其所在民众，应不分职业、信仰、阶层或种族，一视同仁，给予同等的免费服务。"❶

正是因为上述法理依据得到了人们的普遍认同，所以各国的图书馆法都对读者的免费享受权作出了明确的规定。如日本现行图书馆法（1999 年修订）第十七条规定：公立图书馆不得征收入馆费及其他任何利用图书馆资料的补偿费用。❷ 对此，日本图书馆协会在《公立图书馆的任务和目标》（1989 年公布，2004 年修订）中进一步表述为："公立图书馆是由公费支持的公共设施，任何居民都可以免费使用。"❸ 美国联邦图书馆法对免费享受权的规定则是通过对"公共图书馆"的定义来作出的，如 1956 年的《图书馆服务法》对"公共图书馆（Public Library）"的定义是："指全部或部分由公共资金支持、为某社区的所有居民提供免费服务的图书馆。"而《图书馆服务与建设法》对"公共图书馆（Public Library）"的定义是："指为某社区、地区的居民提供免费的图书馆服务，

---

❶ UNESCO Public Library Manifesto[EB/OL]. [2010 – 12 – 17]. http://www. fundacionsr. es/documentos/manifiestos/mani49ing. pdf.

❷ 沈丽云. 日本图书馆概况 [M]. 上海：上海科学技术文献出版社，2010：236.

❸ 沈丽云. 日本图书馆概况 [M]. 上海：上海科学技术文献出版社，2010：270.

部分或全部经费来源于公共资金的图书馆"，对"公共图书馆服务（Public Library Service）"的定义是："指由公共图书馆提供的免费服务。"❶ 美国的州图书馆法中也都有提供免费服务的明确规定，如科罗拉多州图书馆法声明："作为本州公众教育法规的一部分，本州的政策是促进建立和发展各种类型的由公共财政支持的免费图书馆服务全州，确保公众获取信息的平等权利。"加利福尼亚州图书馆法声明："通过继续开放免费公共图书馆广泛传播信息和知识符合人民和州政府的利益。这种信息和知识的传播不仅是公众的普遍关切，更是州政府鼓励本州人民自觉地终身学习的责任。公共图书馆是对正规免费公共教育系统的补充，是所有不同年龄、文化背景和经济状况的人们信息和想象力的来源，是继续教育和受过多年正规教育后进行再教育的渠道，因此应该从各级政府得到足够的财政支持。"❷

（2）免费享受权的经济学依据

社会公众具有免费获得公共图书馆基本服务的权利，其经济学依据在于：公共图书馆是公共物品，而且是具有高度正外部性的公共物品，政府有责任以公共税收普遍提供公共图书馆服务，公民则以纳税方式"预付"了获得公共图书馆服务的费用，因此，公共图书馆在提供基本服务过程中不应再收取费用。若公共图书馆的基本服务采取收费服务方式，必然对支付能力较弱者产生经济障碍。这种经济障碍，必然导致"富者通吃"的局面，即导致经济歧视、身份歧视。故此，ALA 的《信息利用的经济障碍》明确指出：ALA 反对就所有图书馆的信息提供和主要由政府资金支持的信息服务向读者收取费用……就使用政府资金购买的图书馆馆藏、服务、计划或设备向读者收取费用，造成了利用障碍；这些费用实际上削弱或拒绝了社区一部分成员的利用要求，因为收费加剧了基于支付能力和支付意愿的读者之间的差别。❸ 自 20 世纪 90 年代以来，互联网环境中产生的"数字鸿沟"现象越来越严重，给弱势群体利用互联网获取信息造成了经济障碍，故此，IFLA《因特网宣言》指出，"因特网提供了全球范围内相互连接的媒介，所有人都有权享用"，"使用因特网不应该受到来自意识形态、政治或宗教的新闻检查的影响，也不应受到经济困难因素的影响"。❹ IFLA 的《公共图书馆

---

❶　WAYNE RIDDLE. Library Services and Construction Act：Reauthorization Issues ［OE/OL］.［2010 - 03 - 22］. http：//www. eric. ed. gov/ERICWebPortal/contentdelivery/servlet/ERICServlet？ accno = ED377888.

❷　姚远. 美国图书馆法及其立法实践［EB/OL］.［2011 - 02 - 16］. http：//lib. lzu. edu. cn/Files/2009 - PPT/2％20Yao_Lib_Law. ppt.

❸　程焕文，张靖. 图书馆权利与道德 ［M］. 桂林：广西师范大学出版社，2007：377 - 378.

❹　The IFLA Internet Manifesto［EB/OL］.［2010 - 12 - 18］. http：//www. ifla. org/faife/policy/iflastat/gldeclar. html.

服务发展指南》也指出，"图书馆必须向公众免费提供因特网/万维网的检索利用，使所有的人不管经济状况如何，都可以使用电子载体的信息"。❶

2. 保障免费享受权的条件

公共图书馆保障读者的免费享受权是有条件的，这种条件主要包括两个方面，一是政府投入的足额保证；二是明确基本服务的范围。

（1）政府投入的足额保证

世界上没有免费的权利，就像"没有免费的午餐"一样。所谓公民对公共图书馆基本服务的免费享受权，其实不是"免费"，而是以纳税为代价的；所谓"免费享受"，指的是"非重复纳税"，而想获得所纳税额之外的服务，则须付费购买（收费服务）。因此，公民获得免费的公共图书馆基本服务，必须以政府保证足额的公共资金（税金）投入为前提条件。

论及读者的免费享受权问题，不能不涉及"图书馆收费"问题。图书馆收费，可以将其大致分为制度性收费和非制度性收费。① 制度性收费就是指为了防止资源滥用和保证公共财产的安全，图书馆通过规章制度确定的一些收费，如超期罚款、遗失或损坏赔偿金等。② 制度性收费外的收费可统称为非制度性收费（人们习惯地称之为创收、有偿服务等），它又可分为与业务无关的经营性收费和与业务有关的服务性收费两大类。与业务无关的经营性收费项目可分为两小类，如开小卖部、办书店、设食堂等，这些与图书馆业务无关但是与到馆读者需求有关，是为了方便读者而开设；而场地出租、办外语培训班、开公司等与业务无关的经营项目的对象是社会大众，是与到馆读者需求无关的。与业务有关的收费服务项目则包括复制、联机检索、代查代译、定题服务、课题查新等。与业务有关的服务收费主要是为了补偿成本和拓宽、拓深图书馆服务而采取的措施。❷可见，判断公共图书馆的某种收费行为是否合理，不能简单地予以肯定或否定，而需要做细致甄别和审慎判断。从上述收费项目而言，场地出租、办外语培训班、开公司等与业务无关的经营项目，应该受到严格的限制。

在我国公共图书馆界，过去曾经出现过不合理收费甚至"乱收费"现象，由此公民的免费享受权遭到严重践踏。究其原因，除了图书馆本身的"非理性"因素之外，政府的经费投入严重不足也是个中的"罪魁祸首"。只有保证足额的政府经费投入，才能从根本上消除图书馆创收的动机，才能彻底避免"乱收费"

---

❶ 国际图联. 公共图书馆服务发展指南［M］. 林祖藻译. 上海：上海科学技术文献出版社，2002：45.

❷ 王子舟等. 图书馆如何重塑自身的公益形象——有关图书馆收费问题的讨论. 图书馆建设，2005（6）：5–11.

现象的泛滥，进而才能保障读者免费享受图书馆基本服务的权利。

（2）明确基本服务的范围

公共图书馆服务的免费范围，只能是基本服务。那么，基本服务的范围如何确定呢？对这一问题，目前公共图书馆界有一个大体一致的认识：

第一，首先确定公共图书馆的基本职能，履行这一基本职能的服务即为"基本服务"。公共图书馆的基本职能一般由相应的图书馆法规、行政规章加以明确规定。

第二，基本服务之外的服务即为"非基本服务"，非基本服务所需经费政府没有必须保障的绝对义务，故读者若想获得政府未给予经费保障的非基本服务，应该付费。需要说明的是，这种付费必须以读者自愿为前提。

第三，由公共图书馆的公益部门性质所决定，提供非基本服务所收取的费用必须是成本费，不能有利润，而且还要遵守"非分配约束"（Non Distribution Constraint）原则，即不能把所收费用用于职工或其他利益相关人的福利。

如何确定"基本服务"和"非基本服务"的范围，以及如何具体把握收费与不收费的界限，解决这一问题，最好要有明确的相关法律或政策规定，使其具有可操作性。在这方面，英国和澳大利亚新南威尔士州的做法值得借鉴。

英国的《公共图书馆与博物馆法》第八条"图书馆设施收费的限制"，专门对"收费"与"不应收费"的界限作了明确的规定。第八条全文如下：

① 除本条规定的之外，使用图书馆提供的设施时，图书馆当局不应收费（即使与其他图书馆当局不同）。

② 除了下文第三款和第四款的规定之外，国务大臣可通过规章——

a）授权图书馆当局收费（使用指明的图书馆提供的设施）；

b）制定为了图书馆设施而收费的规定，而不是要求收费的规定（如果他认为合理）；

③ 根据本条制定的规章不应授权图书馆当局向借阅记录资料的任何人收费——

a）根据上文第七条的规定，图书馆当局有责任提供借阅设备；

b）在图书馆空间内提供各类设备的过程中，可借阅记录资料；

c）记录资料无须使用电脑或其他设备即可阅读；

d）对于要求使用设备、或已经为其提供用于借阅的设备的人员，可以向其收费；本款不反对根据本条制定的任何条例向预约记录资料和逾期归还、损毁记录资料的人员收费。

④ 根据本条制定的任何规章，都不应授权图书馆当局向在图书馆空间内进行的、使用其提供的设施的下列活动收费，也就是说——

133

a）可以在开馆时间，不必利用电脑、设备或者胶卷等方式，直接阅读图书馆的所有或部分记录资料；

b）若只为了获取公共图书馆的服务，可以采用各种方式查询（无论是否借助设备或人员的帮助）被保存下来的文件，诸如目录、索引或类似的资料。

⑤在不影响上述第二款普遍性的情况下，根据本条制定的规章具有下列权力——

a）收费数额的自由裁量权；

b）收费最高金额的自由裁量权；

c）要求图书馆当局根据规章指明或说明的步骤，公开图书馆设施收费数额的权力；

d）制定国务大臣认为必要的或合宜的附带条款、补充条款或相应过渡条款的权力；

e）对不同情况作出不同的规定，包括针对不同人员、情况或地区相关的不同规定的权力。

⑥撤销。

⑦根据本条制定规章的权力须制定法令来执行；除非草案已经提交、且被英格兰或威尔士议会的决议批准，否则不得制定规章。

⑧本条中——

"图书馆空间"指的是——

a）在向公众提供服务的过程中，提供设施的、由图书馆使用的房屋；

b）图书馆当局用来提供服务的车辆，且在该车辆上可提供服务；

并且

"记录资料"指的是——

a）任何书籍、杂志、小册子或其他类似作品；

b）任何影印副本（在1988年制定的《版权、设计及专利法》规定的含义之内的）或任何在上文 a 小节提到的作品或通过其他任何方式制作的作品副本。❶

1992年5月，澳大利亚新南威尔士州议会对1939年的《图书馆法》第十条做了修改，目的是为了明确图书馆服务"免费"与"收费"的界限。同年7月，该州图书馆委员会根据修正案提出了指导方针，为之做了具体的阐述。该修正案

---

❶ Public Libraries and Museums Act 1964［EB/OL］．［2010-03-15］．http：//www.opsi.gov.uk/RevisedStatutes/Acts/ukpga/1964/cukpga_19640075_en_1。此译文取自：曹磊. 英国公共图书馆服务规范体系研究［D］. 北京大学，2010：87-96.

规定，公共图书馆主要的教育和信息职能必须是无偿的，如有违反，将不能获得州政府拨款，也不得使用州公共图书馆网络；本州居民或者在本州纳税者有资格免费获得本州任何一家图书馆的使用资格，其中包括免费获得图书借阅证。为此，修正案对所涉及的"居民"、"图书"、"基础信息服务"、"外借"等概念作了具体而又明确的界定——

居民。指本州居民以及与本州图书馆有对等外借协议的他州图书馆应服务的居民。居民有权在图书馆内免费使用馆内任何图书以及任何图书馆信息部门提供的信息（图书馆委员会另有明文规定的除外）。

图书。按照1939年图书馆法对图书的定义，除了一般意义上的图书以外，还包括期刊、报纸、地图、乐谱、手稿、画、照片集、影片以及有文字、声音和图像记录或复制的其他载体文献。这些图书都属于免费提供的范畴。

基础信息服务。读者可通过来函、本人到馆、电话等途径索取有关的信息，馆员协助查找和提供有关信息均属基础信息服务范畴，应当免费。

外借。有资格获得图书馆证的任何个人均可免费从图书馆借阅任何归类为文化型、信息型以及具有教育价值的图书或小说；病人和残疾人除了拥有以上权利以外还可享受免费送书上门服务。

还有，订购读者推荐的图书不得收费，不得因通知读者推荐图书已到向读者收取电话费或邮资。

对于有偿服务的范围，州图书馆委员会规定：在读者规定的时间里按照读者的要求查找并快速传递文献信息，属于有偿服务范畴；图书馆可以对某些"深入的"信息服务项目收费，但必须在征得读者同意后进行。判断某一信息服务"深入"与否，可参照以下5项条件：

① 需从多个信息源检索信息（可能包括数据库检索）；

② 对已获得信息进行分析；

③ 对已获得信息进行整理；

④ 对已获得的信息进行归纳以及重新组合（比如准备一份综述报告）；

⑤ 用邮递、传真或者其他手段提供信息。

还有，该修正案明确规定图书馆不得提供商业性服务。所谓"商业性服务"，指的是为提供有偿服务取得收入而与其他信息机构争夺用户的服务。州图书馆委员会的指导方针指出，政府的拨款只能用于明文规定的各项无偿服务；使用政府拨款以低于成本价格提供有偿服务则被视为不平等竞争。接着，该指导方针又进一步说明：如果图书馆未使用政府拨款又以低于成本价格提供有偿服务，则不得视为不正当竞争。为了便于理解，指导方针特举例说明：照相复制服务是有偿服务项目，它旨在通过复制手段方便读者使用馆藏，因而不属于不正当竞争。

三、自主选择知识和信息而不受干涉的权利

所谓自主选择知识和信息而不受干涉的权利（简称"自主选择权"），是指读者在利用图书馆过程中，选择获取什么内容、什么形式的知识和信息，应该由读者自己来决定，而不应受他人（包括图书馆员）或组织（包括政府、图书馆等）的干涉，这种干涉包括法律的、道德的和意识形态的干涉。

1. 自主选择权的合理性

读者自主选择权的合理性来源于人的思想自由的合理性。思想自由是"人进行思考、分析、判断、推理等精神活动的自由，是不受限制的、不可剥夺的权利"。[1] 思想自由"亦称精神自由，意志自由，观点自由等，与行为自由相对应，是人的意识的内向领域里的自由，包括独立自主地进行思维和判断的自由，不受干涉地接受、持有某些见解或观点，不受干涉地进行思想交流的自由"。[2]《世界人权宣言》第十九条对思想自由的表述是："人人有权享有主张和发表意见的自由；此项权利包括持有主张而不受干涉的自由，和通过任何媒介和不论国界寻求、接受和传递消息和思想的自由。"从这些表述中可以看出，思想自由中包含表达自由和接受自由。表达自由的主要内涵是言论自由，包括出版自由、新闻自由、学术交流自由、游行示威的自由等。接受自由是指获取知识和信息并从中理解其思想意义的自由，通俗地说，就是读的自由，听的自由，看的自由，查的自由，想的自由。表达自由和接受自由之间的关系如同"一个硬币的两面"，互为条件，即：如果没有接受者，表达也就没有意义（除了自言自语外）；而如果没有表达者，接受也就无从谈起。

人的思想自由是一项最基本的权利（人权）。如果一个人连思想自由都没有，其他自由便都无从谈起。对每个人来说，没有思想自由，也就不成其为人。这就是思想自由的不证自明的合理性所在。

思想自由中包含接受自由，而接受自由与图书馆读者权利紧密相关。读者利用图书馆的首要目的就是获取所需的知识和信息，从中了解和认知他人的思想观点，进而拓展和提高自己的认识水平。图书馆读者的接受自由，就是读者利用图书馆来获取读物并从中理解其思想意义的自由。这是读者作为人而应具有的思想自由的应有之义。

思想自由作为一项人权，国家或政府有责任保障这一人权。同理，图书馆读者的接受自由作为思想自由的应有之义，也应得到国家或政府的尊重和保障。从这个意义上说，图书馆就是国家或政府为了保障公民的思想自由中的接受自由而

---

❶ 肖蔚云. 北京大学法学百科全书·宪法学行政法学 [M]. 北京：北京大学出版社，1999：436.
❷ 王德志. 论思想自由权 [J]. 当代法学，1998（2）：29 - 32.

设立的一种公共设施。

思想自由作为一项人权，是"不受限制的、不可剥夺的权利"。同理，图书馆读者的接受自由作为思想自由的应有之义，也应是"不受限制的、不可剥夺的权利"。也就是说，读者具有自主选择知识和信息的权利，这种权利不应受到他人的干涉。这种自主权利的实现，必须突破一种认识障碍：担心读者接触"不健康信息"或"坏书"而"变坏"。这种认识的不可取之处在于它会造成"洗澡水和孩子一同泼出去"的恶果，英国17世纪的政论家弥尔顿（John Milton）和19世纪的思想家密尔（John Stuart Mill）对此进行了尖锐的批判。

弥尔顿的批判是针对当时的出版检查制度进行的。出版检查制度其实就是对读者自主选择知识和信息的行为的干涉与规限的制度。弥尔顿认为，出版检查制度比杀人危害更大，因为"杀人只是杀死了一个理性的动物"，"而禁止好书则是扼杀了理性本身"。[❶] 弥尔顿的结论是，出版检查制度是"奴役学术的制度"，是"对学术进行暴君式的统治"，"对作者、对书籍、对学术的庄严和特权，都是一个莫大的污辱"。[❷] 弥尔顿认为，"一切看法，包括错误在内，不论是听到的、念到的还是校勘中发现的，对于迅速取得最真纯的知识来说，都有极大帮助"，[❸] 因此，他主张"读各种论文"，"听各种理论"，倡导所谓"兼容并包的读书法"。这种主张和做法的思想基础就在于，他认为"在这个世界中，善与恶几乎是无法分开的。关于善的知识和关于恶的知识之间有着千丝万缕的联系和千万种难以识别的相似之处"，因此，"关于恶的认识与观察对人类美德的构成是十分必要的，对于辨别错误、肯定真理也是十分必要的"。[❹] 有人说，兼容并包地读书，会导致"毒素流传"，会导致"世俗诱惑"，对此弥尔顿回答说，试图靠出版检查制度阻绝异端邪说和腐化堕落，就像"一位高明的先生用关园门来拦住乌鸦的办法"，[❺] 绝对达不到目的。

对人的自由阅读行为加以规限的心理，有两个前提性预设：一是人们可以判定某读物的思想观点是错误的，因而必须禁止阅读这样的读物；二是为了避免人们犯错误，必须要求所有人的思想观点统一到"真理"上来。显然，这两个预设本身就是值得怀疑的。

人们能否判定某读物的思想观点就是错误？这种判定能否避免"以错误扼杀真理"的结果？对此，英国政论家密尔发表了自己的看法。密尔指出，"若有什

❶ ［英］弥尔顿. 论出版自由［M］. 吴之椿译. 北京：商务印书馆，1958：6.
❷ ［英］弥尔顿. 论出版自由［M］. 吴之椿译. 北京：商务印书馆，1958：34.
❸ ［英］弥尔顿. 论出版自由［M］. 吴之椿译. 北京：商务印书馆，1958：18.
❹ ［英］弥尔顿. 论出版自由［M］. 吴之椿译. 北京：商务印书馆，1958：20－21.
❺ ［英］弥尔顿. 论出版自由［M］. 吴之椿译. 北京：商务印书馆，1958：24.

么意见被迫缄默下去，据我们所能确知，那个意见却可能是正确的。否认这一点，就是假定了我们自己的不可能错误性"，"纵使被迫缄默的意见是一个错误，它也可能，而且通常总是含有部分真理；而另一方面，任何题目上的普遍意见亦即得势意见也难得是或者从不是全部真理。既然如此，所以只有借敌对意见的冲突才能使所遗真理有机会得到补足"。❶ 密尔还指出，"人类不是不可能错误的：人类的真理大部分只是半真理；意见的统一，除非是对立诸意见经过最充分和最自由的较量的结果，是无可取的，而意见的分歧，在人类还未达到远比今天更能认识真理的一切方面之前，也并非坏事而倒是好事"。❷

能否把所有人的思想观点统一到某种"真理"上来？对此密尔指出，"人性不是一架机器，不能按照一个模型铸造出来，又开动它毫厘不爽地去做替它规定好了的工作；它毋宁像一棵树，需要生长并且从各方面发展起来，需要按照那使它成为活东西的内在力量的趋向生长和发展起来"。❸

对某种读物轻易作出"不健康"或"坏书"的结论是极其草率和非理性的表现，其实它就是一种价值判断，而任何价值判断都难免因人而异、因时而异。从哲学诠释学的角度看，判断某种读物为"不健康"或"坏书"，其实就是对"文本"（Text）意义的理解的产物，而任何理解都是"前理解"导引下的理解，因而这种理解不可能做到完全的客观和真确。所谓前理解，简单地说，就是相对于某种理解以前的理解，或者说，在具体的理解开始之前，理解主体就对要理解的对象有了自己的某种观点、看法。这就是科学哲学家们所说的"观察渗透着理论"的道理。前理解的存在，决定了对文本意义的理解总是不可避免地受到自己的价值观念、知识经验和情感因素的影响，因而人们对文本意义的理解和判断不可能产生客观、统一的结果，而是会出现"有一千个观众就有一千个哈姆雷特"的结果。对同一文本，不同的读者的理解显然是不同的。伽达默尔（Hans - Georg Gadamer）认为，历史既不是主观的，也不是客观的，而是主体与客体的交融和统一，是过去与现在的统一；人类的理解活动就是作者视阈与理解者视阈的融合过程；由于历史与传统在不断地变化，人们无法达到一个完满或最终的理解；一个答案的提出，往往意味着又一个新的问题的产生，而后人的理解与现在人们的理解必然有所不同。正如海登·怀特（Hayden White）所言，"没有关于任何研究对象的唯一正确的观点，而是有许多正确的观点"。❹

由此可见，理解绝对不是主体的一次性行为，而是理解者和对象之间的一个

❶ ［英］约翰·密尔. 论自由［M］. 许宝骙译. 北京：商务印书馆，2007：61.
❷ ［英］约翰·密尔. 论自由［M］. 许宝骙译. 北京：商务印书馆，2007：66.
❸ ［英］约翰·密尔. 论自由［M］. 许宝骙译. 北京：商务印书馆，2007：70.
❹ 韩震，孟鸣歧. 历史·理解·意义：历史诠释学［M］. 上海：上海译文出版社，2002：37.

永无穷尽的"对话"过程，文本的意义和理解者的理解一起处于不断生成过程之中。因此，从这个意义上说，根本就没有所谓正确的理解，也没有所谓最终的理解，而只有不同的理解，文本的意义的可能性是无限的，理解始终是一个不断对话和交流的过程。

对于一个文本的意义，不能预先假定有一种理解是绝对正确的，或是最终的结论，因为这是根本不可能的。同样，在与他人的对话和交流中，也不能认为某种观点与看法就是完全正确的，是唯一的答案，不能认为自己一定比他人高明；对话也不是为了达成最后的一致，对话双方的差异性永远存在，对话的目的只能是求同存异，在此基础上达到新的更高的理解，从而不断突破彼此在理解和认识上的局限。当然，这么说，并不意味着一定要否定和放弃自己的观点和立场，而是不能认为自己的理解就是绝对正确的，更不应该将自己的观点强加于他人。因此，在对话与交流中保持一种开放、平等、谦虚和宽容的心态是十分必要的。

毋庸置疑，人类不可能在任何事情上都能做到思想统一，对某一读物的思想观点是否错误也不可能产生始终一致的判断。真理只能在自由讨论和历史拷问中显现，也就是在自由对话中显现。而自由对话需要自由阅读、自由思考，在图书馆领域就要允许读者自主选择读物而不予干涉。这里，还要明确这样一个前提：自由获取信息或自主选择读物，不表明读者全面赞同或接受读物中的思想观点。是否赞同、是否接受，取决于读者视阈与作者视阈融合的多种可能性结果。在这多种可能性结果中，既可能有赞同的结果，也可能有不赞同的结果；既可能有接受的结果，也可能有不接受的结果。总之，不能事先就作出赞同或不赞同、接受或不接受的先验判断。弥尔顿当年说的话至今仍深入人心："只要心灵纯洁，知识是不可能使人腐化的，书籍当然也不可能使人腐化。书籍就像酒和肉一样，有些是好的，有些是坏的。……最好的书在一个愚顽的人心中也并非不能用来作恶。……'坏的书籍'对一个谨慎而明智的人来说，在很多方面都可以帮助他善于发现、驳斥、预防和解释。"❶ 预防或禁止"坏书"流通的做法，很可能带来"洗澡水和孩子一同泼出去"的结果。

综上所述，第一，读者自主选择权的合理性来源于人的思想自由的合理性；第二，人的思想自由中包含接受自由，图书馆读者的接受自由，就是读者利用图书馆来获取读物并从中理解其思想意义的自由，这是读者作为人而应具有的思想自由的应有之义；第三，图书馆读者的接受自由中，既包含自主选择读物的自由，也包含对读物的思想意义进行自我理解进而形成自己思想的自由（持有思想的自由）；第四，读物的思想意义是由读者建构或赋予的，而不是由作者建构或

---

❶ ［英］弥尔顿. 论出版自由［M］. 吴之椿译. 北京：商务印书馆，1958：18.

赋予的，更不能由图书馆员来建构或赋予；第五，真理只能在自由对话的过程中显现，而自由对话的进行必须允许听的自由，看的自由，读的自由。这就是读者自主选择知识和信息而不受干涉的自由权利的合理性所在。

2. 自主选择权与限制提供

图书馆读者的自主选择权不应受干涉，这是基于人的思想自由而言的。但人的行动不可能不受到基于特定理由的限制，图书馆为读者提供馆藏文献的行为就是一种"行动"，因而有可能被某种理由或规定所限制。"提供"环节受限制，意味着"接受"环节也随着受限制。也就是说，图书馆对有些知识和信息有可能采取限制提供的措施。但是，这种限制提供必须做到：范围恰当且具有正当性。为此，图书馆的限制提供政策必须遵循两个原则，即"无限制收藏，有限制提供"的存取原则和"以法律规定为准绳，避免自我限制提供"的范围选定原则。

（1）无限制收藏，有限制提供

由于图书馆肩负着保存人类文化遗产的责任，同时负有满足各类读者多样化需求的责任，所以图书馆应以"兼收并蓄"的原则广泛收藏人类所有的文化成果而不受限制。也就是说，图书馆享有文献信息资源的自主采购权。对此，IFLA/UNESCO 的《公共图书馆宣言》指出，"馆藏资料必须反映当前的潮流和社会的演变，以及人类努力和想象的历史。馆藏和服务不应受制于任何形式的思想、政治或宗教审查制度，也不应受制于商业压力"。IFLA 对此立场是："图书馆应该收集、保存和提供最多样化的文献资料，反映社会的多元化和多样性；图书馆应保证按照专业的考虑，不按照政治、道德、宗教的观点管理图书馆资料与服务的选择和利用；图书馆应自由地收集、组织和传播信息，反对任何形式的审查。"ALA《图书馆权利法案》对此的表述是："图书馆应为社区的所有人提供图书和其他图书馆资源，满足用户兴趣、信息和求知的需要，不能因为作者的种族、背景或观点而排除某些资料；图书馆应该提供对于现实或历史问题提出各种观点的资料和信息，不能因为政治派系或思想信念不同而拒绝收藏或抽毁某些资料。"

无限制收藏，是为了保证无限制提供，即为了满足读者的多层次、多方面需求。保证最大限度的收藏和最大限度地提供，应该说是图书馆的基本存取原则。因此，所谓"有限制提供"，必须在"无限制提供为常态，有限制提供为例外"意义上理解，才符合图书馆的基本存取原则。但是，就是这个被当做"例外"的有限提供，要想证明其正当性，却是一个非常棘手的问题。在此，仅以"自由只能因为自由的缘故而被限制"为理据，予以说明。

所谓"自由只能因为自由的缘故而被限制"，是现代民主宪政制度下广泛适用的自由原则，它有两个方面的含义，一是侵害他人自由权利的自由应被限制；二是一种自由被限制是为了带来更多的自由（包括给自己带来更多自由和给他人带来更多自由）。图书馆服务中的有限提供，必然使得读者的一些自主选择权受到限制，而这种被限制，必须是"因为自由的缘故而被限制"，才具有正当性。也就是说，图书馆的有限提供政策，必须是出于"自由只能因为自由的缘故而被限制"的前提，才具有正当性。

读者的自主选择权"因为自由的缘故而被限制"的第一种表现是侵害他人自由权利的自主选择权应被限制。那么，什么样的提供行为会侵害他人的自由权利？下面是一个简单枚举：

● 提供含有他人隐私性信息的资料，就会侵害他人的隐私权，因而读者对这种资料的获取属于自主选择权的例外而应被限制。

● 提供某种被法律规定为"淫秽物品"的资料，就有可能侵害某些人（如未成年人）的某种合法权利，因而图书馆有责任限制其提供范围。如《中华人民共和国妇女儿童权益保护法》第十六条规定"学校应当根据女性青少年的特点，在教育、管理、设施等方面采取措施，保障女性青少年身心健康发展"，因此，若学校图书馆提供"淫秽物品"，就可能被指认为侵犯"女性青少年身心健康发展"的权利。当然，这种限制必须首先要明确什么样的读物为"淫秽物品"，其界定必须要有法律依据，而不能仅凭某种道德标准来界定。

● 提供捐赠者或委托者拒绝公开的资料，就要承担违背诺言的责任，就会侵害捐赠者或委托者的人格尊严权，因而也属于读者自主选择权的例外而应限制提供。

诸如上述可能侵害他人的自由权利的提供行为，图书馆应将其列入读者自主选择权的例外范围而予以限制提供。

读者的自主选择权"因为自由的缘故而被限制"的第二种表现是：为了带来更多的自由而被限制。那么，什么样的限制能够带来更多的自由呢？下面是一个简单枚举：

● 被法律界定为"文物"的资料原件或被某种标准界定为"古籍"的原始文献资料（而不是复制品）应被限制提供，即读者对这些文物或古籍的自主选择权应被限制（具体的限制形式及其措施在此不作讨论）。这是因为：如果对这种稀缺性资源的使用不予限制，就有可能产生"公共地悲剧"的结果，最后导致读者自己以及其他人都无法使用这一资源。因此，为了保证自己和他人能够更多地使用这种稀缺性资源的权利，每个读者对这种稀缺性资源的自主选择权应被有所限制。

● 被法律界定为有害于公共安全和公共秩序的资料或服务有可能被限制提

供。这是因为：公共安全和公共秩序是每个人赖以正常生存和发展的公共利益所在，如果有害于公共安全和公共秩序的资料或服务不被限制提供，就有可能使每个人赖以生存和发展的正常秩序遭到破坏，造成更大、更多的不自由，最后有可能导致谁都无法自由的"零和博弈"结局。因此，为了保证每个人更大、更多的自由，读者对有害于公共安全和公共秩序的资料或服务的自主选择权应被限制。当然，这种限制首先要明确什么样的读物为"有害于公共安全和公共秩序的资料"，对其界定必须要有明确的法律或政策依据。

● 滥用或过度使用自主选择权的行为应被限制。公共图书馆作为一种准公共物品，由于资源有限，其资源利用难免产生竞争性。在有形资源的利用上，资源有限意味着权利也有限。在这种情况下，如果一个人滥用或过度使用自主选择权，必然影响更多其他人同样的自主选择权的享用。如一个人不顾其他人排队等候而过长时间占用复印设备，连续多次延期占用某一"紧缺"读物致使他人长时间无法借阅，代熟人提前占阅览座位等，这些行为就属于滥用或过度使用自主选择权行为，应对此行为有所限制，因为这种行为影响了更多其他人的自由选择。

（2）以法律规定为准绳，避免自我限制提供

公共图书馆服务中的有限提供，能否具有正当性，关键在于：所实施的限制政策是否有合理依据，其中最重要的就是要有法律依据，而不是擅自制定限制政策。因此，在判定什么样的资料或服务提供属于自主选择权的例外的问题上，必须遵循"以法律规定为准绳，避免自我限制提供"的范围选定原则。

所谓"以法律规定为准绳"，是指法律上明文规定限制提供的，一定要限制提供，而法律上没有明确规定限制提供的，就不能限制提供。也就是说，图书馆的限制提供必须严格限定在"法律规定"范围之内。如根据我国最高人民法院1993年8月7日公布的《关于审理名誉权案件若干问题的解答》第七条第三款规定，"对未经他人同意，擅自公布他人的隐私材料或以书面、口头形式宣扬他人隐私，致他人名誉受到损害的，应认定为侵害他人名誉权"。因此，涉及个人隐私的馆藏资料就应属于限制提供的范围。又如，根据《中华人民共和国刑法》规定，传播淫秽的书刊、影片、音像、图片或者其他淫秽物品的，构成"制作、贩卖、传播淫秽物品罪"，而且该法明文规定，"本法所称淫秽物品，是指具体描绘性行为或者露骨宣扬色情的淫秽性的书刊、影片、录像带、录音带、图片及其他淫秽物品"，所以在图书馆服务中，"具体描绘性行为或者露骨宣扬色情的淫秽性的"文献资料，就应属于限制提供范围。再如，《中华人民共和国文物保护法》规定，"博物馆、图书馆和其他文物收藏单位对收藏的文物，必须区分文物等级，设置藏品档案，建立严格的管理制度，并报主管的文物行政部门备案"，

因此，图书馆有责任对文物性资料"建立严格的管理制度"，对其使用有所限制。

所谓"避免自我限制提供"，是指图书馆不能擅自制定法律规定之外的限制提供政策，图书馆工作人员也不能擅自决定法律规定之外的限制提供范围。也就是说，图书馆及其工作人员不能把自己的判断标准强加于读者身上，擅自扩大或缩小限制提供的范围。为此，图书馆及其工作人员对馆藏读物不应先入为主地作出好与坏的价值判断，而应把这种价值判断权交给读者自己。某种读物的价值并不是事先给定而且固定不变的，而是读者在阅读过程中建构的，因此，图书馆及其工作人员作出的价值判断往往变成对读者自主选择权的干涉，尤其是对某种读物作出"坏书"或"有害读物"的价值判断，很可能是在扩大限制提供的范围。图书馆及其工作人员不应把自己定位于"卫道士"，热衷于推荐所谓的"好书"，试图通过这种推荐提升读者的品位，反而应该多了解读者的阅读需求和价值取向，只要他们喜欢阅读的读物，就应该尽量给予提供。对此，我国学者黄纯元曾指出，"没有任何'证据'可以证明图书馆员要比读者来得更高明，也没有任何'原理'可以说明图书馆员所提供的精神食粮要优于读者自己选择的。在经过痛苦的选择以后，图书馆员被迫从意识形态的前台退了下来，强调图书馆员在意识形态上的中立性、客观性和被动性，强调读者有权自主选择自己所需的任何知识的权利"。❶ 这就要求图书馆不能用自己的眼光和看法，替读者判断哪类图书可读或不可读。"过去，图书馆想要提供经典作品来提升使用者素养的意图，已受到批评，因为，阅读不见得是有目标导向的，它更可能是一种快乐的经验"。❷

在公共图书馆历史的早期，小说曾被视为"垃圾"或"使人堕落、淫荡的麻醉剂"。所以当时许多社会上层人士大都反对图书馆无限制地提供小说读物。也就是说，小说等通俗读物曾长期处于限制提供的范围。读小说肯定让人堕落吗？后来的事实表明，读小说不仅是大部分人的需求，而且读小说也能促使人的心灵趋向真善美。文化研究（Cultural Studies）学者们经过深入研究之后呼吁，应该重视人的情感需求，如快乐、满足、愉悦等心理感受。英国阅读社会学家Peter Mann 所做的调查研究显示，约有2/3 的读者是为了快乐或放松而阅读。英国的阅读治疗专家 Joseph Gold 指出，小说不只是改变人们的生活，也改变他们的思想和灵感，人们甚至将阅读小说视为克服生活压力的极好方法。1983 年，美国"图书出版工业研究小组"的研究显示，人们阅读的书籍中1/5 来自公共图

---

❶ 黄纯元. 黄纯元图书馆学情报学论文集［M］. 上海：上海科学技术文献出版社，2001：174.

❷ Marie‐Therese Schins. Social Aspects of Promoting Reading[J]. International Review of Chidren's Literature and Librarianship,1993(8)：143.

书馆，其中小说占了流通率的 60% ~ 70%。可见，把小说当做"心灵麻醉剂"而予以限制提供的认识和做法是违背人性的，是典型的把"洗澡水和孩子一同泼出去"的做法，是不可取的。

四、对图书馆服务进行批评、建议和监督的权利

读者参与图书馆的管理，是图书馆民主管理的基本表现。所以，读者的参与管理权也可以叫民主管理权、民主参与权。

1. 参与管理权的法理依据

众所周知，在中国，公共图书馆的组织性质是事业单位。我国颁布的《事业单位登记管理暂行条例》（1998）对"事业单位"的定义是："国家为了社会公益的目的，由国家机关举办或者其他组织利用国有资产举办的，从事教育、科技、文化卫生等活动的社会服务组织。"在这一定义中有"国家机关举办"一句，这一句话很容易使人产生误解，即依据这句话，事业单位的设置者是"政府机关"，事业单位的设置权属于"政府机关"。其实这是一种误解，因为对任何一项公共事务来说，其设置权属于人民，而政府永远是代理者，即政府不具有设置公共事务的直接权力，政府只能依据人民的委托而代理行使是否设置某项公共事务的权力。对公共图书馆事务来说也是如此，即公共图书馆的设置者是人民（其法律名称为"公民"，在一定区域范围内称为"居民"，在经济学意义上则可称为"纳税人"），人民是公共图书馆的设置者和所有者。例如，1850 年英国议会通过的《公共图书馆与博物馆法》规定，那些人口一万人以上的英格兰和威尔士各城市，有权建立公共图书馆；但某个特定的城市或地区是否要建立公共图书馆，必须先由市议会提议，交给纳税人投票，只有在政府召集的公民大会上获得与会者 2/3 以上的赞成票后才能制定有关法令；若没有 2/3 以上的人赞成，在其后两年内，不能再提起表决。❶ 在美国，如何决定建立一个图书馆，即使在一个州内，也要根据各地方居民的需要来决定。伊利诺依州法中明确规定，对建立和维持一个城/镇/乡图书馆，要有 100 个在当地登记的选民联名提出要求，要求向当地当选官员提出后，当选官员要将此要求向正式选举机构提出。❷

从以上可知，人民是公共图书馆的所有者和设置者，公共图书馆是人民的图书馆、纳税人的图书馆而不是政府的图书馆。因此，读者参与图书馆的管理，是"人民主权"的表现，是人民对公共事务行使主权的表现。如果把政府认作是公

---

❶ Public library and museum act 1850［EB/OL］.［2010 – 08 – 11］. http：//www. spartacus. schoolnet. co. uk/Llibrary. htm.

❷ Libraries：Method of Creation. Illinois Compiled Statutes［EB/OL］.［2009 – 10 – 20］. http：//www. ilga. gov/legislation/ilcs/ilcs2. asp？ChapterID = 16.

共图书馆的设置者，等于是用代理者置换委托者，由此必然出现主权虚置现象。在人民失去主权地位的情况下，读者参与图书馆管理只能是一句空话。在以往我国的公共图书馆管理体制话语中，一般把政府设定为公共图书馆的举办者、设置者，其实，这种设定只能在人民主权虚置的意义上才成立。这说明，在我国的公共图书馆事务中，公民参与图书馆管理的权利始终处于虚置状态，这是计划经济时代集权管理的遗风。所以，从根本意义上说，要想真正落实读者参与管理权，必须把"主权虚置"转变为"主权实置"。

根据现代民主政治理论，读者参与管理权首先表现为程序民主（Procedural Democracy）。按照罗伯特·达尔（Robert A. Dahl）的观点，所谓民主政治，就是全体公民广泛分享参与决策的机会，就是对政府决策过程的控制；民主政治的核心问题是人民的参与过程，人民的参与过程是实现民主的根本途径，参与本身就是一种人民行使民主权利的表现。人民广泛参与决策，就是决策民主的要义所在。人民参与决策，目的是为了保证决策的民意导向。民主的一个关键特征是政府对民意的持续关注和及时反映；民主政府与专制政府的根本区别就在于它不仅不压制民意，而且把民意作为制定政策的根本出发点。❶ 读者参与图书馆管理，其目的首先是为了保证图书馆政策能够广泛代表民意，因为只有能够广泛代表民意（读者的意愿）的图书馆政策才具有合法性（Legitimacy）。再者，图书馆政策的执行过程，也需要自始至终的读者监督；政策的执行效果评价，也要以读者是否满意为主要衡量指标。也就是说，图书馆政策的制定、执行及其效果评价，都需要读者的广泛参与，才能保证其合理性与合法性。这就是读者参与管理权的法理依据所在。

从宪政意义上说，我国公民参与图书馆管理的权利是有宪法依据的。我国现行《宪法》第二条规定，"人民依照法律规定，通过各种途径和形式，管理国家事务，管理经济和文化事业，管理社会事务"；第二十七条规定，"一切国家机关和国家工作人员必须依靠人民的支持……倾听人民的意见和建议，接受人民的监督"；第四十一条规定，"中华人民共和国公民对于任何国家机关和国家工作人员，有提出批评和建议的权利，对于任何国家机关和国家工作人员的违法失职行为，有向有关国家机关提出申诉、控告或者检举的权利"。

2. 参与管理权的主要内容

读者的参与管理权主要包括三个方面：参与表决权，批评和建议权，申诉和控告权。

---

❶ Robert A. Dahl. Polyarchy：Participation and Opposition［M］. New Heaven：Yale University Press，Chapter 1971：1.

（1）参与表决权

读者的参与表决权即指在任何图书馆重大政策的制定过程中，读者有权参与其表决。读者参与重大政策的表决过程，是读者作为图书馆的"主权者"而行使主权的根本表现。所谓"重大政策"，主要指与多数读者的利益紧密相关的政策，诸如图书馆发展规划的制定，较大数额经费支出项目的确定，重要岗位人选的聘任，收费项目的确定，大型活动的开展，某种服务项目的设立与取消，新馆舍或服务场地的选址，有关规章制度的制定等，都应列入"重大政策"范畴。考虑到图书馆读者的数量众多，分布面广，组织参与的成本有限等因素，所谓读者参与，一般是指"读者代表参与"。至于读者代表如何产生、如何参与决策、如何划分表决权比例等问题，因其属于读者参与的组织技术问题，在此不作详述。

（2）批评和建议权

读者作为"人民"的一部分，是公共图书馆的主权者，因此，当图书馆及其工作人员出现不当言行时，读者有对其进行批评的权利，也有对其改进工作提出建议的权利。批评和建议的行为，其实也是参与管理的表现形式，因此，图书馆及其工作人员有虚心倾听读者的批评和建议的义务；公共图书馆应当建立畅通的读者监督机制和沟通机制，及时听取并回应读者建议和意见。

（3）申诉和控告权

读者作为公民，当公共图书馆在内的公共部门侵害自己的合法权益时，有向有关部门提出申诉、控告或者检举的权利。可见，申诉、控告或者检举的权利属于行政或法律救济的权利。申诉、控告或者检举的权利，是宪政制度下公民应具有的一项基本权利，所以，读者行使申诉、控告或者检举的权利是行使公民权利的基本表现。

3. 图书馆保障读者参与管理权的措施

读者参与管理作为一种程序民主制度，必须建立健全的程序保障制度，才能有效实施。为此，图书馆应当建立畅通的读者监督机制和沟通机制，及时听取并回应读者建议和意见。对于我国的公共图书馆管理活动，保障读者参与，首先应该保障制度性参与，❶ 为此应该建立有相应的制度机制，其中最重要的是要建立、健全理事会决策制度、信息披露制度、听证制度、救济制度和回应机制。

（1）理事会决策制度

参与图书馆事务的决策活动，是读者参与权的最重要内涵。而理事会决策制

---

❶ 在理论界，人们习惯于把那些根据法律规定而参与政治活动的行为称为制度性参与，比如投票、信访、听证会、座谈会等，而把那些没有依法律规定或在某种程度上与法律有冲突的行为称为非制度性参与，如"街头政治"以及被称为"群体性事件"的抗议行为等。

度，是读者参与图书馆决策的最适宜制度安排。理事会决策制度是现代公共图书馆内部治理结构的最根本特征。公共图书馆内部治理结构指在一个特定的图书馆或图书馆系统中管理主体之间的权力分享机制，一般情况下，这种权力分享机制表现为决策层、执行层、监督层相分离又相协调的内部管理体制。在内部治理结构中，图书馆理事会处于决策层地位，即由理事会来行使决策权；执行层由馆长及其副职组成，负责执行理事会的决策；监督层由政府监督部门、社会监督部门和理事会内部监督部门构成，负责监督理事会决策行为和执行层的执行行为。

之所以认为实施图书馆理事会制度是保障读者参与权的根本性制度安排，是因为在理事会决策集体中公民代表/读者代表占据重要地位，公民代表/读者代表能够把民意渗透到图书馆决策之中。这一点在图书馆理事会的成员构成中可见一斑，如美国《加利福尼亚州图书馆法》规定，州图书馆理事会由 13 人构成，由州长任命 9 人，其中 3 人代表残疾人、英文不好的人和经济贫困户，另外 6 人来自学校图书馆、机构图书馆、公共图书馆、学术图书馆、特殊图书馆；其他 4 人代表上述以外的方面，其中 2 名要由州议会规章委员会任命，另外 2 名则由议长会议任命。❶

在我国，至今尚未形成图书馆理事会制度。不过，在事业单位改革纵深推进的背景下，一些地方政府已开始引进理事会制度。如深圳市委、市政府颁布的《建立和完善事业单位法人治理结构实施意见》规定，"理事会是事业单位的决策权力机构，负责确定事业单位的发展战略和发展规划，行使事业单位重大事项决策权"；理事会的基本职能是："审议决定本单位和下属单位（如有）的章程和基本管理制度，年度工作计划、工作任务、工作目标、绩效指标和服务标准，以及用人计划、激励考核机制、财务预算方案、薪酬分配方案、资产处置方案和年度报告等"。❷ 深圳图书馆、深圳大学城图书馆、深圳少年儿童图书馆已被列入实施理事会制度的事业单位名单中。

（2）信息披露制度

信息披露是为了保证读者的知情权，"知情"是"参与"的前提条件。因此，建立信息披露制度是读者了解、参与、监督图书馆管理活动的必要条件。公共图书馆应该按照"公开为原则，不公开为例外"的原则，及时公开应公开的信息。公共图书馆管理中的信息披露的内容（即必须披露的信息内容）包括：图书馆发展规划，财务年报，机构设置情况及各机构负责人名单，规章制度，馆长工作报告，接受社会捐赠、

❶ California Education Code[EB/OL].[2010 - 03 - 08].http://www.leginfo.ca.gov/.

❷ 中共深圳市委办公厅，深圳市人民政府办公厅.关于印发事业单位体制机制改革创新七项专项改革方案的通知[EB/OL].[2010 - 06 - 07].http://www.law - lib.com/law/law_view.asp? id =246627.

资助情况及使用情况，其他需要公布的重大事项等。

（3）听证制度

有关图书馆管理与服务的重大政策的制定、变更、修改、撤销等事项，在提交上级主管部门核准审批之前，应该经过公开听证，广泛听取读者及其他利益相关人的意见。听证制度是保证图书馆政策反映和满足民意的重要制度形式，是图书馆决策能够做到广泛参与、集思广益、民主决策的重要而有效的途径，因而应该广泛而又经常性地应用于图书馆政策的制定、变更、修改、撤销等过程之中。尤其是那些与读者利益紧密相关的事项，应通过听证会来听取读者的意见并作出审慎的决定。所谓"与读者利益紧密相关的事项"，包括：开闭馆时间的调整，某一服务项目的设立或取消，收费项目的设立及其收费标准的制定，新建馆舍或服务场所的选址，馆内设施布局的大规模调整，常用性设施设备的添置、更换或取消等。

（4）救济制度

没有救济，就没有权利；权利救济，是权利实现的必要环节。对读者参与管理权的实现来说也是如此。所以，救济制度是否健全，直接关系到读者参与权能否实现及其程度。权利救济分为行政救济和法律救济两种途径。公共图书馆是公益法人/事业法人，因此当图书馆做出违背法律、法规而侵害社会公益行为时，读者可以提起公益诉讼（包括行政复议和法律诉讼两种形式）；当图书馆做出侵害读者个人权益的行为时，读者有权提出行政复议或法律诉讼请求。当然，救济制度的健全，不完全取决于图书馆，而主要取决于国家或政府的有关法律、法规的健全，对图书馆而言主要是承担应诉的责任和执行行政裁定或法院裁决的责任。

（5）回应机制

读者参与图书馆管理的过程，是图书馆与读者之间的互动过程，而互动需要有回应环路。图书馆对读者诉求的回应机制是否健全，将直接影响到读者参与的积极性以及读者参与管理权实现的质量。

这里的回应（Responsiveness）指的是：图书馆对读者的需求及所提出的问题作出积极的反应和回复，它要求图书馆富有使命感和责任感，关注读者诉求，对读者的诉求不得无故拖延或没有下文。图书馆的回应责任，应主要体现在对读者需求的积极回应、对读者问责的积极回应、对读者建议的积极回应三方面。

① 对读者需求的积极回应。所谓对读者需求的积极回应，指的是：当部分读者向图书馆提出提供某种服务的要求时，图书馆应作出及时的回应。需要指出的一点是，图书馆的回应必须是积极的，而不是消极的。图书馆的消极态度主要表现为两方面，一是对已经提出的需求不予认真对待，回应不及时或不诚恳；二

是对尚未提出的公众需求（潜在的公众需求）不作预测或预判，尤其是在读者需求表达途径不畅通的情况下对读者的需求不闻不问，只是消极等待而不"未雨绸缪"。

② 对读者问责的积极回应。所谓对读者问责的积极回应，指的是当读者对图书馆及其工作人员的不当行为（如不为、滥为、误为等）提出质问、批评乃至申诉时，图书馆应该作出积极的回应。这种回应的内容大体可包括以下几个方面：依据有关法律、法规、行政规章以及普遍的道义原则及时对问责内容作出的明确定性；对相关责任人作出的处理决定；问责者不服决定时的进一步申诉时限与途径，等等。对读者问责的回应，及时、公正、有问必答是其基本原则。对读者问责的积极回应，是图书馆管理和服务中必须贯穿的尊重民意、接受读者监督的原则的重要表现。

③ 对读者建议的积极回应。所谓对读者建议的积极回应，指的是当读者针对图书馆管理或服务提出有关合理化建议时，图书馆应作出积极的回应。为此，图书馆应给读者提供提出建议的方便途径，如设立读者意见箱，设立馆长接待日，公开馆长电话或信箱，召开不定期的读者座谈会，图书馆网站上专设读者意见专栏等。

五、个人信息受到保护的权利

在信息技术高度发达的今天，个人活动的"私密性"越来越难以保障，个人信息越来越容易被他人获取和利用，个人的信息权利越来越容易被侵犯。在这种情况下，用法律手段保护个人信息不受侵犯的呼声越来越强烈。图书馆作为形形色色的个人广泛聚集的公共空间，个人信息广布其中，因而图书馆必须承担保护个人信息的法律责任，即图书馆应妥善保护读者信息，不得向他人泄露读者个人信息，不得利用读者个人信息从事与图书馆业务无关的活动。

1. 个人信息权的内涵

个人信息（Personal Information），指个人姓名、住址、出生日期、身份证号码、医疗记录、人事记录、照片等单独或与其他信息对照可以识别特定的个人的信息。[1] 日本的《个人信息保护法》（2005 年正式实施）对个人信息作了如下界定：所谓个人信息就是指有关活着的个人的信息，根据该信息所含有姓名、出生年月以及其他一些描述，能把该个人从他人中识别出来的与该个人相关的信息（包含能简单地查对其他的信息，根据那些信息来识别个人的东西）；由这些个

---

[1] 周汉华. 中华人民共和国个人信息保护法（专家建议稿）及立法研究报告［M］. 北京：法律出版社，2006：3.

人信息组成的集合物形成个人信息数据库。❶

在欧美国家，根据各国的法律传统和语言环境特征的不同，"个人信息保护"、"个人数据保护"、"隐私保护"这3个概念基本可以互换使用。❷ 1970年，最早的有关个人信息保护的国内法《个人信息保护法》在德国黑森州制定，随后1973年瑞典制定了《资料法》，1974年美国制定了《隐私权法》，1977年德国制定了《联邦个人信息保护法》，欧洲议会也于1981年出台了《个人数据保护协议》，1984年英国制定了《数据保护法》，1995年欧盟制定了《欧盟个人数据保护指令》（1998年生效）。据不完全统计，世界上制定个人信息保护法律的国家或地区已经超过50个。

个人信息保护法保护的对象是个人信息，被保护的个人信息权利，也就是个人信息主体（Subject of Personal Information）的权利。个人信息主体的权利，一般包括保密权、知情权、选择权、更正权和禁止权。

（1）保密权。个人信息主体有权利要求个人信息管理者采取必要的措施和手段，保护个人信息不为处理目的之外的任何自然人或法人所知。

（2）知情权。个人信息管理者对个人信息主体应尽到告知、说明和警示的义务。个人信息主体有权请求个人信息管理者如实告知之如下事项：

- 是否拥有或正在处理其个人信息；
- 拥有其个人信息的内容；
- 获得其个人信息的渠道；
- 处理其个人信息的目的和使用范围；
- 保护其个人信息的政策和措施；
- 披露或向其他机构提供其个人信息的范围；
- 个人信息管理者的相关信息等。

（3）选择权。个人信息主体有权利选择同意或拒绝，信息管理者应为个人信息主体的选择权的行使提供条件，并履行通知、说明和警示的义务。

（4）更正权。个人信息主体有权利要求个人信息管理者维护其信息的完整性和准确性，对错误的信息有权利要求个人信息管理者予以及时更正。

（5）禁止权。个人信息主体有权利要求个人信息管理者停止对其个人信息当前的处理行为，有权利要求个人信息管理者屏蔽、删除其个人信息。

从上述个人信息权利的内容看，个人信息能否得到有效保护，关键在于个人

---

❶ 谢青. 日本的个人信息保护法制及启示[EB/OL]. [2010-03-07]. http://www.110.com/ziliao/article-150454.html.

❷ 周汉华. 中华人民共和国个人信息保护法（专家建议稿）及立法研究报告 [M]. 北京：法律出版社，2006：28.

信息管理者或处理者是否负责任地按照法律规定的个人信息处理原则行事。处理个人信息应遵循的原则主要包括以下几个方面：

（1）目的明确原则。处理个人信息具有特定、明确、合理的目的，不扩大收集和使用范围，不改变目的处理个人信息。

（2）公开透明原则。处理个人信息之前，以明确、易懂和适宜的方式向个人信息主体告知处理个人信息的目的、处理个人信息的具体内容、个人信息的留存时限、个人信息保护的政策、个人信息主体的权利以及个人信息的使用范围和相关责任人等。

（3）质量保证原则。根据处理目的的需要保证收集的各项个人信息准确、完整，并处于最新状态。

（4）安全保障原则。采取必要的管理措施和技术手段，保护个人信息安全，防止未经授权检索、公开及丢失、泄露、损毁和篡改个人信息。

（5）合理处置原则。处理个人信息的方式合理，不采用非法、隐蔽、间接等方式收集个人信息，在达到既定目标后不再继续处理个人信息。

（6）知情同意原则。未经个人信息主体同意，不处理个人信息。在个人信息处理的过程中，为个人信息主体保障其权利提供必要的信息、途径和手段。

（7）责任落实原则。明确个人信息处理过程中的责任，采取必要的措施落实相关责任。

2. 个人信息权的法理依据

在图书馆职业话语中，个人信息权一般对应于"读者隐私权"。图书馆保守读者秘密，是图书馆保障读者隐私权的职业责任和法律责任。从法律的意义上说，图书馆保守读者秘密，实际上是尊重和维护人的隐私权的守法行为。

（1）关于隐私与隐私权

在现实中，每个人都是信息主体，每个人都拥有属于自己的信息。这些个人信息包括无形信息（主观信息）和有形信息（客观信息）。无形信息包括思想观点信息、潜意识信息、兴趣爱好信息、生活和工作经历信息（包含职务信息）、社会声望信息、家庭与社会关系信息等；有形信息包括生理特征信息、财产信息、身份证明信息、业绩成果（如各种证件、著述文本等）信息等。对一个人来说，无论是无形的个人信息还是有形的个人信息，都有一个不愿他人知晓的界限范围。这个界限范围内的个人信息，就属于隐私权法保护的个人信息，任何组织或个人都不得非授权获取。

所谓隐私，是指与社会利益、公共利益无关的，当事人不愿他人知晓或他人不便知晓的个人信息、当事人不愿他人干涉或他人不便干涉的个人私事以及当事人不愿他人侵入或他人不便侵入的个人领域。《世界人权宣言》中明确规定：

"任何人的私生活，家庭，住宅和通信不得任意干涉，他的荣誉和名誉不得加以攻击。"

隐私权（The Right to Privacy）概念起源于19世纪末期的美国。1890年，美国两位著名法学家沃伦和布兰德斯在《哈佛法学评论》杂志上发表了题为《隐私权》的文章，主张在传统的普通法中增设一项新的权利即"隐私权"，他们开创了把隐私权作为一项具体权利研究的先例。沃伦和布兰德斯当时指出："时至今日，生命的权利已经变得意味着生活的权利——即不受干涉的权利。新的科学发明和行事方法使人们意识到对人的保护的必要"，"每个人都有权决定他的思想、观点和情感在多大程度上与他人分享"，"在任何情况下，一个人都被赋予决定自己所有的是否公之于众的权利"。❶

法学家威斯廷在其《隐私与自由》一文中进一步解释隐私权的内涵，他指出："所谓隐私权，指个人、集团或组织，拥有决定在何时，以何种方式，在何种程度上将自己的信息传达给他人的权利。"另一位法学家米拉则把隐私权界定为"控制有关自己的信息传播的权利"。❷ 其实，所谓的隐私权，即指自然人享有的私人生活安宁与私人信息不被他人非法侵扰、知悉、搜集、利用和公开的一项人格权。❸

（2）图书馆读者的隐私性信息

图书馆读者的隐私性信息指的是读者的个人信息及读者在利用图书馆的过程中所产生的各种信息。具体来说，包括读者登记（注册）记录（这里包含读者个人的自然信息）、书刊借阅记录、馆际互借记录、参考咨询问题记录、计算机数据库查找记录、网络使用记录等，这些记录所载的信息均属于读者的隐私性信息。传统上，图书馆读者的隐私性信息主要涉及读者在利用图书馆资源和服务过程中所产生的信息，其中主要是借阅记录和个人的自然信息。但随着互联网在图书馆的广泛使用，隐私的范畴超出了图书馆的界限，还包括在图书馆利用馆外资源和服务所产生的信息，如访问过的网站、浏览过的网页、访问的时间等；在馆外利用图书馆资源和服务所产生的信息，如读者的IP地址、主机名、进入图书馆网站前所访问的那个网站地址等。图书馆保守读者的隐私性信息，要求图书馆将所有与读者有关的图书馆记录作为机密，防止第三方获取并控制其利用。

图书馆为什么要保护读者的隐私性信息呢？这是因为：每个人都有属于自己的私人领域，这一私人领域乃是独立于公共领域的自主自治的、神圣不可侵犯的

---

❶ 饶传平. 网络法律制度［M］. 北京：人民法院出版社，2005：106.
❷ 刘迪. 现代西方新闻法制概述［M］. 北京：中国法制出版社，1998：167.
❸ 王利明. 人格权法新论［M］. 长春：吉林人民出版社，1994：478.

"堡垒",若这一"堡垒"被他人窥探或攻破,个人的自由便受到极大限制甚至荡然无存;读者利用图书馆获取知识和信息的行为所产生的有关信息,属于个人隐私,这种隐私若被他人窥视、获取,读者便会产生不自在、不自由感觉,从而使读者的自由获取知识和信息的权利受到极大限制甚至被剥夺。也就是说,保护读者的隐私性信息,是图书馆维护知识自由原则的必然要求。日本《图书馆自由宣言》第三条明确规定:"读者阅读什么图书,属于利用者的个人秘密。图书馆不能将利用者的读书事实向外部泄露……""对于读书事实以外的利用事实,图书馆也不能侵犯利用者的个人秘密权。""利用者的读书事实、利用事实是图书馆通过业务工作获知的秘密,所有从事图书馆工作的人员,必须保守这种秘密。"在日本图书馆业界中,"读书事实"被认为是读者最重要的个人秘密。因为它与阅读动机关系密切,通过它可以了解一个人的思想倾向。

在我国图书馆界,保护读者隐私性信息的制度还很不完善,读者自身的隐私保护意识也不强。据一项调查显示:国外制定有保护隐私制度的图书馆占87.5%,而国内78%的图书馆没有如何处理读者隐私的制度;在对读者的调查中发现,有73.8%的读者不在意公开个人的部分信息,有76.3%的读者认为这不是"侵权行为"。❶ 这两组数据说明,一方面,我国绝大多数图书馆尚未建立完善的读者隐私保护制度,大多数图书馆缺乏对馆员保护读者隐私的制度约束,尤其缺乏有关读者隐私保护的具体操作程序规范。另一方面,我国读者对自我隐私范畴知之不多,自我隐私保护意识不强。

3. 个人信息权的保护途径

保护读者隐私,必须制定有相应的政策法规。总体而言,图书馆保护读者隐私的政策应由法律和法规、行业政策和图书馆内部政策3个层面构成。❷

（1）法律、法规保护

寻求从法律、法规途径保护图书馆读者的隐私,一直是图书馆界的奋斗目标。美国是图书馆读者隐私保护法律、法规最健全的国家之一。1978年,在ALA以及其他几个专业协会的推动下,美国出台了第一部保护读者隐私的州立法《图书馆记录机密法》。到目前为止,美国除夏威夷州和肯塔基州外,其他48个州和哥伦比亚特区都有专门的图书馆记录保密法。下面是亚拉巴马州的图书馆记录机密法中的有关条款内容:

个人利用公共图书馆属于秘密……注册和流通记录以及有关利用该州的公共场所、公立学校、大学图书馆的信息应是机密。除非满足下述条款,否则不能向

---

❶ 初景利. 图书馆数字参考咨询服务研究［M］. 北京:北京图书馆出版社,2004:6.

❷ 罗曼. 论图书馆用户的隐私保护［J］. 大学图书馆学报,2005（1）:63-65.

任何要求检查的机构或个人公开：（a）管理记录的图书馆能够正常运作；（b）对图书馆拥有管辖权的州教育部需要确保该图书馆的正常运作；（c）对图书馆拥有管辖权的州公共图书馆服务机构需要确保该图书馆的正常运作。在删除所有个人身份信息的情况下，图书馆可以为了研究和规划的目的，发布或使用来自注册和流通记录的统计数据。不过，未成年人的父母有权检查与子女有关的任何学校或公共图书馆的注册和流通记录。

（2）行业政策保护

ALA 制定的《图书馆记录机密性立场声明》指出，"ALA 成员承认图书馆读者的隐私权，相信图书馆所有的将特定的个人与特定的资源、计划或服务联系在一起的记录是机密的，不应被用于日常记录记载之外的目的。日常记录记载目的的例子有：维持资源利用、确保需要的读者获得资源、安排设施、为读者的舒适和安全提供资源或是完成计划或服务的目的。图书馆团体认识到孩子和年轻人拥有与成年人同样的隐私权利"。下面是《ALA 政策 52.4 · 图书馆记录机密性》相关条款内容：

美国图书馆协会理事会强烈建议美国各图书馆、协作系统和联盟的负责人：（a）通过正式采用政策，清楚地确认流通记录和其他可识别图书馆读者姓名的记录是机密的；（b）建议所有的图书馆员和图书馆职员，除非是在联邦、州或地方法律（与民事、刑事或行政诉讼程序有关，或是与立法调查权有关）的授权并依照上述法律应遵循的程序、命令或传讯的情况，上述记录不应为任何的国家、联邦或地方政府机构获得；（c）除非是在具有相应权限的法庭给出合理理由的情况下，应抵制任何上述程序、命令或是传讯的强制执行。

ALA 的《道德规范》第三条明确指出：我们保护每一个图书馆读者的隐私权以及有关查询或接收的信息和咨询、借阅、获取或传播的资源的机密。

ALA 于 2003 年颁布的《网络化世界中图书馆的原则》，提出了网络环境下图书馆保护读者隐私的 5 条原则：（a）隐私权是一切社会成员的权利，在网络化的世界中必须保护这种权利；（b）保护人们在检索信息和交流信息中的隐私权是知识自由不可或缺的要素；（c）长期所建立起来的、作为美国和许多其他国家隐私法基础的"公平信息实践"原则必须位于网络化世界隐私政策的核心；（d）用户有权充分了解网络化世界的隐私政策和原则；（e）图书馆读者的隐私必须受到法律和政策的保护。

澳大利亚图书馆与信息协会（Australian Library and Information Association, ALIA）也出台了用于保守读者秘密的政策文件《图书馆和保密准则》。该准则为图书馆和信息服务行业保护读者个人信息提供了全面的指导。该准则强调，图书馆和信息机构在服务中收集个人信息应适量，并且这些个人信息只能由相关人员在一定的时间范围内使用；图书馆和信息机构应采取措施防止读者个人信息的流失、修改、泄露和未授权使用，未经读者同意不得泄露和出版读者个人信息；访问者进入图书馆和信息服务机构网站无须登录，网站用户的统计信息只用于分析而不指向用户身份（用户授权同意的除外）；读者个人信息不得用于商业用途，图书馆应确保业务外包商不泄露或非法使用读者信息等。对于司法机关和执法部门的搜查要求，图书馆和信息机构可以寻求机构管理层的建议和法律援助，并有权要求其出示搜查令、法庭令或其他法律证明。

（3）图书馆内部政策保护

在图书馆读者隐私保护法律、法规和行业政策的基础上，各个图书馆应制定适合本馆需要的隐私保护政策，从而将读者隐私保护落在实处。尽管各个图书馆的隐私保护政策会因具体情况不同而有所不同，但一般来说，这种政策应包括以下内容：

● 说明图书馆收集读者信息的目的。如开展业务工作、改进服务质量、分析图书馆资源的利用情况、产生统计数据、评价图书馆计算机系统的绩效等。

● 说明图书馆收集的读者利用网络信息的内容。如用户的 IP 地址、访问图书馆网站的时间、浏览的网页、执行的操作等。

● 说明图书馆保护读者隐私的范围。即图书馆对读者哪些隐私予以保护，如借阅记录、查找和检索到的信息、提出的参考咨询问题等。

● 说明披露读者隐私的条件。即在何种情况下，图书馆会向第三方披露读者记录或与第三方共享读者信息，如依照法律需要披露、违法犯罪调查、违反学校或图书馆政策等。

4. 保护个人信息权与维护公共安全之间的冲突

法律保护个人信息权是保障公民权利的基本要求，同样，维护公共安全也需要通过法律来保障。也就是说，通过法律保护个人信息权是一种"善"，通过法律维护公共安全也是一种"善"。然而，这两种善之间有时也会发生冲突。美国国会于 2001 年通过的《爱国者法案》属于旨在反恐来维护公共安全的专门法案。然而这部法律的有关规定与图书馆保护个人信息权的原则之间产生了严重的冲突。

美国《爱国者法案》第二百一十四条、二百一十五条、二百一十六条中有以下一些规定：

● 依据《外国间谍安全法》进行调查时，联邦调查局（FBI）的电话监控权扩展到包括所有 Internet 路由信息和地址信息，包括电子邮件地址、IP 地址和网址；

● 为用户提供 Internet 和电子邮件服务的图书馆可能成为法庭令的目标，在监视用户利用图书馆的计算机或网络传递电子通信时，图书馆要予以合作；

● 允许 FBI 人员获得"任何有形物体"搜查令，包括图书、记录、证件、软盘、数据磁带、配置了硬盘驱动器的计算机；

● 允许 FBI 获取存储在任何介质上的图书馆流通记录、Internet 使用记录、注册信息；

● FBI 不必显示"可能的原因"与犯罪有关的具体事实或证据，只要宣称其相信所需要的记录可能与正在进行的恐怖或间谍活动调查有关即可；

● 收到根据《外国间谍安全法》签发的搜查令的图书馆或图书馆员，不能泄露搜查令以及搜查的记录等情况，不能告知用户其记录已提供给 FBI 或已成为 FBI 的调查目标；

● FBI 不受保护图书馆记录的州图书馆机密法制约。

《爱国者法案》的上述规定，对图书馆保守读者秘密的一贯立场造成了极大障碍，主要表现在以下 3 个方面：

第一，FBI 和联邦执法机构在搜查图书馆业务记录中拥有更大的权力。FBI 可以搜查包括注册记录、流通记录、计算机使用记录、Internet 记录、图书出售记录、数据库使用记录等在内的任何介质上的所有业务记录。

第二，FBI 和联邦执法机构可以合法地监视图书馆的电子通信。

第三，提出了所谓的"禁口令"，即图书馆不能通知用户 FBI 官员已利用搜查令获得其记录，也不能告知用户联邦调查机构正在监视图书馆计算机的使用。❶

前两个方面使得图书馆保守读者秘密的法律武器被公共权力部门（FBI 和联邦执法机构）无情剥夺，进而使得图书馆难以坚持"安全保障原则"和"合理处置原则"。第三个方面使得图书馆无法履行"公开透明原则"和"知情同意原则"。

《爱国者法案》的这种剥夺图书馆读者隐私权的规定，受到了美国图书馆界和社会其他各界的广泛批评。ALA 知识自由办公室主任 Judith F. Krug 认为，读什么书是个人意愿问题，如果一个读者把他所读的东西转变成非法的行为，那么当然会有法律去应对，但是，某人仅仅看了如何制造炸弹的书并不意味着他就是一个投弹者，这是没办法说得清楚的。❷ 许多图书馆员认为，FBI 和美国司法部对图书馆读者记录的肆意审查，剥夺了公民自由与无限制地获取信息资源的权利，这种做法令他们深感不安。

---

❶ 罗曼. 论"爱国者法案"对美国图书馆的影响 [J]. 图书情报工作, 2005 (2)：134 - 136.
❷ Clymer A. Librarians Get Advice on Handling Government Requests for Information on Readers[N]. New York Times, 2002 - 12 - 12(A30).

2002 年 12 月 11 日，美国 5 个主要图书馆协会——美国图书馆协会、医学图书馆协会、专门图书馆协会、研究图书馆协会和法律图书馆协会举行了"保护我们读者的隐私"的远程会议，针对《爱国者法案》所带来的隐私侵犯问题，提出可行的解决办法。虽然《爱国者法案》扩大了 FBI 和执法机构获取图书馆读者记录的权力，但并没有规定图书馆应该保留哪些记录，因此会议建议各图书馆立即重新审查现行政策，制定能更有效保护图书馆读者隐私的政策、程序和指导方针。如重新确定需要留存的读者记录类型；将个人记录与总记录分离；删除资源和服务利用记录中的读者姓名；及时清除显示读者网上活动情况的系统日志、计算机日志等。

与此同时，ALA 还积极游说国会议员，在国会会议上提出了 5 项与保护图书馆读者隐私权有关的议案，分别是《安全与确保自由法》议案、《保护个人权利法》议案、《图书馆、书商和个人记录隐私法》议案、《图书馆和书商保护法》议案和《自由阅读保护法》议案。❶ 这些议案从各自不同的角度批评《爱国者法案》的有关规定违背联邦宪法第一修正案，严重削弱了公民利用图书馆获取知识和信息的自由权利，并要求国会和执法部门采取措施消除这种侵权行为的发生，恢复图书馆读者的完整隐私权。

可见，图书馆保护个人信息权与维护公共安全之间的冲突是客观存在的，因此，图书馆保护个人信息权之路将漫长而艰巨，需要图书馆行业及其从业人员付出艰苦努力与智慧策略。

第二节　保障读者权利的政府责任

权利可分为应然权利和实然权利两种形态。前文论述的读者权利都是在应然意义上而言的。从应然权利到实然权利的转变需要有相关的保障条件。在这些保障条件中，政府的保障责任是否到位是关键。"权利便是权力所保障的利益"❷，"政府组织，就是监护和实施权利的制度安排"。❸ 所以，政府对读者权利负有不可推卸的保障责任。

在我国，政府负有保障读者权利的责任是有宪法依据的。我国现行《宪法》（2004 年修正）第二十二条规定，"国家发展为人民服务、为社会主义服务的文

❶　Privacy Related Legislation［EB/OL］.［2010 - 12 - 17］. http://www. ala. org/ala/washoff/Privacyrelated. htm.

❷　王海明. 公正 平等 人道——社会治理的道德原则体系［M］. 北京：北京大学出版社，2000：22.

❸　陈舜. 权利及其维护——一种交易成本的观点［M］. 北京：中国政法大学出版社，1999：73.

学艺术事业、新闻广播电视事业、出版发行事业、图书馆博物馆文化馆和其他文化事业";第四十六条规定,"中华人民共和国公民有受教育的权利和义务。国家培养青年、少年、儿童在品德、智力、体质等方面全面发展";第四十七条规定,"中华人民共和国公民有进行科学研究、文学艺术创作和其他文化活动的自由。国家对于从事教育、科学、技术、文学、艺术和其他文化事业的公民的有益于人民的创造性工作,给以鼓励和帮助"。从这些宪法条款中可以看出,政府保障读者权利的责任,是一种宪法责任。

IFLA/UNESCO《公共图书馆宣言》指出,发展"公共图书馆是国家和地方政府的责任,必须制定专门的法规支持公共图书馆,国家和地方政府必须为公共图书馆筹措经费"。因此,对政府来说,保障读者权利的责任,主要表现在两个方面:立法保障的责任和经费保障的责任。

一、立法保障的责任

狭义上的图书馆立法是指为图书馆发展制定一部专门法——图书馆法,而广义上的图书馆立法则是指以图书馆法为核心的一系列相关法律、法规、行政规章以及相关的自律性行为规范体系。因此,从广义上说,图书馆立法的目的是为了构建图书馆发展的法治环境,或者说是为了构建图书馆发展的法律保障体系。法治(the rule of law)的基本含义是"任何事情都必须依法而行。"❶

图书馆立法的任务,绝不是仅仅制定一部专门的图书馆法。一个比较完善的图书馆法律保障体系至少要包括3个方面的内容:图书馆专门法、图书馆相关法、图书馆职业自律规范。其中,政府主要负责图书馆专门法和图书馆相关法的立法责任。

1. 图书馆专门法

图书馆专门法,一般直称为图书馆法,是国家立法机关依据一定的法律程序制定的有关图书馆行业和图书馆活动的专门法律,它是国家管理图书馆以及界定图书馆活动中产生的各种法律关系的总依据。图书馆法具有强制性和稳定性特点。根据图书馆法所规范的法律关系范围的不同,图书馆法分为综合性图书馆法和专门性图书馆法(如国家/国会图书馆法、公共图书馆法、学校图书馆法等)两种。

图书馆法需要规范的事项主要有以下几个方面(以综合性图书馆法为例):

(1)关于图书馆的性质、地位和社会职能的规定;

(2)关于图书馆设置主体、设置程序的规定;

---

❶ [英]威廉·韦德. 行政法 [M]. 徐炳等译. 北京:中国大百科全书出版社,1997:25.

（3）关于图书馆读者权利的规定；

（4）关于图书馆建设主体、管理主体及其职责的规定；

（5）关于图书馆服务原则、服务标准的规定；

（6）关于图书馆各类人员编制与任职资格的规定；

（7）关于图书馆文献资源建设与管理的有关规定；

（8）关于图书馆建筑用地、建筑规模与选址的规定；

（9）关于馆际协作与资源共享的规定；

（10）关于各类型图书馆之间关系协调的规定。

从世界范围看，图书馆法的立法形式主要有4种：一是独立式，即制定独立的、综合性的图书馆法，如北欧四国、墨西哥、委内瑞拉、韩国等国家就制定有全国性的、独立的图书馆法；二是分散式，即不制定全国性的、专门的图书馆法，而是把图书馆立法权划归下属自治政府或地方政府，中央政府（在联邦制国家为联邦政府）只负责制定国家图书馆法，但也可根据需要制定有关法案对地方图书馆给予扶助或资助。美国的图书馆立法采取的就是这种方式，由州立法机关制定图书馆法；三是属分式（或称隶属式），即图书馆法律隶属于某一上位法，图书馆法成为这一上位法的下位法。如日本的公共图书馆法隶属于社会教育法，社会教育法又隶属于教育基本法。而学校图书馆法隶属于学校教育法，学校教育法又隶属于教育基本法。而在巴西和哥伦比亚，有关图书馆服务的法律规定包含于信息服务法规之中；四是分类式，即为公共图书馆、高等学校图书馆、学校图书馆、科研图书馆等分别制定法律或法规。英国和我国目前就采用此类立法形式。英国的公共图书馆法与博物馆法捆绑在一起，但各成体系，互不相碍。

2. 图书馆相关法

图书馆相关法是指与图书馆相关的行业或部门的法律、法规或行政规章。图书馆事业作为一项社会性事业，其发展必然受到相关行业或部门的制约和影响，若图书馆相关法不健全，必然造成整个图书馆法律保障体系的不健全。例如，图书馆的馆舍是建筑物，所以图书馆馆舍建设受到有关建筑法的制约；图书馆的生存和发展依赖于公共资金的支持，所以图书馆受到政府财政预算政策法规的制约；图书馆活动与国家的教育和科学事业紧密相关，所以图书馆需要得到教育、科学方面的法律、法规的关注；图书馆的发展需要社会各界的捐助或捐赠，所以图书馆需要有关捐赠法方面的支持；图书馆服务中涉及对残疾人等特殊人群的服务，所以图书馆需要得到残疾人权益保障法的关注；图书馆服务涉及著作权合理使用问题，所以图书馆受到著作权法、信息网络传播权保护法的制约；图书馆服务中涉及读者隐私的保护问题，所以图书馆需要得到隐私权法的关注；图书馆对周边环境有较高的要求,所以图书馆需要得到城市规划法、城市管理法的关注;等等。

3. 图书馆职业自律规范

图书馆职业自律规范是指关于图书馆人的职业责任以及履行职业责任所应遵循的职业行为规范的总和。严格地说,图书馆职业自律规范不属于法律范畴,但它能够有效地规范图书馆及其从业者的行为,因此可以称它为"准法律"。图书馆职业自律规范的主要内容包括:全力满足读者需求,平等对待所有读者,不断提高专业素质,维护知识自由,保守读者秘密,抵制检查制度,与同道者合作,尊重知识产权等。

图书馆职业自律规范的制定和发布,往往采用两种文本形式。一种是图书馆行业组织制定和发布的职业权利或职业责任宣言(具体名称各异)。如 ALA 的《图书馆权利法案》,日本图书馆协会的《图书馆自由宣言》,英国图书馆协会的《图书馆宣言》,中国图书馆学会的《图书馆服务宣言》等。这类自律规范被称为是图书馆对社会的"誓约"。另一种是图书馆或图书馆行业组织制定和发布的职业伦理规范(具体名称各异)。如 ALA 的《图书馆员道德规范》(1995 年修订),英国图书馆协会的《图书馆员伦理守则》(1983),日本图书馆协会的《图书馆员伦理纲领》(1980),中国图书馆学会的《中国图书馆员职业道德准则(试行)》(2002)等。这类自律规范被称为图书馆员对社会的"誓约"。图书馆对社会的"誓约"是图书馆人对自身职业责任的向外宣示;图书馆员对社会的"誓约",则是图书馆人规范自身行为的自我约定。总之,图书馆对社会的"誓约"和图书馆员对社会的"誓约",都属于图书馆的"自我立法"(自己对自己立法)。

《中国图书馆学会·图书馆服务宣言》全文如下:

图书馆是通向知识之门,它通过系统收集、保存与组织文献信息,实现传播知识、传承文明的社会功能。现代图书馆秉承对全社会开放的理念,承担实现和保障公民文化权利、缩小社会信息鸿沟的使命。中国图书馆人经过不懈的追求与努力,逐步确立了对社会普遍开放、平等服务、以人为本的基本原则。我们的目标是:

① 图书馆是一个开放的知识与信息中心。图书馆以公益性服务为基本原则,以实现和保障公民基本阅读权利为天职,以读者需求为一切工作的出发点。

② 图书馆向读者提供平等服务。各级各类图书馆共同构成图书馆体系,保障全体社会成员普遍均等地享有图书馆服务。

③ 图书馆在服务与管理中体现人文关怀。图书馆致力于消除弱势群体利用

图书馆的困难，为全体读者提供人性化、便利化的服务。

④ 图书馆提供优质、高效、专业的服务。图书馆充分利用现代信息技术，提高数字资源提供能力和使用效率，以服务创新应对信息时代的挑战。

⑤ 图书馆开展信息资源共建共享。各地区、各类型图书馆加强协调与合作，促进全社会信息资源的有效利用。

⑥ 图书馆努力促进全民阅读。图书馆为公民终身学习提供保障，促进学习型社会的建设。

⑦ 图书馆与一切关心图书馆事业的组织和个人真诚合作。图书馆欢迎社会各界通过资助、捐赠、媒体宣传、志愿者活动等各种方式，参与图书馆建设。

《中国图书馆员职业道德准则（试行）》全文如下：

① 确立职业观念，履行社会职责；
② 适应时代需求，勇于开拓创新；
③ 真诚服务读者，文明热情便捷；
④ 维护读者权益，保守读者秘密；
⑤ 尊重知识产权，促进信息传播；
⑥ 爱护文献资源，规范职业行为；
⑦ 努力钻研业务，提高专业素养；
⑧ 发扬团队精神，树立职业形象；
⑨ 实践馆际合作，推进资源共享；
⑩ 拓展社会协作，共建社会文明。

图书馆立法，无论是图书馆专门法、图书馆相关法，还是图书馆职业自律规范，其宗旨都是为了更好地保障读者权利。图书馆读者权利是公民文化权利的重要内容，因此政府有责任为图书馆立法，以此作为保障读者权利进而保障公民文化权利的重要内容。尤其对图书馆专门法的制定来说，政府应负主要的立法责任。为图书馆立法，是政府为发展图书馆事业负责任的主要表现之一。

4. 图书馆的法治化管理

（1）图书馆法治化管理的含义

何谓法治？法学家拉兹（J. Raz）指出，"法治（the rule of law）意味着法律的统治（the rule of the law）……法治理念经常被表述为'政府由法律而非由人来统治'……法治意指政府的全部行为都有法律依据、得到法律的

授权。"❶

图书馆的法治化管理，是指图书馆的设立、运行及其管理与服务均依据有关法律、法规、行政规章、行业规范来进行。法治化管理的特点在于用法律规定来规范决策者和执行者的行为，而不是用行政指令或长官意志来管理。

图书馆法治化管理的首要前提是为图书馆立法。为图书馆立法，已成为世界上许多国家图书馆治理的制度性惯例。国家为图书馆立法，体现了国家依据法律来治理图书馆事务的国家意志。

（2）若干国家的图书馆法规体系

下面简要介绍英国、美国、日本、澳大利亚的图书馆立法情况。

① 英国

众所周知，1850 年英国颁布了世界上第一部公共图书馆法——《公共图书馆与博物馆法》（*Public Library and Museum Act*），允许人口在一万以上的城镇地方政府通过征收财产税建设公共图书馆。这部法律适用于英格兰和威尔士地区。后来苏格兰和北爱尔兰地区也分别制定有适用于本地区的图书馆法。英国现行的图书馆法治化管理体系主要由三个部分构成：议会通过的图书馆法；文化传媒体育部（DCMC）制定的有关政府规章和政策；行业协会制定的行业规范（见表 4 - 2）。

表 4 - 2 英国图书馆法规体系

三大部分构成	名　称	备　注
图书馆法	公共图书馆与博物馆法	1850 年制定，1892 年、1919 年、1964 年修订
	苏格兰公共图书馆法	1887 年制定，1955 年修订
	北爱尔兰图书馆法	前身为 1986 年制定的《北爱尔兰教育与图书馆条例》，2008 年独立为《北爱尔兰图书馆法》
	大英图书馆法	1972 年制定
政府规章和政策	公共图书馆服务标准	2001 年制定时名为《全面高效的现代化公共图书馆——标准与评估》，2006 年修订时改为现名，2007 年、2008 年又作局部修改
	威尔士公共图书馆服务标准	2002 年制定时名为《威尔士全面、高效、现代化的公共图书馆——标准与引导》，2005 年、2008 年修订
	所有人的图书馆：社会包容政策指南	1999 年由 DCMS 发布

---

❶ 李龙. 依法治国方略实施问题研究［M］. 武汉：武汉大学出版社，2002：33.

三大部分构成	名　称	备　注
政府规章和政策	所有人的图书馆、博物馆、艺术馆和档案馆：跨领域合作消除社会排斥	2001 年由 DCMS 发布
	未来行动框架：未来10 年中的图书馆，学习和信息	2003 年由 DCMS 发布
行业规范	所有人获取策略集合	由 DCMS 下属的"博物馆、图书馆和档案馆委员会"（MLA）发布
	激励所有人学习	由 MLA 发布
	知识投资：英国博物馆、图书馆和档案馆五年远景	由 MLA 发布
	知识投资：操作和战略规划（2004/5—2006/7）	由 MLA 发布
	图书馆与信息专业人员伦理规范	由英国图书馆与信息专业人员注册协会（CILIP）发布
	知识自由、利用信息与审查制度	2005 年由 CILIP 发布

② 美国联邦

在美国，公共图书馆事务由州政府和地方政府管理，一般由各州议会来制定和颁布适用于本州的图书馆法律，几乎所有的州都制定有图书馆法。这表明，美国的图书馆立法由联邦立法和州立法构成。美国联邦政府只负责国家级图书馆的管理，但联邦政府也比较重视地方图书馆的发展。迄今为止，美国联邦政府共制定有 3 部国家级图书馆法和 3 部支持地方图书馆建设的法规（见表 4 - 3），后3 部法规都属于拨款法，即都属于支持地方图书馆建设的拨款及其使用规定。下面介绍这 3 部法规。

表 4 - 3　美国联邦图书馆法体系

名　称	制定年份	目　的	主要内容
图书馆服务法	1956	消除城市与农村享受图书馆服务上的不平等现象	规定联邦政府提供补助金，援助乡村公共图书馆建设
图书馆服务与建设法	1964	应对时代的变化，为各类读者服务，促进馆际合作和资源共享	进一步增加经费，废除限制图书馆服务规模的规定

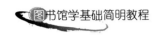

续表

名　　称	制定年份	目　　的	主要内容
图书馆服务和技术法	1996	通过技术手段加大信息的利用，通过特殊服务扩大信息的提供范围	经费逐年上升，涵盖到各类图书馆，促进馆际互借、信息共享和网络建设
国会图书馆法	1931	—	—
国立医学图书馆法	1956	—	—
国立农业图书馆法	1987	—	—

1956 年，为改善乡村地区公共图书馆设施的不足，艾森豪威尔总统签署了《图书馆服务法》（*Library Services Act*，LSA）。其立法目的在于促使实施公共图书馆服务的州，将其服务范围扩大到未实施或未充分实施图书馆服务的乡村地区。具体做法是自 1957 年至 1964 年，联邦政府每年提供 750 万美元的补助金，援助州政府扩大未实施或未充分实施图书馆服务的人口在 1 万以下的乡村地区的图书馆建设。LSA 的实施使美国人口在 1 万以下的乡村地区的 4000 万人享受到图书馆服务。艾森豪威尔总统签署法案时声明："我今天所签署的《图书馆服务法》，代表着刺激州与地方政府为乡村人口提供公共图书馆服务的一种努力，它将造福百万美国人民，我相信，当联邦拨款结束后，州与地方政府将继续下去。"

1964 年，美国对《图书馆服务法》做了修订，并改名为《图书馆服务与建设法》（*Library Services & Construction Act*，LSCA），由约翰逊总统签署生效。较之LSA，该法不仅名称更改，内容也发生了重大变化。《图书馆服务法》很大篇幅都是规定联邦补助金支付及各州匹配拨款比例及额度等问题，LSCA 不仅进一步增加了经费，由原来的专款专用资金，扩展到建设费用，还废除了《图书馆服务法》限制图书馆服务规模的规定，将适用范围由农村扩大到城市，并增添了图书馆如何应对时代的变化，为各种类型读者服务等内容。

在以后的 20 年中，LSCA 做过 5 次修订，1966 年和 1970 年的两次修订，将图书馆服务对象扩大到残疾人及其他处于不利条件的人，并新增"图书馆合作"项目；1973 年的修订，增加了"为老年读者服务"一项；1977 年的修订，将该法有效期延长到 1982 年；1983 年至 1984 年第 5 次修订的内容更多，其要点有为应对信息社会人们多样化的要求，图书馆应扩大功能，要作为地方的信息中心提供服务；延长联邦补助金的拨给年限并增加金额，扩大补助金拨给范围。如用于图书馆无障碍设施建设和其他建筑设施的完善；强化馆际合作和资源共享；增加"外文资料收集"及"图书馆文盲计划"等条款。LSCA 的实施使图书馆服务覆盖地区更广，读者服务面更宽，建筑设施更完善。

由于 LSCA 只包括公共图书馆和研究图书馆，且着重于资助图书馆的建筑，为了使法案能包括中小学和大学图书馆等，促进信息共享和网络建设，美国国会在 20 世纪 90 年代开始考虑修订 LSCA。1996 年，克林顿总统签署了《图书馆服务与技术法》（*Library Services and Technology Act*，LSTA），LSTA 是在 LSCA 和其他有关立法的基础上形成的，突出强调了两点：一是通过技术手段加大信息的利用力度；二是通过特殊服务扩大信息的提供范围。LSTA 后来与《博物馆服务法》（*Museum Services Act*）合并，共同构成了《博物馆与图书馆服务法》（*Museum and Library Services Act*）。

LSTA 把 LSCA、《高等教育法》、《初等与中等教育法》中与图书馆拨款有关的条款合并到一起，成立"博物馆和图书馆服务署"（IMLS）负责经费管理。1997 年颁布的《博物馆和图书馆服务技术修正案》（*Museum and Library Services Technical and Conforming Amendments*）对 LSTA 进行了补充，使得该法案包括了专业图书馆，并对经费的分配比例作了具体的规定。

③ 日本

日本是一个比较重视图书馆立法的国家。第二次世界大战后，日本建立了一个比较完整的图书馆法律体系（见表 4－4）。

表 4－4　日本图书馆法律体系

图书馆法规	相关法规
图书馆法（1950）	教育基本法（1947）
图书馆法施行令（1959）	社会教育法（1949）
公立图书馆的期望基准·草案（1972）	学校教育法（1947）
公立图书馆的任务和目标（1989）	残疾人基本法（1970）
关于公立图书馆设置及运营的基准·报告（1992）	关于视听觉残疾者情报提供设施及助残器具制作设施的设备及运营基准（1990）
大学图书馆基准（1952）	大学设置基准（1956）
学校图书馆法（1953）	私立学校法（1949）
学校图书馆宪章（1991）	地方财政法（1948）
学校图书馆基准（1959）	国家公务员法（1947）
私立大学图书馆改善要项（1956）	著作权法（1970）
国立国会图书馆法（1948）	土地征用法（1951）
地方议会图书室运营要纲（1973）	城市公园法（1956）
最高法院图书馆规则（1953）	建筑基准法（1950）
司书及候补司书的职务内容（1950）	地方税法（1950）
关于司书课程培训结业证颁发的通知（1961）	城市规划法（1968）
关于图书馆·情报学教育的基准及实施方法（1954）	
图书馆自由宣言（1979 年改定）	

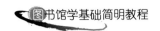

图书馆法规	相关法规
图书馆员伦理纲领（1980）	
关于外借业务引入计算机后个人情报保护的基准（1984）	
关于图书馆为重度身体残疾者邮寄外借图书的通知（1976）	
……	

注：根据李国新著《日本图书馆法律体系研究》之附录"日本与图书馆相关的主要法律法规目录"整理。

④ 澳大利亚

澳大利亚是一个联邦制国家，所辖 6 个州分别为新南威尔士州、南澳大利亚州、西澳大利亚州、昆士兰州、维多利亚州和塔斯马尼亚州。无论是联邦政府还是其所辖的 6 个州，都很重视图书馆法律体系建设，对其实行法治化管理。其立法情况见表 4 – 5。

表 4 – 5　澳大利亚图书馆立法情况

地　区	立 法 情 况
联邦	国家图书馆法案（1960） 国家图书馆条例（1994）
新南威尔士州	图书馆法案（1939） 图书馆条例
昆士兰州	公共记录法案
南澳大利亚州	图书馆法案（1982） 图书馆条例（1988）
塔斯马尼亚州	图书馆法案（1984） Allport 图书馆和艺术博物馆条例（1965） Allport 图书馆和艺术博物馆协定法案（1966） 图书馆条例（1985） 图书馆修订条例（1989）
维多利亚州	图书馆法案（1988） 维多利亚公共图书馆条例
西澳大利亚州	西澳洲图书馆理事会法案（1951） 图书馆理事会（行动引导）条例（1955） 图书馆理事会（注册公共图书馆）条例（1985）

资料来源：吴化碧，周丽明. 澳大利亚图书馆立法及对图书馆事业的影响. 见：中国图书馆学会编. 中国图书馆学会年会论文集（2006 年卷）. 北京：北京图书馆出版社，2006：173 – 178.

（3）图书馆法治化管理的意义

图书馆法治化管理的意义，概括地说就是：有利于防止"人治"现象的泛滥，把图书馆管理纳入到民主和法治的轨道上来，从而建立起图书馆的稳定、长效发展机制。

法治与"人治"相对立。在现代社会里，图书馆的发展靠什么？靠领导，还是靠法律等制度保障？以往我们总是把图书馆得不到迅速发展的责任习惯性地归咎于领导不重视，而且还经常言之凿凿地举出某图书馆因领导重视而迅速得到改观、某图书馆因领导不重视而迅速恶化的例子来证明领导重视的重要性。显然，这种认识和判断没有看到问题的本质。领导重视或不重视对图书馆发展的影响如此之大、图书馆的发展以领导人的意志为转移，这只能说明是一种"人治"状态，而不是法治状态。避免这种"人治"状态的最有效办法就是建立一套不以领导人的意志为转移的法治环境。领导者易变，法律则不易变（即法律具有连续性和稳定性特征）；用法律规范和约束领导人的行为，让领导人按法律办事而不是按照自己的主观偏好办事，这就是法治。现代民主国家的法治实践历史证明，只有施行法治的领导体制和管理体制才具有合法性，也只有在法治的环境中公民的合法权利（包括文化权利）才能得到较好的保障。

诚然，我们渴望"好的领导"为图书馆带来转机、带来发展、带来福音，然而，历史实践证明，这样的"好的领导"不常在、不常有，"好的领导"只能保证一时一地的事业发展，而不可能是全局性的、长效性的。关于这一点，波普尔（Karl Popper）有一句堪称经典的话："人们需要的与其说是好的人，还不如说是好的制度。我们渴望得到好的统治者，但历史的经验向我们表明，我们不可能找到这样的人。正因为这样，设计使甚至坏的统治者也不会造成太大损害的制度是十分重要的。"❶ 对此，邓小平说得更加具体而又明确："我们过去发生的各种错误，固然与某些领导人的思想、作风有关，但是组织制度、工作制度方面的问题更重要。这些方面的制度好，可以使坏人无法任意横行，制度不好可以使好人无法充分做好事，甚至会走向反面。"❷

国家为图书馆立法，并不表明国家对图书馆有什么"偏爱"，更不表明国家对图书馆施以"恩赐"，而只能说明国家决心尊重公民利用图书馆的权利，使得公民利用图书馆的权利合法化、制度化。当然，图书馆立法不可能解决图书馆发展中的所有问题，但没有图书馆立法就不可能形成图书馆法治环境，而没有图书馆法治也就不可能带来图书馆的可持续良性发展。这里需要注意的一点是，国家

---

❶ ［英］卡尔·波普. 猜想与反驳［M］. 付季重等译. 上海：上海译文出版社，1986：549.

❷ 邓小平. 邓小平文选（第2卷）［M］. 北京：人民出版社，1994：333.

所制定出来的"法"应该是"良法",诚如亚里士多德所言:"法治应包含两重含义:已制定的法律获得普遍的服从,而大家所服从的法律又应该本身是制定得良好的法律。"❶ 所谓"良法",须具备两方面条件,一是法律规定本身应合理、合法;二是能够有效实施。就拿我国现实来说,目前国内已制定有 10 多部地方性图书馆法规和行政规章,但其中的大部分都没有得到切实的实施。"如果法律不能被执行,那就等于没有法律。"❷

二、经费保障的责任

由于公共图书馆的公共物品性质,公共图书馆不可能"走向市场",也不应该走所谓的"自负盈亏"、"自谋生存"的经营型发展道路。也就是说,公共图书馆发展所需的各种资源主要应由政府提供。为公共图书馆发展提供所需资源并保障每一个公立公共图书馆的正常运行,是政府履行行政责任的重要内容。

公共文化事业按其运营模式,可分为经营型和公益型两大类。所谓公益型文化事业,指的是同时具有"面向公众服务"和"服务免费"两个特征的文化事业。而"服务免费",就决定了公益型文化事业的运营经费只能以"公共付费"即公共税收形式补偿。这种公共税收补偿也就是政府公共财政支出。公共图书馆就属于公益型文化事业。所以,政府必须承担保障公共图书馆运行经费的责任。保障公共图书馆的运行经费,是"公共服务型政府"履行公共责任的重要表现之一。

政府是公共图书馆的主要建设主体。所谓图书馆建设主体,是指一个国家中保障图书馆建设所需经费的政府、团体或个人。图书馆建设主体首先是投入主体。显然,对公共图书馆建设来说,其主要投入主体和建设主体是政府。由政府提供公共图书馆的运行经费是政府基于保障读者权利进而保障公民的文化权利而必须承担的责任。

在图书馆读者权利中,有"免费享受图书馆基本服务的权利"。免费享受权实际上就是以税收保障的权利。以税收保障的权利,必须依靠公共权力(政府)的保障义务才能实现。对公共图书馆读者的免费享受权来说,"无政府意味着无权利"。❸ "所有的权利是昂贵的,因为所有的权利都以纳税人资助的有效地进行监控和实施的监督机构为先决条件"。❹ 因此,公共图书馆读者的免费享受权,

---

❶ [古希腊] 亚里士多德. 政治学 [M]. 吴寿彭译. 北京:商务印书馆,1983:199.

❷ [英] 洛克. 政府论(下篇)[M]. 叶启芳,瞿菊农译. 北京:商务印书馆,1983:85.

❸ [美] 史蒂芬·霍尔姆斯,凯斯·R. 桑斯坦. 权利的成本——为什么自由依赖于税 [M]. 毕竞悦译. 北京:北京大学出版社,2004:6.

❹ [美] 史蒂芬·霍尔姆斯,凯斯·R. 桑斯坦. 权利的成本——为什么自由依赖于税 [M]. 毕竞悦译. 北京:北京大学出版社,2004:27.

必须依靠政府的保障义务才能实现，政府的保障义务首先是足额地投入保障。如果没有政府的足额投入保障，图书馆为了补偿政府未保障的服务项目的成本而必然收费，由此免费享受权便荡然无存。

公共图书馆的可持续发展要求政府必须承担经费投入主体的责任。要求政府必须承担经费投入主体的责任，绝不意味着政府始终垄断公共图书馆的经费投入，不允许其他社会资本的进入。这不符合以社会广泛参与为特征的现代图书馆治理理念。公共图书馆经费的投入或筹措，可以是多元或多途径的，如引进社会资金（包括引进民间资本、慈善资金等）是保障经费投入多元化的有效途径。但是，社会资金引入再多，也不应该免除政府作为投入主体的责任。按照国际惯例，地方政府始终是公共图书馆经费的主要投入主体。如美国的公共图书馆经费，1%左右来自联邦政府，13%左右来自州政府，78%左右来自地方政府。这三项政府投入之和就占92%左右，而其他资金的投入只占8%左右。

第三节 图书馆权利

一、图书馆权利的概念

汉语中的"图书馆权利"一词，源自对 ALA 的《图书馆权利法案》（Library Bill of Rights）的翻译。1980 年，台湾地区的高禩熹先生把 ALA 的 Library Bill of Rights 翻译为"图书馆权利宣言"。❶ 这可能是"图书馆权利"一词在我国的最早出现。在中国内地，从 2005 年起，"图书馆权利"一词及其研究盛行。为了讨论的方便，现把 ALA1996 年修订后的《图书馆权利法案》全文抄录如下。

美国图书馆协会断言，所有图书馆都是信息和思想的汇集地，其服务应当遵循下列基本政策：

① 图书馆应为社区的所有人提供图书和其他图书馆资源，满足用户兴趣、信息和求知的需要，不能因为作者的种族、背景或观点而排除某些资料；

② 图书馆应该提供对于现实或历史问题提出各种观点的资料和信息，不能因为政治派系或思想信念不同而拒绝收藏或抽毁某些资料；

③ 为了履行提供信息和启迪民智的使命，图书馆应当与审查制度斗争；

④ 图书馆应当与民众和社团一起抵制任何对自由表达和自由阅读的限制；

⑤ 读者利用图书馆的权利不能因其种族、年龄、背景及观点而被剥夺或受限制；

⑥ 图书馆为社区的民众提供展览空间、会议场所时，应对申请使用者一视

---

❶ GATES J K. 图书馆事业导论 [M]. 高禩熹译. 台北：文史哲出版社，1980：276.

同仁，不得以个人的信仰或团体的归属作为拒绝的依据。

图书馆权利是什么？目前，国内有三种观点具有代表性：

第一种观点是"民众权利论"，其代表是程焕文先生。程焕文于2007年在《图书馆权利与道德》一书中指出，"图书馆权利是指公民依法享有的平等、自由和合理利用图书馆的权利"。❶ 2011年，程焕文又在《图书馆权利研究》一书中指出，"图书馆权利是指民众利用图书馆的平等和自由"。❷

第二种观点是"图书馆员集团权利论"，其代表是李国新先生。李国新认为，"所谓图书馆权利，是图书馆员职业集团为完成自身所承担的社会职责所必须拥有的自由空间和职务权利。"❸

第三种观点是"公民和馆员权利论"，其代表是范并思先生。范并思认为，图书馆权利可从两方面理解：一是社会立场的图书馆权利，即图书馆是现代民主制度的产物，图书馆是社会公共信息中心，图书馆的存在保证了公民自由获取信息的权利；二是馆员立场的图书馆权利，即按照图书馆活动的专业要求，科学管理图书馆事业，维护图书馆人的职业价值、职业尊严和职业权益。❶

"图书馆权利法案"（Library Bill of Rights）并不是 ALA 的原创称谓，而是采用了美国爱荷华州得梅因公共图书馆馆长福雷斯特·斯波尔丁（Forrest Spaulding）所起草的《图书馆权利法案》（*Library's Bill of Rights*）的名称，1948年修订时重新命名为《图书馆权利法案》（*Library Bill of Rights*）至今。斯波尔丁之所以用"Library's Bill of Rights"这个题名，显然是受到了英国1689年颁布的宪法文件《权利法案》（*The Bill of Rights or Declaration of Rights*）和美国1791年通过的宪法补充文件《权利法案》（*United States Bill of Rights*）等文件题名的术语用法的影响，即斯波尔丁采用英美国家通行的术语"Bill of Rights"（权利法案）命名了自己的文件题名。由此可见，"Library's Bill of Rights"的中文意思应该是"图书馆发布的权利法案"，而不是"图书馆权利的法案"。❺

根据 ALA《图书馆权利法案》的6条内容可以看出，它是 ALA 的基本政策声明，其内容可以概括为"图书馆关于维护公民的知识自由（intellectual freedom）的立场声明"，因为其6条内容无一不是针对维护公民的知识自由而言。众所周知，ALA 始终把自身使命归结为维护公民的知识自由。ALA 把维护知识自由作为其核心使命，是有其法律依据的，这一法律依据就是《美国宪法》第

---

❶ 程焕文，张靖. 图书馆权利与道德［M］. 桂林：广西师范大学出版社，2007：2.

❷ 程焕文. 图书馆权利研究［M］. 北京：学习出版社，2011：36.

❸ 李国新. 图书馆权利的定位、实现与维护［J］. 图书馆建设，2005（1）：1-4.

❶ 范并思. 论图书馆人的权利意识［J］. 图书馆建设，2005（2）：1-5.

❺ 程焕文等. 图书馆权利研究［M］. 北京：学习出版社，2011：23.

一修正案："国会不得制定关于下列事项的法律：确立国教或禁止信教自由；剥夺言论自由或出版自由；或剥夺人民和平集会和向政府请愿申冤的权利。"这一修正案中所说的信教自由、言论自由、出版自由、集会和请愿自由，都与获取知识和信息的自由有关，即维护公民的获取知识和信息的自由权利（知识自由），是公民维护信教自由、言论自由、出版自由、集会和请愿自由的必然要求。这就是 ALA 及国际图书馆界普遍以维护公民的知识自由为核心使命的正当性所在。

综上所述，图书馆权利是指图书馆维护公民获取知识和信息的自由权利的职业责任，亦即图书馆维护公民的知识自由的职业责任。

除 ALA 的《图书馆权利法案》之外，其他国家的图书馆法律、法规以及自律规范文件中（包括 IFLA 的文件中），都不直接使用"图书馆权利"字样，而通常用"图书馆自由"、"知识自由"、"信息自由"、"阅读自由"、"自由利用"等术语表达图书馆权利的内涵。这说明，图书馆权利不是法定权利，而是图书馆职业集团依据有关法律和自身宗旨而确认的职业责任。这就是把图书馆权利界定为一种"职业责任"的根据所在。

日本图书馆协会于 1954 年发布、1979 年修订的《图书馆自由宣言》，把图书馆权利称为"图书馆自由"，其内容包括以下 4 个方面：

① 图书馆具有收集资料的自由；

② 图书馆具有提供资料的自由；

③ 图书馆为利用者保守秘密；

④ 图书馆反对一切检查。

二、美国图书馆协会对《图书馆权利法案》的阐释

ALA 于 1948 年重新命名斯波尔丁的《图书馆权利法案》以来，除了对法案本身三次修订（分别于 1961 年、1980 年、1996 年修订）以外，还对法案进行了多方面、多角度的一系列阐释，使法案始终保持与时俱进的生命力并得到不断地完善（见表 4 - 6）。

表 4 - 6　ALA《图书馆权利法案》阐释文件一览表

序号	文 件 名 称	采用年份	修订年份	修订次数
1	儿童及青少年利用非印刷型资料	1989	2004	1
2	电子信息、服务和网络之利用	1996	2005	1
3	问与答：电子信息、服务和网络之利用	1997	2000	1
4	不因性、性别认同或性取向影响图书馆资源和服务之利用	1993	2000 2004	2

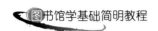

序号	文 件 名 称	采用年份	修订年份	修订次数
5	学校图书馆媒体计划中资源和服务之利用	1986	1990 2000 2005	3
6	问题资料	1971	1981 1990	2
7	馆藏发展的多样性	1982	1990	1
8	信息利用的经济障碍	1993		
9	图书馆馆藏评估	1973	1981	1
10	展览空间和公告板	1991	2004	1
11	图书馆资料删改	1973	1981 1990	2
12	未成年人自由利用图书馆	1972	1981 1991 2004	3
13	高校图书馆知识自由原则	2000		
14	标注与等级划分系统	1951	1971 1981 1990 2005	4
15	问与答：标注与等级划分系统	2006		
16	作为一种资源的图书馆发起计划	1982	1990 2000	2
17	会议厅	1991		
18	隐私	2002		
19	问与答：隐私与机密	2002	2005	1
20	图书馆资料的受限利用	1973	1981 1991 2000 2004	4
21	自由表达的普遍权利	1991		

表4-6中的各阐释文件的主要内容如下：❶

《儿童及青少年利用非印刷型资料》认为，任何对非印刷型资料或信息技术的利用设定最小年龄限制的政策，无论是否得到父母的允许，都损害了未成年人使用图书馆的权利；除非法律有明确的禁止规定，图书馆员应当对声像资料采用和书本及其他印刷型资料同样的流通标准；图书馆员有责任保证未成年人能够利用充分满足其需求的资源和服务。

《电子信息、服务和网络之利用》的着眼点是信息的新技术媒体。该阐释提出，表达自由是一项不可剥夺的人权，是自治的基础；表达自由包括言论自由和随之衍生的获取信息的自由；电子资源为扩大读者获得信息的范围提供了空前的机遇。图书馆和图书馆员应当为读者提供包含所有观点信息的利用途径；图书馆和图书馆员通过对任何形式或技术记录的表达加以挑选、生产、提供利用途径、鉴别、检索、组织、提供使用指导以及保存等，维护和促进上述权利。

《问与答：电子信息、服务和网络之利用》是为了进一步阐明《电子信息、服务和网络之利用》的含义和应用而建立的一组问题与解答例样。该阐释根据上一阐释的内容分"引言"、"用户的权利"、"公平利用"、"信息资源与利用"4个部分提出并回答了29个与电子信息、服务和网络利用相关的问题。

《不因性、性别认同或性取向影响图书馆资源和服务之利用》明确声明，ALA严格且毫不含糊地主张图书馆和图书馆员有义务抵制因性、性别认同或性取向而机械地排除相关主题资料的行为；图书馆员有责任在选择资料时不考虑资料创作者的性、性别认同或性取向；图书馆馆藏应考虑购买和包含体现了性、性别认同或性取向的资料；试图禁止和移除与男同性恋者、女同性恋者和（或）双性恋者生活相关的资料，将构成审查行为；图书馆的服务、资料和计划能够为其服务社区的全部成员所使用，不论成员的性、性别认同或性取向如何。

《学校图书馆媒体计划中资源和服务之利用》针对学校图书馆媒体计划提出。该阐释认为，学校图书馆媒体计划在促进知识自由方面起着独特的作用，为学生提供了一个自主利用信息和思想的场所以及一个学习实验室，学生们从中掌握适应多元社会所需的严密的思维以及问题解决能力，如向学生开放各种论坛、讲座，让学生从中得到更多的知识和思想启发；《图书馆权利法案》的原则同样适用于包括学校图书馆媒体计划在内的所有图书馆。

《问题资料》声明了ALA在馆藏选择政策上的坚定原则：符合图书馆的馆藏资料选择标准，但受质疑的资料，不管在合法或非合法的压力之下，都不应该被移除。

---

❶ 程焕文. 图书馆权利研究 [M]. 北京：学习出版社，2011：196-201.

《馆藏发展的多样性》认为，任何问题都具有许多复杂的方面，而问题所表达、讨论或解释的语境又千变万化；无论作家、创作者或选择者的观点如何，图书馆员有责任保护图书馆馆藏免于因个人的倾向或偏见而移除某些资料，有责任选择所有主题的资料并支持资料的利用，以尽可能符合图书馆所服务社区所有人的需要、兴趣和能力；知识自由作为图书馆公平服务的本质，规定对思想的所有表达提供自由利用。

《信息利用的经济障碍》，根据《图书馆权利法案》的第一条和第五条提出了"管理罚款、费用和用户收费之原则"，根据第二条、第三条和第四条提出了"管理资助条件之原则"，以完成公立图书馆为其所服务社区所有人提供自由、平等和公平的信息利用途径这一基本使命。

《图书馆馆藏评估》反对将图书馆资料评估这一有效的馆藏发展工具当做一种便利的方法用以移除被认为是有争议的馆藏资源，认为这种评估滥用、违反了知识自由原则，与《图书馆权利法案》的引言以及第一条、第二条相悖；ALA反对这种"无声的审查"。

《展览空间和公告板》提出，图书馆展览应努力呈现广泛的意见和不同的观点；不应因为社区一些成员可能不赞同展览的内容而审查或移除展览。

《图书馆资料删改》认为，图书馆对图书或其他图书馆资源任何部分进行任何形式的删除、节略、改动、剪辑或者涂毁属于删改行为，这种行为妨碍了完整的作品和作品中所表达的全面思想的利用，违背了《图书馆权利法案》第一条、第二条以及第三条，还有可能侵犯著作权。

《未成年人自由利用图书馆》明确反对所有基于图书馆读者年龄的对利用图书馆服务、资料和设施进行限制的企图；为图书馆读者在他们个人发展的不同阶段所提供的满足其需求和兴趣的服务、资料、设施是图书馆资源的必要组成部分；图书馆的使命、目的和目标并不能准许图书馆员和管理者设想、废除或否决父母或法定监护人的权利和责任；缺少对信息的利用途径会对未成年人造成伤害，图书馆和图书馆主管团体的公共和专门职责是保证其所服务的社区所有成员都能够免费、平等、公平地利用图书馆所有资源。

《高校图书馆知识自由原则》最初由ALA的下属机构美国大学及研究图书馆协会（ACRL）于1999年通过，目的是对高校图书馆一般性的知识自由原则加以阐释，并在此过程中，提高高校图书馆员在工作中的知识自由意识。该阐释认为，高校图书馆的馆藏和服务应公平地满足学院和大学社区的教育和研究需要，而坚定的知识自由观对馆藏和服务的发展至关重要；《图书馆权利法案》所提出的一般性原则形成了一个必不可少的框架，应在这一框架内建设馆藏、服务和政策，并为整个高校社区提供。

《标注与等级划分系统》首先声明了一个基本立场，即图书馆不鼓吹其馆藏或可通过图书馆获得的资源中所包含的思想；图书馆收藏图书或其他资源，并不表示图书馆认可其内容；同样，图书馆读者能够通过图书馆内的计算机利用电子信息，并不表示图书馆认可或赞成被利用的信息。接着该阐释认为，图书馆资料上的标注可能是观点中立的、用于节省用户时间的定向标记，也可能是造成偏见、或阻碍读者、或限制读者利用资料的企图；当标注是造成偏见的企图时，它就成了审查的工具，ALA反对将标注作为造成人们对图书馆资料偏见的手段；图书馆采用、执行或是认可任何组织公布的等级划分系统都违反《图书馆权利法案》。

《问与答：标注与等级划分系统》是为了进一步阐明《标注与等级划分系统》的含义和应用而建立的一组问题与解答例样。其中从"定义"、"流派"、"在目录中被加强的内容"、"等级划分系统与图书馆"、"年龄、年级、阅读级别和计算机阅读计划"、"推荐书目"、"基于种族和语言群体的标注"若干角度就标注与等级划分系统等有关问题进行了具体而细致的论述。

《作为一种资源的图书馆发起计划》认为，图书馆活动计划利用图书馆工作人员的专业技术、馆藏、服务和设施，增加对信息及信息资源的利用途径，支持图书馆为读者提供信息、教育和娱乐的额外机会的使命。因此，《图书馆权利法案》中声明的涵盖图书馆提供的所有资源的"使用图书馆的权利"包括参加图书馆活动计划的权利；图书馆不能因为个人的经济背景和支付能力而拒绝或削减其对图书馆活动计划的利用。

《会议厅》认为，作为服务项目的一部分内容给个人和社区使用的会议厅应在公平的原则上提供；应对会议厅设施的利用制定和公开发布相关政策；不能因个人或团体的支付能力制约而间接限制他们利用图书馆会议厅。

《隐私》认为，隐私对言论自由、思想自由、结社自由等实践都是必要的；在图书馆中，隐私权是指个人的兴趣不受他人检查或调查的权利；机密则指图书馆对用户的个人身份确认信息保密；保护用户的隐私机密长期以来都是图书馆的任务之一，隐私权和保密权也是《图书馆权利法案》中固有的，可以保证所有读者自由地利用图书馆资源。

《问与答：隐私与机密》是与《隐私》配合使用的一组问题与解答例样，分为"导言"、"基本概念"、"隐私与图书馆记录的保密"、"安全问题"4个部分，探讨了隐私与机密相关的30个具体问题。

《图书馆资料的受限利用》认为，图书馆是开放的信息交换的场所，任何试图以物理的或虚拟的形式限制或隔离馆藏或是通过设置年龄、语言、经济、心理或是其他障碍来限制资料利用的行为违背《图书馆权利法案》的基本原则。

　　《自由表达的普遍权利》引用了联合国《世界人权宣言》的第十八条、十九条、二十条的规定，并据此认为表达自由是一项不可剥夺的人权，表达自由包含言论自由、出版自由、信仰自由、集会自由和结社自由，以及获取信息的权利；ALA确认，反对导致个人胁迫的政府特权的任意使用；谴责图书馆和图书馆员对个人持有主张以及寻求、接受和传递信息和观点的权利加以限制的行为；反对任何形式的审查。

第五章　现代图书馆基本理念

在现代汉语语境中，"理念"是一个比"观念"更接近"信念"的词汇。"理念可以理解为理性。"❶ "在任何一项事业背后，必然存在着一种无形的精神力量。"❷ 图书馆理念就是这样一种"精神力量"。因此，有的人把图书馆理念称为"图书馆精神"。图书馆从业者若欲出色地履行职业使命和自身的职责，首先应该准确理解并内化图书馆理念。图书馆理念就是人们就图书馆的使命、职能、运行和发展等问题所持有的基本信念或价值判断，它是图书馆从业者应该秉持的职业"意识形态"（ideology）。❸ 图书馆理念可从方法论层面（管理层面）和认识论层面分别来认识。管理层面的理念如人本管理理念、绩效管理理念、法治管理理念、危机管理理念等；认识论层面的理念如知识自由理念、民主政治理念、终身学习理念、公共物品理念、社会责任理念等。本书只论述认识论层面的理念。

在国外图书馆界，很少用"图书馆基本理念"一词来概括图书馆职业应该信奉的理念体系，而是通常在对"图书馆核心价值"（core values of librarianship）的确认中渗透着对图书馆基本理念的认识。如 ALA 于 2004 年通过的《图书馆职业的核心价值》把图书馆核心价值概括为以下 10 个范畴，即利用、机密/隐私、民主、多样性、教育与终身学习、知识自由、保存、公共物品、服务和社会责任。美国公共图书馆协会（Public Library Association，PLA）也发布有核心价值和优先考虑的问题。图书馆核心价值如下：① 提供对开放的新思想有前瞻性的引导；② 致力于终身学习；③ 致力于会员的需求并做出回应；④ 追求信息的免费和开放交流并积极合作；⑤ 尊重不同意见和社区的需求；⑥ 致力于优质和创新。应优先考虑的问题如下：① 为公共图书馆寻求充足的资金；② 改善公共图

---

❶　［德］黑格尔. 逻辑学（上卷）［M］. 杨一之译. 北京：商务印书馆，1966：9.

❷　［德］马克斯·韦伯. 新教伦理与资本主义精神［M］. 彭强，黄晓京译. 成都：四川人民出版社：1986：译者絮语第 3 页.

❸　所谓意识形态，是指"一个社会或团体成员对周围环境世界及自身存在的一套感觉、认知和信仰体系，它反映了一个社会或团体的价值取向和利益取向"。参见：马宝成. 试论政治权力合法性的意识形态基础［J］. 东方论坛，2002（2）：30－36.

书馆管理；③ 认识到在提供高质量服务上公共图书馆工作人员的重要性；④ 公共图书馆员的雇用、教育、培训和报酬；⑤ 知识自由；⑥ 改善图书馆资源获取途径；⑦ 与非图书馆界人士的有效交流。本书专门设"图书馆基本理念"章节，试图对现代图书馆应该普遍信奉的理念体系加以概括论述。

第一节　知识自由理念

一、知识自由的概念

这里的"知识自由"对应于 ALA 和 IFLA 所称的"intellectual freedom"。在中国内地，有人把"intellectual freedom"译为"智识自由"。在台湾地区，有人译为"知识自由"，有人译为"智识自由"。考虑到"智识"一词在大陆尚不流行，同时考虑到"智识自由"一词与"思想自由"一词在意含上不易区分，本书把"intellectual freedom"译为"知识自由"。

一般认为，"Intellectual Freedom"这一术语首先是由 ALA 提出来的，如1940 年 ALA 成立"知识自由委员会"（The Intellectual Freedom Committee，IFC），这里就用了"Intellectual Freedom"这一术语，说明"Intellectual Freedom"一语至迟于 1940 年之前就已使用。台湾地区学者高锦雪认为："知识自由既非图书馆史具来的传统，也没有一定的条文或说法，乃是源自十九世纪以来，美国图书馆学会陆续对相关情况所做的各种探讨与声明……可见知识自由（Intellectual Freedom）乃是源于此一宣言（*Library Bill of Rights*）。"❶

ALA 所界定的"知识自由"的内涵是："每个人享有的不受限制地寻求与接受包含各种观点的信息的权利"，"知识自由包括以下三个方面：知识持有的自由、知识接受的自由与知识发布（传播）的自由"。IFLA 于 1997 年成立的"自由利用信息与表达自由委员会"（Committee on Free Access to Information and Freedom of Expression，FAIFE）对知识自由的表述是："知识自由是每个人享有的持有与表达意见、寻求与接受信息的权利。知识自由是民主的基础。知识自由是图书馆理念的核心。"

ALA 和 IFLA 对知识自由的上述界定，其意图是把知识自由纳入到思想自由的范畴。可见，知识自由的思想基础或理论根据就是思想自由，或者说，知识自由是思想自由在图书馆领域中的表现的一种特称术语。

知识自由是指任何个人或组织应该享有的传播知识和接受知识的自由权利。

---

❶ 王明玲. 知识自由在国际图书馆界的新近发展与其省思［J］. 大学图书馆，2000（2）：147 - 166.

传播知识的自由对应于表达自由的权利，接受知识的自由对应于获取知识并形成自己思想观点的自由权利。知识自由中包含着"传播知识的自由"和"接受知识的自由"两个环节。传播知识的自由是表达自由的一种形式，对图书馆来说就是"收集资料的自由"和"提供资料的自由"，传播知识的自由构成了图书馆权利的主要内容；接受知识的自由是个人获取知识并形成自己思想观点的自由，对图书馆来说就是读者权利，即接受知识的自由构成了读者权利的主要内容。传播知识的自由权利和接受知识的自由权利，都属于人或组织的基本权利，除非法律上的合理限定，在其他任何情况下都不应受限制。

二、ALA 的知识自由政策

迄今为止，在世界各国中，美国是知识自由政策最完备的国家。ALA 的知识自由政策框架由《图书馆权利法案》及其阐释、《道德规范》、《阅读自由声明》、《观赏自由声明》、《图书馆：美国的价值》、有关知识自由的决议、有关知识自由的声明与政策、核心价值声明等几个部分构成。❶ 其中的《图书馆权利法案》及其阐释，已在本书"图书馆权利"部分作了介绍。下面介绍其余几个部分。

1.《道德规范》

ALA 的《道德规范》主要内容如下：

● 我们通过适当而有效组织的资源、公平的服务政策、公平的利用途径以及对所有要求准确、无偏见且有礼貌地回应，为所有图书馆读者提供高品质的服务。

● 我们支持知识自由原则，抵制所有审查图书馆资源的企图。

● 我们保护每一个图书馆用户的隐私权以及有关查询或接收的信息和咨询、借阅、获得或传播的资源的机密。

● 我们承认并尊重知识产权。

● 我们以尊重、公平和真诚的态度对待同事，并提倡保护机构内所有雇员的权利和福利的工作环境。

● 我们不以牺牲图书馆用户、同事或雇佣机构的权益为代价谋取私利。

● 我们区分个人信念与专业责任，不允许个人信仰干扰任职机构的公正形象或信息资源利用途径的提供。

● 我们通过保持和扩充自己的知识和技能，通过鼓励同事的职业发展，通过激发新成员的热情，为职业的卓越性而奋斗；实现职业价值，充实个人专业知识，为专业发展而努力。

---

❶ 本书所介绍的 ALA 的知识自由政策，大量转用了程焕文等的《图书馆权利与道德》、《图书馆权利研究》两本书中的资料。在此向作者表示衷心的感谢。

2.《阅读自由声明》

该声明由 ALA 与美国出版协会阅读自由委员会（American Book Publishers Council Freedom to Read Committee）于 1953 年 6 月 25 日通过，修订于 1972 年、1991 年、2000 年、2004 年。其内容如下：

● 出版者与图书馆员应为了公众的利益提供最广泛多元的观点及表达，包含那些非正统、不被大众所接受，甚至被认为是危险的观点及表达。

● 出版者、图书馆员及书商不必赞同他们提供的任何观点、想法及作品。用他们自己所持有的政治、道德、审美观点作为决定什么书被出版、流通，是与公众利益相冲突的。

● 出版者、图书馆员基于作者的生平事迹及政治倾向而禁止公众获得其作品，这是与公众利益相违背的。

● 强迫他人阅读或限制阅读、抑制作家为完成艺术作品所做的努力，这些都是不可取的。

● 强迫读者去接受被预判为是带有攻击性的或危险性的任何意见或作品是不符合公众利益的。

● 作为公众阅读自由的捍卫者，出版者和图书馆员须利用此自由向任何寻求施行其本身标准而造成侵权的个人或团体提出质疑，并抵制试图获取读者阅读信息的政府行为。

● 满足公众的自由阅读权利，提供丰富多样的表达各种思想及意见的书籍，是出版者和图书馆员们的责任。

3.《观赏自由声明》

该《宣言》由美国电影电视协会（American Film and Video Association），即原教育电影图书馆协会（Educational Film Library Association）起草，美国电影电视协会董事会于 1979 年 2 月采用，并于 1989 年更新并被批准。ALA 理事会于 1990 年 1 月 10 日通过并支持。其内容如下：

观赏自由和讲演自由、收听自由、阅读自由一样，受美国宪法第一修正案保护。在一个自由社会，不应存在对任何表达形式的审查。因此，我们郑重声明如下原则：

● 使公众最大限度地获取影片、电视节目与其他视听资料，因为它们是思想交流的一种手段。观赏自由对于宪法所保障的表达自由必不可少。

● 为所有使用影片、电视节目与其他视听资料的个人或机构保密。

● 提供最广泛多元的表达各种观点和意见的影片、电视节目与其他视听资料。对作品的选择并不等于对其内容的同意或认可。

- 不因出版人或制片人的道德、宗教、政治信念，或因具有争议性的内容，而对影片、电视节目与其他视听资料进行预判或将其贴上标签加以限制。
- 利用各种合法的手段积极对抗侵犯公众观赏自由的行为。

4. 《图书馆：美国的价值》

ALA 理事会于 1999 年 2 月 3 日通过。全文如下：

图书馆是他们所服务的社区的基石。自由获取图书馆中的书籍、思想、资源及信息对于教育、就业、娱乐及自治政府都是必要的。

图书馆对于每代人来说都是一种遗产，提供过去的遗留之物及将来的承诺，为了使图书馆繁荣发展，促进并保护公众利益，我们相信某些原则需要遵守。

- 我们捍卫每个公民的宪法赋予的使用图书馆文献及服务的权利，包括儿童与青少年。
- 我们珍视我们国家的多样性，并努力把它反映在我们所提供的文献及服务中。
- 我们承认父母或监护人指导儿童使用图书馆、图书馆文献及服务的责任及义务。
- 我们通过帮助每个人选择并有效利用图书馆资源来与他人进行思想交流。
- 我们保护每个公民在使用图书馆文献及服务的隐私和机密。
- 我们保护人们就图书馆的资源和服务表达意见的权利。
- 我们通过提供最广泛的观点、意见及思想，颂扬和维护我们的民主社会，因此，每个人都将终生拥有知情权、读写能力、接受教育并赋予丰富的文化知识。变化是永恒的，但是这些原则将超越变化，在动态的技术、社会及政治环境中永恒。通过这些条款，美国的图书馆珍视并保护表达我们相同或不同的言论自由，尊重每个人的信仰，并使得所有人平等和自由。

5. 有关知识自由的决议

ALA 理事会通过的有关知识自由的决议见表 5 - 1。

表 5 - 1　ALA 知识自由决议

序号	决 议 名 称	采用年份
1	关于新联邦通信委员会章程及媒体关注的决议	2003
2	关于评价侵犯美国图书馆协会基本价值的决议	2004
3	关于支持学术自由的决议	2006
4	关于支持美国科学促进协会声明的决议	2000
5	关于身体或心智残障人士获取图书馆及信息使用途径的决议	1988
6	关于伊拉克的图书馆与文化资源的决议	2003

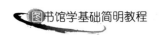
续表

序号	决 议 名 称	采用年份
7	关于反对联邦授权因特网过滤的决议	2001
8	关于隐私与标准化驾驶执照及个人身份证的决议	2005
9	关于《美国爱国者法案》提议修正的决议	2004
10	关于无线射频识别（RFID）技术与隐私原则的决议	2005
11	关于联邦通信委员会有关传播淫秽内容最新政策的决议	2004
12	关于保留图书馆使用记录的决议	2006
13	关于《美国爱国者法案》与图书馆的决议	2005
14	关于侵犯图书馆用户权利的《美国爱国者法案》及相关措施的决议	2003
15	关于《美国爱国者法案》重新授权的决议	2006
16	关于在图书馆使用过滤软件的决议	1997
17	关于威胁与性、性别认同或性取向有关的图书馆资料的决议	2005
18	关于重申遭遇恐怖袭击之后的知识自由原则的决议	2002

下面简要介绍表 5 - 1 中的部分决议的内容：

《关于身体或心智残障人士获取图书馆及信息使用途径的决议》：ALA《图书馆权利法案》确保所服务社区内所有人都能利用图书馆的设施、资料和服务，包括身体或心智残障人士；ALA 对于针对感染 AIDS、ARC 或 HIV 测试呈阳性的所有年龄的人的歧视以及拒绝或减少图书馆或信息利用途径的提供行为表示不满。

《关于反对联邦授权因特网过滤的决议》：ALA 鼓励立法者废除《儿童因特网保护法案》以及《邻近儿童因特网保护法案》部分侵占和破坏局部控制的规定；ALA 将继续支持和鼓励地方图书馆教育孩子和成年人以安全有效的方式使用因特网；为确保美国人民拥有不受限制的信息利用途径，ALA 发起对有关法案的诉讼；ALA 将本决议递呈美国总统及国会议员。

《关于〈美国爱国者法案〉提议修正的决议》：ALA 支持国会近期修正《美国爱国者法案》中削减图书馆读者权利的部分规定以完全恢复那些权利的立法提议；ALA 反对美国政府任何约束思想自由表达或限制图书馆使用的进一步行动；ALA 力劝美国国会反对危及或进一步削减查询和自由表达权利的立法、规章或其他行动。

《关于保留图书馆使用记录的决议》：ALA 力劝所有图书馆限制个人身份确认信息被监控、收集、公开和传播的程度；力劝所有图书馆避免产生不必要的记录；力劝所有图书馆将个人身份确认信息的利用途径限制在履行授权职责的工作人员的范围内；力劝所有图书馆避免保留非图书馆有效及合法运作所需的包含个人身份确认信息的图书馆使用记录；力劝所有图书馆与信息技术部门合作确保信息技术部门按照图书馆政策处理或持有图书馆使用记录；力劝所有图书馆确保必须保留的数据的安全；力劝所有图书馆避免将个人身份确认信息公开的图书馆实践和程序；力劝所有图书馆进行年度审核确保信息处理程序符合隐私要求；力劝所有图书馆采用或更新隐私政策以保护读者个人身份确认信息，与图书馆读者就他们的信息如何被使用进行沟通，解释在怎样的情况下他们的个人身份确认信息可能被公开。

《关于侵犯图书馆用户权利的〈美国爱国者法案〉及相关措施的决议》：ALA 反对任何抑制知识与信息的自由及开放交换或对个人自由查询行为的政府权力干预；ALA 鼓励所有图书馆员、图书馆管理者、图书馆主管团体以及图书馆提倡者就遵守《美国爱国者法案》及相关措施的程序以及这些措施给个人隐私和图书馆记录机密带来的危险教育用户、工作人员并与他们沟通；ALA 力劝各地的图书馆员保护和支持用户隐私以及知识和信息的自由且开放的利用途径；ALA 与其他组织适当合作保护查询和自由表达的权利；ALA 采取适当行动获得并宣传有关图书馆和图书馆用户受执法机构监督的信息，并评估给图书馆用户和社区造成的影响；ALA 力劝所有图书馆采用并执行用户隐私与记录保密政策，政策应确认个人身份确认信息的收集应仅仅是完成图书馆使命所必需的一条常规政策；ALA 认为《美国爱国者法案》危及了宪法和图书馆用户隐私权利的存在，力劝美国国会采取相应措施予以监督、修正或更改；将这一决议递呈美国总统、司法部长、国会两院议员、图书馆团体及其他适当机构或人士。

6. 有关知识自由的声明与政策

ALA 制定和采用的关于知识自由的声明、政策见表 5 - 2。

表 5 - 2　ALA 知识自由相关声明与政策

序号	政策名称	采用及修订情况
1	图书馆职业的核心价值	2004 年采用
2	残障人士图书馆服务政策	2001 年通过
3	美国图书馆协会/美国档案管理员协会联合声明——原创研究资料利用指南	ALA 及美国档案管理员协会（SAA）于 1994 年通过
4	图书馆使用过滤软件声明	ALA 知识自由委员会（ALA/IFC）于 1997 年制定，2000 年修订
5	制定公共图书馆互联网使用政策的指南与考虑	ALA/IFC 于 1998 年发布，2000 年修订

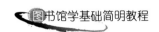

序号	政策名称	采用及修订情况
6	影响图书馆资料、服务及设施利用的政策、规章及程序的制定与实施指南	ALA/IFC 于 1994 年采用, 2005 年修订
7	制定用户行为与图书馆使用政策及程序指南	ALA/IFC 于 1993 年采用, 2000 年、2005 年两次修订
8	制定图书馆隐私政策指南	ALA/IFC 于 2003 年采用, 2005 年修订
9	图书馆记录机密性政策	1971 年采用, 1975 年、1986 年两次修订
10	制定机密性政策	不明
11	实施《图书馆记录机密性政策》的建设性程序	ALA/IFC 于 1983 年采用, 1988 年、2005 年两次修订
12	美国学校图书馆员协会：图书馆记录机密性立场声明	美国学校图书馆员协会（AASL）于 1999 年修订
13	图书馆用户个人身份确认信息机密性政策	1991 年采用, 2004 年修订
14	机密性与应对法律强制性调查——图书馆与图书馆工作人员指南	ALA/IFC 于 2005 年制定
15	图书馆无线射频识别（RFID）——隐私与机密指南	ALA/IFC 于 2006 年采用
16	隐私审核	不明
17	关于政府胁迫的政策	1973 年采用, 1981 年、2004 年两次修订
18	图书馆的抵制	1971 年采用
19	语种多元化	1992 年采用
20	忠诚誓言	1992 年采用
21	盾牌法	1992 年采用

下面简要介绍表 5 - 2 中的部分声明、政策的内容：

《残障人士图书馆服务政策》：ALA 认识到残障人士是社区数量较大却被忽视的弱势群体，并且是在图书馆职业中严重地未被充分代表的群体；残障导致了许多个人困难，此外，许多残障人士遭遇了经济不公、不会读写、文化隔绝以及在教育、就业和广泛的社会活动中受到歧视的境况；通过帮助残障人士全面的参与社会，图书馆在他们的生活中扮演催化剂的角色。因此，ALA 通过此政策，与多方合作，致力于为残障人士根除不公、改进态度、改善服务以及增进机会。

《图书馆使用过滤软件声明》：此声明主张，因特网信息应该与图书、杂志、报纸和街头临时演讲台上的演讲者受到同等的宪法保护；图书馆可以继续提供获取因特网内容的服务，并与图书馆提供的书籍服务一样，受到宪法保护。因此，图书馆使用过滤软件阻隔受宪法保护的言论自由，与《美国宪法》和联邦法律相矛盾，可能使图书馆遭遇法律问题；此外，ALA 确认图书馆使用过滤软件阻隔受宪法保护的言论自由违反了《图书馆权利法案》。该政策定义了什么是过滤软件，阐释了图书馆使用过滤软件的问题，提出图书馆如何促进因特网的利用。

《制定公共图书馆因特网使用政策的指南与考虑》：非常明确地阐释了知识自由的法律基础：公共图书馆是一个"受限的公共论坛"；"受限"意味着公共图书馆作为一个利用自由和开放的交流的场所，在合理的时间、地点和方式等方面受到限制；在政府向民众开放的任何用于交流的公共论坛，宪法《第一修正案》保护人们不受政府干涉其交流内容而使用论坛的权利；这正是宪法保证言论自由的本质所在。以宪法及其"第一修正案"为基础，在公共论坛，在图书馆，政府被禁止对交流的内容加以区别对待。因特网作为自由表达论坛，受到宪法的充分保护；而因特网过滤、等级划分系统是为了对交流内容加以区别而设计的工具。ALA 呼吁不论年龄如何，为所有图书馆读者提供自由且不受限制的因特网利用途径。

《制定图书馆隐私政策指南》：提出了图书馆制定隐私政策的 4 条基本方针：限制个人身份确认信息被监控、收集、公开和传播的程度；避免产生不必要的记录；避免保留非图书馆有效运作所需的记录；避免将个人身份确认信息分开的图书馆实践和程序。该指南详细介绍了应如何起草图书馆隐私政策，其中还就学校和学院图书馆以及公共图书馆未成年人服务提出专门需要考虑的事项；此外，还提出了一系列制订图书馆隐私政策的工具，包括政策范本、基本问题清单、隐私审核等。

《图书馆用户个人身份确认信息机密性政策》：认为在寻找利用途径或寻求信息的过程中，机密性是提供隐私保护的基本手段，它将使个人免受胁迫和报复；然而，ALA 经常会收到联邦、州和地方司法机构调查图书馆的报告，这些报告要求获得图书馆用户个人身份确认信息；这些调查反映了对机密性在维护《第一修正案》赋予的权利中所起作用的无知，威胁到信息利用的自由；作为民主的重要屏障之一，图书馆绝不能向侵犯图书馆用户隐私权的行为妥协。

三、IFLA 的知识自由政策

IFLA 自成立以来，一直重视知识自由政策的制定与宣传。其主要政策文件见表 5-3。

表 5 - 3　IFLA/FAIFE 政策文件

序号	政策名称	通过与宣布情况
1	图书馆、信息服务机构与知识自由格拉斯哥宣言（2002）	IFLA 理事会于 2002 年 3 月 27 日通过；IFLA 理事会于 2002 年 8 月 19 日宣布
2	因特网宣言（2002）	IFLA 理事会于 2002 年 3 月 27 日通过；IFLA 于 2002 年 5 月 1 日宣布；与 2002 年 8 月 23 日在苏格兰格拉斯哥举行的第 68 届 IFLA 大会及理事会议上通过
3	图书馆与可持续发展声明（2002）	IFLA 理事会于 2002 年 8 月 24 日通过
4	图书馆与知识自由声明（1999）	IFLA 执委会于 1999 年 3 月 25 日通过
5	国际图联/联合国教科文组织：公共图书馆宣言（1994）	联合国教科文组织综合信息计划政府间委员会于 1994 年通过
6	关于国家安全立法的决议（2003）	IFLA 理事会于 2003 年通过
7	古巴：决议（2001）	IFLA 理事会于 2001 年通过
8	关于建立信息利用自由与表达自由委员会的决议（1997）	IFLA 理事会于 1997 年通过
9	利用信息与表达自由委员会报告（1997）	IFLA 理事会于 1997 年陈述
10	关于法国政府及法国市政当局的决议——支持联合国教科文组织《公共图书馆宣言》（1997）	IFLA 理事会于 1997 年通过
11	关于利用信息与表达自由重要性的决议（1995）	IFLA 理事会于 1995 年通过
12	关于表达自由、审查与图书馆的决议（1989）	IFLA 理事会于 1989 年通过
13	关于代表图书馆员（人权侵犯的受害者）的决议（1983）	IFLA 理事会于 1983 年通过

　　表 5 - 3 中的前 5 个政策文件的全文见本书附录。下面简要介绍其他部分文件的内容。

　　《关于国家安全立法的决议（2003）》：自"9·11 事件"后，美国制定了《美国爱国者法案》（USA Patriot Act），其他一些国家也仿效出台类似的法规。此类法规以反恐为名对利用信息进行限制以及要求图书馆公开用户机密信息。这一现象引起了国际图书馆界的普遍关注。因此，IFLA 通过此决议，声明拒绝以民主的借口侵犯知识自由及隐私权的做法。

　　《古巴：决议（2001）》：是针对美国对古巴的禁运导致的一系列后果所制定

的。美国对古巴的禁运包括了对信息资料的禁运。此外，由于整个禁运而导致的经济影响使得古巴图书馆的购买力严重下降，而能源供应、信息通信和其他方面也影响到古巴图书馆界信息利用途径的减少，古巴图书馆界与国际图书馆界的交流也因古美两国互不相访而受到限制。该决议表明了 IFLA 对这些问题的关注。IFLA 敦促两国政府消除因禁运或其他政策所导致的信息利用和职业交流障碍；支持古巴图书馆界维护自由利用信息的行动。

《关于法国政府及法国市政当局的决议——支持联合国教科文组织《公共图书馆宣言》（1997）》：在第 63 届丹麦哥本哈根 IFLA 大会上讨论了法国 4 个城市的地方权力机构对市内公共图书馆的图书进行审查的事件，这些事件严重影响了法国图书馆员对中立性和公正性的维持，他们承受了极大的压力，部分馆员因此离职。经过讨论，大会通过该决议，表明法国所有市政当局应坚决支持《公共图书馆宣言》的原则，承诺法国政府将采取紧急措施确保图书馆和图书馆员的正常工作，并在法律中明确公共图书馆员不受意识形态、政治观点和宗教信仰的审查，自由地提供馆藏和服务的权利。这项决议具有重要的历史意义：IFLA 第一次正式对一个国家的图书馆知识自由侵害事件进行了干预。

《关于利用信息与表达自由重要性的决议（1995）》：IFLA 通过这一决议谴责所有对表达自由、利用信息和自由讨论的侵犯和限制；建议所有政府确保公民表达自由和信息自由流动的权利，并保护他们在追求这些权利时不受暴力、胁迫和处罚的威胁。

《关于代表图书馆员（人权侵犯的受害者）的决议（1983）》：决议提出了两项建议，第一，在某些图书馆员因持有观点差异而受到迫害时，全体图书馆员必须表现出团结的精神；第二，IFLA 主席在适当的权限范围内，应代表全体图书馆员对迫害事件进行干预。

四、世界各国的知识自由政策

世界各国图书馆协会制定或采用的知识自由政策的基本情况（见表 5 - 4）。

表 5 - 4　世界各国知识自由声明

序号	政策制定或采用机构	政策名称	采用与修订情况
1	澳大利亚图书馆与信息协会（Australian Library and Information Associatio, 简称 ALIA）	阅读自由声明（1985）	1971 年采用，1979 年、1985 年两次修订
2	加拿大图书馆协会（Canadian Library Association, 简称 CLA）	知识自由立场声明（1985）	1974 年采用，1983 年、1985 年两次修订
3		公民利用信息数据库——隐私权（1987）	1987 年通过

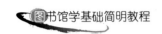

序号	政策制定或采用机构	政策名称	采用与修订情况
4	加拿大研究图书馆协会（Canadian Association of Research Libraries，简称CARL）	研究图书馆表达自由声明（1986）	1986 年采用
5	克罗地亚图书馆协会（Croatian Library Association，简称CLA）	自由利用信息声明（2000）	2000 年采用
6	爱尔兰图书馆协会（Library Association of Ireland，简称LIA）	图书馆儿童和青少年服务政策声明（1998）	1998 年采用
7	日本图书馆协会（Japan Library Association，简称JLA）	图书馆知识自由声明（1979）	1979 年采用
8	新西兰图书馆与信息协会（Library and Information Association New Zealand Aotearoa，简称LIANZA）	利用信息（1978）	1978 年采用
9		图书馆审查制度（1980）	1980 年采用
10	乌克兰图书馆协会（Ukrainian Library Association，简称ULA）	图书馆民主化宣言的声明（1995）	1995 年通过
11	英国图书馆与信息专业人员注册协会（Chartered Institute of Library and Information Professionals（United Kingdom），简称CILIP）	知识自由、利用信息与审查制度（2005）	2005 年通过
12		信息利用（1997）	1997 年
13		过滤软件在图书馆的使用（2000）	2000 年
14	欧洲理事会（Council of Europe）	网络信息的公共利用与表达自由（2000）	2000 年

　　基于对只有其公民能够通过图书和其他信息源利用信息和思想，自由在民主社会才能够得到保护的认识，澳大利亚图书馆与信息协会在《阅读自由声明（1985）》中确认了图书馆员的基本职责，包括为图书馆用户保密、抵制审查、支持所有公民享受图书馆服务和利用图书馆馆藏的权利等。

　　加拿大图书馆协会《知识自由立场声明（1985）》认为，知识自由权利对加拿大的社会健康和发展至关重要，而坚持知识自由是图书馆的基本职责；因此，图书馆应最大限度地搜集和提供广泛的资料，并向所有需要图书馆公共设施和服务的个人和团体开放以保障自由表达权利。

加拿大图书馆协会《公民利用信息数据库——隐私权（1987）》中提到随着计算机和通信技术的快速进步、数据服务中信息使用的增加以及信息经济效用的增大，两项同样重要却彼此对立的公众利益受到影响。即第一项是通过限制公开任何与个人身份相关的信息以保护隐私的个人基本权利；第二项是为了在一个信息充足的国家确保公民充分知情而必需的信息利用自由。为了平衡这种对立，加拿大图书馆协会既认可除了在联邦或省法律的明确规定外，不公开图书馆用户的名字；又确保信息的普遍利用途径不被受限制的用户付费程序所替代。

加拿大研究图书馆协会《研究图书馆表达自由声明（1986）》认为，加拿大所有公民都有利用知识、创造力和智力活动的所有表达形式的基本权利；为达到这个目标，研究图书馆可通过购买或资源共享来获取并为他们的社区提供最广泛的资料，以支持其学术追求。

克罗地亚图书馆协会《自由利用信息声明（2000）》宣称，知情权是一项基本人权，它能确保社会中的每个人都有真正的平等；支持知情权及相关的权利，使信息能够自由传递，是图书馆对社会的基本职责；并强调图书馆在和平文化发展进程中对促进人权、宽容和民主的积极作用。

作为信息服务中的特殊群体，或者说是弱势群体，对于儿童和青少年知识自由权利的探讨具有特殊的复杂性。未成年人（包括儿童和青少年）有不同于成年人的基本生理和心理特性：首先，价值观还未形成，缺乏判断是非、辨别善恶的能力，对外界环境的影响缺乏抵抗力；其次，心理和个性尚未成熟，自立性、独立性差，容易受到不良因素的伤害；第三，具有强烈的好奇心，学习的欲望大。然而，根据联合国《儿童权利公约》：儿童发展权❶赋予儿童获得和利用信息的权利；儿童参与权❷赋予儿童自由表达信息和思想的权利。爱尔兰图书馆协会《图书馆儿童和青少年服务政策声明（1998）》是一份专门以儿童和青少年为对象的图书馆权利政策。声明在肯定儿童和青少年图书馆权利的基础上，针对其特殊性，从多个方面做出了维护儿童和青少年图书馆权利的相应规定。

---

❶ 儿童发展权（Development Rights）是指儿童拥有受教育的权利（包括正规和非正规教育），充分发展其全部体能、智力、精神、道德、个性和社会性权利。

❷ 儿童参与权（Participation Rights）是指儿童参与家庭、文化和社会生活的权利。在《儿童权利公约》中，儿童参与权的主要条款有，第十二条：缔约国应确保能够形成自己看法的儿童有权对影响儿童的一切事项自由发表自己的意见，对儿童的意见应按照其年龄和成熟度给予适当的重视；第十三条：儿童应有自由发表言论的权利，此项权利应包括通过口头、书面或印刷、艺术形式或儿童所选择的任何其他媒介，不论国界，寻求、接收和传递各种信息和思想的自由。

通过《图书馆知识自由声明（1979）》，日本图书馆协会承认为人们提供资源和设备以维护知识自由的基本权利是图书馆的职责；为履行这一职责，图书馆支持选择资料的自由、提供资料和设施的自由、保护用户隐私的权利、反对任何形式审查的权利等原则。声明还提出图书馆知识自由的宣示是一个国家民主进步的重要标志之一；保护图书馆的知识自由是人们追求民主和人权斗争的一部分，图书馆有责任与一切支持知识自由的个人、组织和团体一起共同维护知识自由；并承诺，在为争取图书馆知识自由的斗争中，任何受到不公正待遇的图书馆员都会得到日本图书馆协会的有力支持。

新西兰图书馆与信息协会在《利用信息（1978）》中宣称，信息的自由流通有利于捍卫民主社会；社会成员享有利用信息的基本权利，享有隐私权以及个人信息免受滥用和开发的权利；公民不应被拒绝利用信息，而其隐私亦应受到保护；图书馆员有责任为其服务社区获得、组织和传播信息。这份声明最有特色的地方在于，它强调了公民对政府信息的利用权，即通常所说的知情权——政府机构，包括国家级和地区级、国会、州政府、市政机关和其他当局，有责任制定报告和其他公文，为所有公民广泛获得。协会承认，利用信息的原则与信息免遭滥用的保护有时是难以协调的，但同时却强调知情权应是主要的考虑因素。

新西兰图书馆与信息协会《图书馆审查制度（1980）》认为，为了存储并提供知识、信息和观点，为了促进对文学和其他艺术的享受，社会建立了图书馆这样的机构；每一个图书馆都肩负着为用户提供与其要求相关的最大范围的图书和其他图书馆资料的责任；为此，图书馆员有责任确保图书馆资料的选择与获取仅仅受专业考虑的指导，而不因任何偏见或压力遭到审查、限制或是移除。

《图书馆民主化宣言的声明（1995）》是在乌克兰整个国家提出民主化要求的社会政治背景下制定的，是乌克兰图书馆协会在《乌克兰图书馆和图书馆事业法》通过之后向社会首次发出的宣言。乌克兰图书馆协会希望通过这一宣言，提醒在整个国家的民主化进程中，图书馆这一领域不应被忽略。宣言写道："图书馆被认为是社会中最民主的机构，它实现了保存人类几千年积累的知识的社会目标，并且无私地把它们给予每个想从图书馆这一生命源泉汲取知识营养的人"，"我们鼓足勇气提醒社会关注我们的存在"。

英国图书馆与信息专业人员注册协会（CILIP）的知识自由政策声明共有3份，包括《知识自由、利用信息与审查制度》、《信息利用》和《过滤软件在图书馆的使用》。

CILIP《知识自由、利用信息与审查制度声明（2005）》认为，由公共财政资助的图书馆和信息服务机构扮演的角色，是在资源许可的情况下，提供用户感兴趣且合法的、不论真实或虚拟的、不管所使用的媒体或格式的信息为公众所利用；虽然信息和通信技术已经改变了信息的获得方式，但利用信息的原则却没有变化，利用不能因任何理由被限制。

在《信息利用（1997）》中，CILIP 认为，利用信息的权利是文明社会的基本权利。声明阐述了利用信息的一系列原则，并详细地对公民应享有的权利进行分类：掌握信息技能的权利、全面利用信息的权利、知道信息是如何存在的权利、信息自由流动的权利、要求政府信息公开的权利、隐私受到保护的权利、获得尽责图书馆和信息服务的权利。

CILIP 在《过滤软件在图书馆的使用（2000）》中明确声明，协会不认可过滤软件在图书馆的使用，图书馆和信息服务机构的承诺和职责是提供用户感兴趣且合法的所有信息的公共利用途径，此类软件的使用与该承诺和职责不一致；除非是法律要求，利用信息不应受到限制。

欧洲理事会（Council of Europe）的《网络信息的公共利用与表达自由（2000）》，阐明了网络信息的公共利用原则，专门针对孩子利用网络信息作出规定，并特别提出对包括博物馆、档案馆和信息中心在内的专门机构所拥有信息的利用，还就公共利用接口的管理，用户之间出现互相干扰的特殊情况的处理，过滤、等级划分与警告网页的使用以及因特网使用政策的制定、应用与评估等方面提出了指导意见。

第二节　民主政治理念

一、民主政治的概念

政治意义上的民主是按照平等和少数服从多数原则来共同管理国家事务的政治制度。民主是由全体公民——直接或通过他们选出的代表——行使权力并履行公民责任的公共政治制度。民主是保护人的自由的一系列原则和行为方式，它是自由的制度化表现。

民主政治是借助公共权力，和平地管理冲突，建立秩序，并实现平等、自由、人民主权等价值理念的方式和过程。民主政治是奉行多数人统治的一种政治制度，与君主制、寡头制和独裁制相对立。

1. 民主政治的基本原理

① 主权在民原理。是指国家权力来自人民，人民才是国家的主人，因此，由人民授权产生政府，政府必须遵从人民的意愿。

② 自由原理。自由是指人自主地支配自己而不受他人的强制和支配的状态。在现实生活中，自由不是绝对的，一个人的自由不能妨碍他人的自由。在政治生

活中，每个人都有自由表达自己政治立场的权利。

③ 平等原理。即指法律面前人人平等，政治主体之间的人格尊严一律平等，所享有的政治权利也一律平等。

2. 民主政治的基本原则

① 分权原则。是指权力的配置不能过度集中于某一层级、某一部门、某一个人身上，而是按照权责对应的原则予以分立，且能够相互监督和制约。

② 讨论原则。首先，讨论原则以允许异议、意见、反对派的存在为前提，并以讨论的方式交流各自的不同意见，求大同存小异。其次，讨论是和平地解决分歧和冲突的方式和途径。再次，讨论是公开地交流不同意见，让公众了解并参与政策制定过程的方式和途径。

③ 妥协原则。是指为达成具体的目的，意见相异或对立的各方调整各自的意见，以达到相对一致的方式和过程。首先，妥协的目的是为制定出更具包容性的政策。其次，妥协是各方反思自己的意见，以发现和创造共同点的过程，而不是一方盲目地、绝对地顺从另一方。妥协需要宽容的心态，只顾自己的观点或利益就无法达成妥协。用圣雄甘地（Mahatma Gandhi）的话说："不宽容本身就是一种暴力，是妨碍真正民主精神发展的障碍。"

④ 多数原则。是将讨论的结果以表决的方式加以确认的途径和方法，即它是将讨论引向决策的最终程序。因此，多数原则体现了程序正义。

二、图书馆支持民主社会

IFLA/UNESCO 的《公共图书馆宣言》1949 年版指出，"公共图书馆是现代民主政治的产物"。其实，从图书馆起源的历史过程看，图书馆的产生不一定是民主政治推动的结果。在古代的图书馆/档案馆形成时期，人类社会尚未出现"现代民主政治"。随着印刷术的发展和书籍的广泛传播，人们逐渐认识到书籍能够净化人类的心灵，促使人们向善，尤其能够促使那些社会底层群体远离鄙俗，把自己改造成有修养的文明人。文明人的广泛培养，正是民主政治得以顺利运行的基础条件之一。这种人心可塑造、可改良的信念，使得社会上层阶级开始认识到图书馆的重要性，进而建立向社会底层群体开放的图书馆。这种图书馆就是"民主政治的产物"。然而，另外一些学者们认为，现代图书馆并非是"民主政治的产物"，而是社会统治者为了"教化"和"控制"民众，使民众能够认同上层阶级的价值观，以保社会的安定，从而使自己的地位不致受到挑战，因为"公共图书馆可以帮助控制危险阶级；针对新移民与无知的人民，公共图书馆是一个有用的控制工具"。❶ 从此，"公共图书馆是现代民主政治的产物"的说法受到了质疑。也许正是由于此种质疑使得在 IFLA/UNESCO 的《公共图书馆宣言》1972 年和 1994 年修订版中，没有继续写入"公共图书馆是现代民主政治的产物"这一句话。但是，毋庸置疑的是，图书馆的发展需要民主政治的保障和推动，图书馆也应该支持民主社会，即支持社会的民主化进程。支持民主社会已成为现代图书馆的一种基本理念。

图书馆支持民主社会的表现主要有：民主参与理念与民主教育服务，平等理念与平等服务，包容理念与包容性服务，文化多样性理念与多元文化服务。

1. 民主参与理念与民主教育服务

众所周知，公民的有效参与是健全民主政治的基本条件之一。可以说，缺乏公民的有效参与，就不可能有真正的民主。"实现政治自由最大的危险不在于宪法不完备或者法律有缺陷，而在于公民的漠不关心。"❷ 所谓民主参与，指的是公民通过一定的方式直接或间接地影响政府的决策或公共政治生活的行为。民主参与活动的形式包括公民投票、选举、参加听证会、发表或提出意见、与决策者交流以及结社活动等。

公民的有效参与需要两个基本条件，一是要获得参与的资格和畅通的途径，如具有选举权、知情权、发言权，能够及时获取政府信息，能够经常参加听证会以及信访等途径；二是公民个人要有一定的民主素养，即公民个人要有参与意识和基本的政治文化素养，这就需要公民个人接受一定的民主教育。所谓民主教育，是指公民个人为了保证有效参与政治活动而接受相关的知识、信息及技能教育的过程。

英国民主理论家布莱斯（James Bryces，1838—1922）认为，现代民主政治必须具备 10 个要件：自由、平等、教育、宗教、新闻、政党、自治、传习、人民、舆论。❸ 美国著名政治学家达尔（Robert A. Dahl）指出，现代的实际民主包括 7 种重要制度，或者说，衡量现代民主有 7 个标准：① 宪法授权民选官员对政府决策进行控制；② 公正的竞选；③ 公民的普选权；④ 所有成年公民都有权参与官职竞选；⑤ 公民有广泛的议政权；⑥ 公民有权获取政治信息；⑦ 公民有结社的自由。从布莱斯和达尔的观点中我们可以看出，在民主政治的诸多条件中，教育和信息条件与公共图书馆密切相关。

布莱斯认为，公民掌握知识是"使公民有行使其权利之能力"的基本条件。

---

❶ 赖鼎铭. 图书馆学的哲学［M］. 台北：文华图书馆管理资讯股份有限公司，1993：120－121.

❷ 王人博，程燎. 法治论［M］. 济南：山东人民出版社. 1998：192.

❸ 俞可平. 权利政治与公益政治［M］. 北京：社会科学文献出版社，2005：340.

公民的知识从哪里来？当然是教育。没有知识就不能行使民主权利，因此专制政治必然采取愚民政策，而民主政治则必须在民众中普及教育。没有对民众的普及教育，民众就不可能有效地表达自己的意愿（民意），不能对政府进行监督和批评，也无法进行其他政治参与。识字教育使人民有起码的参政能力，高等教育则使人们有能力对政府进行监督。美国著名的实用主义哲学家、教育家杜威（J. Dewey）指出："民主主义本身就是一个教育原则，而且如果没有我们通常所想的狭义教育，没有我们所想的家庭教育和学校教育，民主主义便不能维持下去，更谈不到发展。教育不是唯一的工具，但它是第一位的工具，首要的工具。最审慎的工具，通过这种工具，任何社会团体所体现的价值，其所欲实现的目标，都被分配和提供给个人，让其思考、观察、判断和选择。"❶ 教育对民主制度的重要，不仅在于传授知识，更在于它将民主、自由的价值观念分配、输送给个人，教导他思考、观察、判断、选择和创新，使个人成为具有民主理念和参与意识的公民。按照杜威的教育哲学，教育是改造人性的"社会工程"，这项工程如果失败，"民主就将死亡"。没有民主自由的教育，就没有民主自由的政治。❷美国开国总统华盛顿有过精彩论述："在任何国家，知识都是公众幸福的最可靠的基础。在我们这样的国家中，社会舆论可以直接对政府的措施作出反应。因为，有相应的知识水平是必不可少的。知识可以以多种方式来维护自己的宪法：它可以使那些受委托担任政府职务的人懂得，政府的每一重要目的都会得到民众通情达理的信任；它可以使民众理解并珍视他们的权利，使他们能预见到并预防这些权利可能遭受侵犯；使他们懂得什么是压迫，什么是必须行使的合法权威；使他们懂得，什么是由于不顾他们的困难而加给他们的负担，什么是不可避免的社会需要带来的负担；使他们分清：什么是自由精神，什么是无法无天；使他们懂得珍视前者，避免后者，联合起来，尊重法律的不可违犯性；并保持警惕，防止人们犯法。"❸

科恩（Carl Cohen）认为，"一个社会如果希望民主成功，必须负责提供并发行普遍参与管理所需的信息"，"在代表制的民主中，成员的教育也是取得成功的一项条件，公民必须在智能上有所准备，以便担负参与管理时所必须完成的任务"。❹ 在科恩看来，为公民提供信息和基本教育，是民主政治的必备条件。使公民通过教育（包括学校教育、社会教育、自我教育等）增进知识，这对于公民正确行使民主权利至关重要。公民的接受教育程度与民主参与程度之间的正

❶ ［美］杜威. 人的问题［M］. 傅统先译. 上海：上海人民出版社，1986：27.
❷ 陈闻桐. 近现代西方政治哲学引论［M］. 合肥：安徽大学出版社，1997：272–273.
❸ ［美］华盛顿. 华盛顿选集［M］. 聂崇信译. 北京：商务印书馆，1983：261.
❹ ［美］科恩. 论民主［M］. 聂崇信，朱秀贤译. 北京：商务印书馆，2005：159, 166.

相关关系，可从表 5 - 5 中看出。

表 5 - 5　公民受教育程度与民主参与之间的关系

受教育程度	选民登记比率（％）
低于高中	59
高中毕业	71
学院在校生	79
学院毕业	83

资料来源：http：//rainzen. bokee. com/6531781. html，［2007 - 11 - 16］

图书馆是学校正规教育的社会化延伸，图书馆能够为公民提供自我教育、终身教育的社会条件，图书馆能够为公民提供参与政治所需要的信息。❶ 这说明，利用图书馆是公民获得民主教育的有效途径。也就是说，图书馆以为公民提供接受民主教育的途径的方式支持着民主社会。

2. 平等理念与平等服务

如前所述，平等是民主政治必须坚持的一个基本原则。从一定意义上说，民主政治就是平等政治。

任何理性人都会意识到，平等（equality）与自由（liberty）一起构成人类共同追求的两大基本价值目标。法国启蒙思想家卢梭（Jean - jecques Rousseau，1712—1778）指出："如果我们探讨，应该成为一切立法体系最终目的的全体最大的幸福究竟是什么，我们便会发现它可以归结为两大主要的目标：即自由与平等。"❷ 人们谈论社会政治问题，"不是用平等就是用自由作为探讨正义问题的焦点"。❸

平等意味着人们在社会生活中的某种等同性，这种等同性是指人们在享有权利方面的等同性。"作为人，我们都是平等的。我们作为个人是平等的，在人性上也是平等的。一个人，在人性和个性上都不可能超过他人或低于他人。我们认为，人（而不是物）所具有的尊严是没有程度差别的。世间人人平等，是指他们作为人在尊严上的平等。"❹ 平等的实质是权利平等，"正义的社会将结束基于

---

❶　图书馆是公民获得政府信息的主要途径之一。如我国《政府信息公开条例》第十六条规定，"各级人民政府应当在国家档案馆、公共图书馆设置政府信息查阅场所，并配备相应的设施、设备，为公民、法人或者其他组织获取政府信息提供便利。……行政机关应当及时向国家档案馆、公共图书馆提供主动公开的政府信息"。

❷　［法］卢梭. 社会契约论［M］. 何兆武译. 北京：商务印书馆，1980：69.

❸　［美］博登海默. 法理学——法哲学及其方法［M］. 邓正来等译. 北京：华夏出版社，1987：242.

❹　［美］艾德勒. 六大观念［M］. 郗庆华等译. 北京：三联书店，1991：200 - 20.

种族、性别、宗派、性取向、身体残疾、种族关系或经济背景方面的不平等，赋予全体公民以平等的权利"。❶

平等可分为起点平等（实际上是机会平等）、过程平等（即规则平等）和结果平等。起点平等即给那些追求同一目标的人们以同等的机会；过程平等即对那些面临同一事情的人们以同样的评判标准，法律面前人人平等即指此意；结果平等即不论起点和过程有何不同都给同样待遇。在现实生活中，由于每个人的遗传天赋、运气、能力等方面必然存在差异，所以即使是起点和过程平等，也不可能自动实现人人在结果上的平等，除非加以人为的强制干预。而以人为的强制干预实现的结果平等，必然难免出现践踏自由和平均主义的弊端。显然，图书馆平等服务理念所强调的平等是指起点平等和过程平等，即指公民利用图书馆的机会平等和图书馆平等对待读者的规则平等。

图书馆提供平等服务，其基本表现就是平等对待，即平等对待所有读者。而平等对待的实质性措施就是消除部分读者获取知识和信息的各种不平等障碍，这种障碍包括身份障碍、经济障碍、行动障碍、空间距离障碍等。

（1）消除身份障碍：平等对待

图书馆的平等服务主要旨在消除读者人格意义上的身份区别。人格意义上的身份区别，必然给一部分读者造成知识和信息获取中的身份障碍。人格意义上的身份区别，实际上是一种身份歧视。平等意味着无歧视。图书馆服务秉持"图书馆面前人人平等"的基本原则，消除一切不人道、不正义的身份歧视。消除身份歧视，要求平等对待所有读者，即按照无贵贱之分、无贫富之分、无性别之分、无年龄之分、无信仰之分、无种族之分、无肤色之分的原则平等对待所有读者。

（2）消除经济障碍：免费获取

公共图书馆提供的基本服务必须免费，这是国际公共图书馆界的基本规则。若公共图书馆的基本服务采取收费服务方式，必然对支付能力弱者产生经济障碍。设置经济障碍，实际上是一种"赢者通吃"，必将演变成经济歧视、财富等级歧视。ALA的《信息利用的经济障碍》明确指出，免费提供信息是公共资助的图书馆的根本使命……收费为自由、平等利用信息和服务制造了障碍；支付能力不应限制"知情"能力和"求知"能力。❷

（3）消除行动障碍

消除行动障碍指的是消除残疾人等行动不便人群利用图书馆时的行动障碍。

---

❶ ［美］大卫·戈伊科奇，约翰·卢克，蒂姆·马迪根. 人道主义问题［M］. 杜丽燕等译. 北京：东方出版社，1997：431.

❷ 罗曼. 美国图书馆政策体系及其带来的思考［J］. 中国图书馆学报，2005（1）：78－81.

为行动不便的人群提供"绿色通道"，使其便于行动，是图书馆应尽的社会责任，也是图书馆服务人性化的表现。为此，《服务爱荷华：公共图书馆质量标准》（2004 年第 4 版）规定："使用轮椅的图书馆读者可以从停车位到人行道，从人行道进入建筑，建筑大门必须易于开启。如进入建筑内部，使用轮椅的读者可以到达所有的公共区域，甚至包括卫生间。卫生间必须提供一台轮椅，必须有拉手横栏，水槽下必须留有空隙，水槽下的水管周围必须有相应的隔离材料。"❶

（4）消除距离障碍：普遍服务

图书馆资源人人可获取，图书馆服务人人可获得。这是图书馆普遍服务的基本要义。对图书馆来说，普遍服务就是平等服务；不普遍服务，就是不平等服务。如果图书馆所提供的服务，只有一部分人能够获得而另一部分人无法获得，那么这种服务便是一种不平等服务，这样的服务不能称其为普遍服务。在一部分人"无法获得图书馆服务"的原因中，空间距离（路程距离）障碍是重要原因之一。也就是说，一些人有经常利用图书馆的愿望，但与图书馆距离远而无法经常利用，这就是距离障碍所造成的服务缺位。消除距离障碍的最好办法就是加大图书馆的设立密度或扩展图书馆服务的空间覆盖范围，使有经常利用图书馆愿望的人群都能够不受距离障碍的限制。这就要求图书馆必须提供就近服务。在国际图书馆界，一般用"服务半径"来衡量就近服务的程度。❷

3. 包容理念与包容性服务

如前所述，民主政治需要遵循相互妥协原则。而相互妥协，就是社会包容的表现。也就是说，民主政治需要社会包容理念的支撑。

"社会包容"（social inclusion）与"社会排斥"（social exclusion）相对立。

社会排斥是指某些个人、家庭或社群缺乏机会参与一些社会普遍认同的社会活动，而被边缘化或隔离的过程。英国的 Tania Burchardt 等人认为："社会排斥是个人生活、居住在一个社会却没有以这个社会的公民身份参与正常活动的状态。社会成员在消费活动、生产活动、政治活动、社会互动活动中的参与不足，都可能被认为是社会排斥。"❸ 社会排斥的产生原因，既有个体自我原因（如家庭贫困、身体残疾、疾病等），也有社会制度原因（主要表现为正当权利的被剥夺）。人们关注社会排斥现象主要集中于社会制度原因造成的社会排斥，而由个体自我原因造成的社会排斥，则主要通过政府救助、社会保障、社会慈善事业、

---

❶ 张广钦. 国外公共图书馆建设标准与规范概览［M］. 北京：国家图书馆出版社，2009：55 - 56.

❷ 关于服务半径的概念以及国内外对服务半径的要求，请参见本书第二章第一节"就近获得服务"部分。

❸ Burchardt T，Le Grand J，Piachaud D. Social Exclusion in Britain：1991 - 1999［J］. Social Policy Administration，1998（3）：117 - 144.

公民互助等途径加以解决。本书以下所谈内容主要针对如何消除由社会制度原因造成的社会排斥而言。

社会包容是指社会的制度体系对具有不同社会特征的社会成员及其所表现的各种社会行为不加排斥的宽容对待状态。这里的"社会特征"指人的出身、地位、民族、性别等特征;"社会行为"可以指言论、习惯、习俗、行为方式等"外显行为",也可以包括信仰、主张、观点等心理活动。减少社会排斥,宽容异己或他者;给人以平等发展机会;尊重弱者的尊严,消除身份歧视;促进"每个人的全面自由发展",以此保证社会和谐,是社会包容的出发点和归宿所在。

社会包容的核心精神是宽容(tolerance)。"宽容是指一个人虽然具有必要的权力和知识,但是对自己不赞成的行为也不进行阻止、妨碍或干涉的审慎选择。宽容是个人、机构和社会的共同属性。所谓不赞成既可以是道义上的,也可以是与道义无关的(即不喜欢)。"❶ 科恩在《什么是宽容》一文中也指出,宽容行为是指在多样性情境中,行动者认为有力量去干涉而不去干涉对立的他者及其行为的一种有意识及有原则的克制。❷ 宽容既是一种态度,也是一种力量,它能产生团结的力量、和谐的力量、和平的力量。而维护宽容局面,包容异己者,正是社会包容的旨趣所在。

图书馆是社会包容的拥护者和践行者,是社会排斥的坚决反对者和抵制者。英国的爱德华兹就指出:"公共图书馆必须拥有大量对没有受过教育的人或教育程度较低的人有吸引力的图书,以及对牧师、商人、政客、学者的研究和学习有帮助的图书。"❸ 包容意味着宽容,包括对异国或异族或异种的文化传统和信仰的尊重和宽容,乃至对持异见者的宽容。因此,著名的《麦克考文报告》强调:"服务是图书馆存在的理由,而服务就意味着不加质疑、不带偏见、不予限制地给予。图书馆是这样一种工具:促进读者的所有或任何活动,因此,它必须是宽容和无所不包的。"❶ 这里的"不加质疑、不带偏见、不予限制",充分无遗地表达了图书馆服务对持异质思想观点的人的包容性特征。

谢拉认为,图书馆事业是一种人文事业,图书馆的目标是通过帮助个人理解自我、理解世界来改善社会,图书馆具有很强的包容和聚合功能,从而成为社会分化和分裂的抵抗力量。他指出:"在社会走向分化、分裂的时代,图书馆与它所处的整个社会交流系统一样,可以成为一个巨大的、对社会发展至关重要的聚

❶ [英] 戴维·米勒, 韦农·波格丹诺. 布莱克维尔政治学百科全书 [M]. 邓正来等译. 中国政法大学出版社, 2002: 820.

❷ 刘曙辉. 宽容: 历史、理论与实践 [J]. 哲学动态, 2007 (7): 41–46.

❸ 于良芝. 图书馆学导论 [M]. 北京: 科学出版社, 2003: 170.

❶ 李晓新等. 公共图书馆社会和谐使命的再认识 [J]. 图书与情报, 2008 (5): 28–33.

合力量。……到图书馆来的人，都是为了他们个人的目的，以他们特有的方式来寻求真理的。在图书馆里，用户不会被告知他们需要思考什么，什么时候思考，而是独立地发现他人的思想和观点，自主地理解这些思想和观点。因此，图书馆必须在社会的对立、分化、冲突中发挥促进理解、促进凝聚的作用，而不是成为一种同化力量。"❶ 无独有偶，当代学者伯德萨尔也指出，"作为场所的图书馆"应当是连接个人主义和共同体主义之间的桥梁与媒介，是培养个人的共同意识和社会凝聚力从而获得社会全体生活意义的一种社会的"凝聚结构"。❷

英国的文化传媒体育部（DCMS）出版的《所有人的图书馆——社会包容政策指南》曾经这样评价图书馆与社会包容的关系："如果（社区的）信息流量降低到某个关键水平以下，则本地的信息生态就会变脆弱，'信息停滞'就会产生。（人口中）相互觉得面熟的比例就会降低，信息交换和共享就会停止……邻里环境就会萎缩。在这种背景下，重要的是帮助社区建立起健康的非正式交流条件，让信息交换繁荣起来。这时，让社区居民有一个（像公共图书馆这样）方便的、临近的、亲切的去处就变得十分重要。"❸

对图书馆来说，避免社会排斥就是提供包容性服务的根本要求。在图书馆管理与服务中，避免社会排斥的主要表现包括政治排斥的避免、人格排斥的避免、设施排斥的避免和制度排斥的避免。

（1）政治排斥的避免

所谓政治排斥的避免，是指图书馆在入藏文献和提供文献服务过程中不以政治立场作为入藏与否和提供与否的标准，而是要保持一定的中立性。为此，一方面，馆藏文献资源的收集或剔除以"兼收并包"为原则，而不以作品的政治、宗教、意识形态立场为依据。对此，ALA 的《图书馆权利法案》的立场是："图书馆应该提供对于现实或历史问题提出各种观点的资料和信息，不能因为政治派系或思想信念不同而拒绝收藏或损毁某些资料。"另一方面，避免对读者的身份排斥，而应采取"图书馆面前人人平等"的政策。对此，ALA 的《图书馆权利法案》的立场是"读者利用图书馆的权利不能因其种族、年龄、背景及观点而被剥夺或受限制"；《IFLA 图书馆与知识自由声明》的表述是"图书馆将确保只基于业务角度考虑馆藏的采选和服务方针，而不受政治、道德和宗教因素的影响。……图书馆将在提供设施和服务方面对读者一视同仁，不得在种族、信仰、性别和年龄方面存在任何歧视行为"。

---

❶ 于良芝. 图书馆学导论［M］. 北京：科学出版社，2003：175.

❷ 黄纯元. 黄纯元图书馆学情报学论文集［M］. 上海：上海科学技术文献出版社，2001：169.

❸ 于良芝. 图书馆学导论［M］. 北京：科学出版社，2003：194－195.

（2）人格排斥的避免

从一般意义上说，人格包括人的知、情、意三个方面的属性。尊重人格是人格排斥的对立面。每个人都有自己的人格尊严，每个人都有维护自己人格尊严的权利，此即人权之一——人格权。人格权，既包括名誉权、隐私权等内容，又包括尊重人的价值、尊重人的差异（包括民族或者种族差异、性别差异、年龄差异、个性差异和观念差异），还包括尊重人的意志自由、性格、兴趣、爱好、习惯的权利。尊重人格权，就是避免人格排斥的基本表现。在图书馆服务中，尊重人格权，主要表现为两个方面：一是尊重用户的内心自由，主要指尊重用户的隐私权。对此，日本图书馆协会的立场是"图书馆为利用者保守秘密"，《IFLA图书馆与知识自由声明》的表述是"图书馆读者拥有隐私权和匿名权。图书馆员和其他工作人员不得泄露读者身份以及提供给第三方"。二是尊重用户的种族差别和个性差异，不得以利用者的民族、种族、性别、年龄差别以及身体、语言、兴趣、爱好、习惯、着装、相貌等差异作为某种服务提供与否及其程度的标准。尤其要注意尊重老年人、妇女、儿童、残障人士等弱势人群的人格尊严。《俄罗斯联邦图书馆事业法》（2004）第八条规定：① 少数民族有权通过国立图书馆系统获得母语文献；② 盲人和弱视者有权享受图书馆服务和在专门的国立图书馆和其他公共图书馆获得专门信息载体的文献；③ 由于年老和残疾而无法到馆的图书馆读者，有权享受邮递或非常规服务，依靠相应预算资金和联邦规划资金提供经费的公共图书馆有义务为上述用户提供文献；④ 儿童和青少年图书馆读者有权在公共图书馆、专门国立儿童和青少年图书馆及与其章程相应的教育机关图书馆享受图书馆服务。

（3）设施排斥的避免

设施排斥，是指在图书馆的设施设计、布局、配置上对利用者的阅读、行动产生障碍的现象。如在馆舍选址上，距离大多数读者遥远、交通不方便；在建筑设计上，没有设计轮椅通道；卫生间、电梯等处没有配备专供残障人士使用的设备及其标识；在资源或设备配置上，没有收藏盲文资料，没有备置眼镜、放大镜等阅读辅助工具；儿童阅览室没有配备与儿童身高相宜的书架、桌椅；服务设施区域布局不科学，标识不健全、不清楚；必要的抄写、复印、上网等工具设备不具备；室内采光不适宜，通风不良，卫生设施不健全；人身安全及突发事件的应急设备不健全等，均可能产生设施排斥的不良结果。《服务爱荷华：公共图书馆质量标准》（2004年第4版）规定，公共图书馆应为残疾人提供下列设备：为视力障碍人士提供加强型电脑，在会议室设立助听设备，为听力障碍人士提供讲解的翻译设备，书架间最小距离为 36 英寸。❶ 设施排斥属不属于社会排斥？也许有人会提出这样的质疑。设施排斥虽然不属于图书馆的主动或有意所致，但图书馆作为社会公共设施，如果其利用者利用图书馆设施普遍感到不方便、不舒适、不愉快，就必然产生自己的需求和权利没有得到充分尊重的心理感受，这种感受实际上就是一种被排斥的感受。

（4）制度排斥的避免

所谓制度排斥，是指图书馆所制定的有关政策及内部规章不正当地限制读者行为的现象。如不具有政策或法律依据的限制阅读规定以及罚款规定，过于严厉的违规惩罚规定，过于刚性而缺乏人性化的规章内容及其语言，不与时俱进或者过于频繁变更的规定，内涵不明确或监督不力致使"潜规则"泛滥的制度执行等，均可能产生制度排斥的结果。

4. 文化多样性理念与多元文化服务

文化多样性理念实际上是平等理念、包容理念的进一步扩展和延伸，因此文化多样性理念也是民主政治的一个重要内容。

所谓文化多样性（Cultural Diversity），按照《保护和促进文化表现形式多样性公约》（2005 年 10 月 20 日 UNESCO 第 33 届会议通过）的定义，是指"各群体和社会借以表现其文化的多种不同形式。这些表现形式在他们内部及其间传承。文化多样性不仅体现在人类文化遗产通过丰富多彩的文化表现形式来表达、弘扬和传承的多种方式，也体现在借助各种方式和技术进行的艺术创造、生产、传播、销售和消费的多种方式"。此《公约》还提出有"所有文化同等尊严和尊重原则"，即"保护与促进文化表现形式多样性的前提是承认所有文化，包括少数民族和原住民的文化在内，具有同等尊严，并应受到同等尊重"。《世界文化多样性宣言》（2001 年 11 月 2 日 UNESCO 大会第 31 届会议通过）第五条指出，"每个人都应当能够用其选择的语言，特别是用自己的母语来表达自己的思想，进行创作和传播自己的作品；每个人都有权接受充分尊重其文化特性的优质教育和培训；每个人都应当能够参加其选择的文化生活和从事自己所特有的文化活动，但必须在尊重人权和基本自由的范围内"。

保持文化多样性的关键在于宽容对待异己文化。UNESCO《宽容原则宣言》（1995 年 11 月 16 日 UNESCO 第 28 届大会通过）指出，"宽容是对我们这一世界丰富多彩的不同文化、不同的思想表达形式和不同的行为方式的尊重、接纳和欣赏。宽容通过了解、坦诚、交流和思想、良心及信仰自由而得到促进。宽容是求同存异。宽容不仅是一种道德上的责任，也是一种政治和法律上的需要。宽容，

---

❶ 张广钦. 国外公共图书馆建设标准与规范概览［M］. 北京：国家图书馆出版社，2009：55.

这一可以促成和平的美德，有助于以和平文化取代战争文化"；"宽容不是让步、俯就或迁就。宽容首先是以积极的态度承认普遍的人权和他人的基本自由。……宽容是个人、群体和国家所应采取的态度"；"宽容与尊重人权是一致的，它既不意味着宽容社会不公正行为也不意味着放弃或动摇人们各自持有的信仰。宽容是指人们可自由坚持自己的信仰，并容忍他人坚持自己的信仰。宽容是指接受事实，即人在相貌、处境、讲话、举止和价值观念上天生不同，但均有权利按其本来之方式和平生活，它也意味着人之观点不应强加于他人"。

尊重文化多样性，也就是文化民主（Cultural Democracy）。支持民主社会的图书馆，必然也要尊重文化多样性。图书馆尊重文化多样性的根本表现就是提供多元文化服务（Multicultural Service）。所谓多元文化服务，是指图书馆在为所处社会的主流文化群体服务的同时为各类少数群体提供他们所需要的服务。

美国公共图书馆协会（PLA）于 1982 年 7 月发布了《公共图书馆：民主政治的资源——原则宣言》（*The Public Library：Democracy's Resource — A Statement of Principles*），要求图书馆尊重各族群的多元文化，并平等地提供自由使用馆藏与服务的机会。

1987 年，IFLA 发表了《多元文化社会：图书馆服务方针》（*Multicultural Communities：Guidelines for Library Service*）。其要点如下：

这里所指的少数群体，主要指一个特定地区民族的、语言的和文化的少数群体，如移民、外来劳工、难民以及当地的土著居民等。多元文化主义政策实际上是指对上述群体的文化政策。只要有 300 人以上的少数群体就应该得到与多数群体同等的服务。因此，图书馆也必须为这些少数群体提供必要的服务。

在这种情况下，图书馆应该为这些少数群体配备下列资料：

① 用少数语种的语言或者这些少数群体能够接受的语言书写的资料，反映少数群体文化的资料；

② 为学习通用语言或母语所必需的资料；

③ 相关的视听资料。

此外，在服务方面，除了借阅服务外，图书馆还要为少数群体提供其他服务，如介绍当地情况、帮助他们学习和掌握当地语言、上门服务等。该方针建议图书馆行政当局在图书馆学院的课程设置、少数群体的招聘、职员进修以及全国性图书馆服务机构的设置等方面，制定相应的计划和措施。❶

2008 年，IFLA 制定了《多元文化图书馆宣言》（*IFLA Multicultural Library*

---

❶ 吴建中. 21 世纪图书馆新论（第二版）［M］. 上海：上海科学技术文献出版社，2003：170 – 171.

Manifesto），2009 年 10 月，UNESCO 签署了该宣言，成为继《公共图书馆宣言》和《学校图书馆宣言》之后的又一个 IFLA/UNESCO 联合文件。该宣言共分八部分，其中的"原则"部分指出，"全球社会中的每一个人都有权获得全方位的图书馆与信息服务，应特别关注多元文化社会中常常被边缘化的群体"；"多元文化图书馆服务的使命"部分指出，"在一个多元文化的社会里，侧重点应放在与信息、扫盲、教育及文化有关的一些关键使命上"。IFLA 在论及该宣言的意义时指出：

IFLA/UNESCO《多元文化图书馆宣言》将有助于图书馆员处理工作中的文化和语言多样性问题，并指导馆员为不同兴趣和团体提供的图书馆服务以及在服务中尊重文化认同和价值观念。

IFLA《多元文化图书馆宣言》是处理宣言中陈述的以下问题的重要工具：

● 图书馆可以在全球化、多元文化的世界扮演重要角色，他们服务于不同的兴趣和群体，并兼具学习、文化和信息中心的功能。

● 图书馆反映、支持并促进文化和语言多样性，因此适于促进跨文化对话和培养积极公民。

● 图书馆发展并保护文化和语言遗产。世界上的一些语言和文化面临危机。图书馆保护并支持土著居民的口述传统和语言遗产。

图书馆提供多元文化服务，其实践上的表现包括：建立多元文化馆藏，提供多语言咨询服务，开展多语种社区活动，配备"多样性"员工。

（1）建立多元文化馆藏：馆藏多样性

即建立多民族、多语言的各类载体馆藏，以满足各类少数群体的不同需求。如英国英格兰东南部埃塞克斯郡绍森德滨海区图书馆（Southen – on – Sea Library）所收藏图书、报纸、期刊的语种涉及了 12 种，有阿尔巴尼亚文、法文、中文、德文、荷兰文、意大利文、波兰文、西班牙文、俄文、印地文（Hindi）、乌尔都文（Urdu）和古吉拉蒂文（Gujerati）；儿童读物方面，该馆购置了大量的少数语种与英语对照的双语资料。丹麦《公共图书馆法》则特别强调了移民和难民作为图书馆用户的重要性，指出："所有地方公共图书馆都负有为他们服务的责任。移民包括成年人及其子女，都应该在图书馆获得有关丹麦现实、社会和文化方面的信息，可以利用有助于他们保存母语和传承民族文化的资料。"

（2）提供多语言咨询服务：服务多样性

多语言咨询服务的特点是以少数族群语言提供服务。具体形式有：网站呈现的语言多样化；图书馆标志系统语言多元化；书目检索系统支持多样性文字；馆员以多样性语言提供咨询服务等。如美国科罗拉多州博尔德公共图书馆（Boulder Public Library）制作有西班牙文的网页，并支持西班牙文检索。美国加利福尼亚州圣他克拉拉县立图书馆（Santaclara County Library）有中文网页面，支持汉语拼音检索，并提供其他语种的咨询服务。美国明尼苏达州亨尼平县图书馆（Hennepin County Library）的服务语言除了英语之外，还有西班牙语、苗文（Hmoob）、索马里语（Soomaali）3 种，并且有专用的网页提供图书馆用户指南、友情链接（如新闻、政府、卫生健康、社区服务、艺术娱乐、人口研究等网站）等。而新西兰怀塔科瑞图书馆（Waitakere Library）为了更好地服务于土著民族毛利人（Māori），设有毛利文与英文对照网页，还提供毛利文的书目检索，配有专职的毛利人咨询馆员等。芬兰赫尔辛基市立图书馆（Helsinki City Library）于1995 年开设了多元文化网站，大部分文件和标识使用芬兰语、英语和瑞典语，图书馆简介被印成 15 种文字，广为散发。该馆被誉为多元文化图书馆的典范。

（3）开展多语种社区性活动：活动多样性

多语种社区性活动是指图书馆走进社区以吸引少数族群参加图书馆举办的各种活动，包括读书俱乐部、故事会、技能培训、文化艺术展览、讨论小组、语言翻译等。如美国加利福尼亚州阿拉米达县图书馆（Alameda County Library）不定时地举行一些学前儿童的双语故事会，其内容有听故事、听歌及简单的手指游戏，时间一般在 30 分钟左右。加拿大安大略省马卡姆公共图书馆（Markham Public Library）举办印第安语阅读会、西班牙语会话、多元文化博览会、亚洲遗产故事会等。

（4）配备"多样性"员工：员工多样性

图书馆开展多元文化服务，不但体现在馆藏资源、信息服务多语言、多文字方面，聘用多元文化背景、多元民族/种族、多种肤色员工也是展示图书馆多元文化服务理念、开展多元文化服务的必备条件。

第三节　终身学习理念

一、终身学习与学习型社会

"终身学习"概念在早期被称为"终身教育"。1965 年 12 月，UNESCO 继续教育部部长兰格拉德（P. Lengrand）发表了"终身教育"为题的工作报告，指出教育不应局限于儿童期和青年期，人只要活着就应该不断地学习。据美国工程教育协会（American Society for Engineering Education）估计，大学毕业的科技人员，其科技知识只有 12.5% 来自大学课程，其余 87.5% 都必须从工作后的再学习中获得，❶ 强调了学校毕业走上社会以后继续学习知识、掌握技能的重要性。日本

---

❶ 夏侯炳等. 图书馆社会教育学［M］. 南昌：江西教育出版社，1997：35.

图书馆学者盐见升教授认为，学习是人类生活的权利，学习权是人类生存的必要手段。❶

20 世纪 70 年代，终身学习理念进一步发展为学习型社会理念。1972 年 UNESCO 出版的《学会生存——教育世界的今天和明天》一书，标志着学习型社会理论的正式确立。该书指出，所谓学习型社会（该书称"学习化社会"），"只能理解为一个教育与社会、政治及经济组织（包括家庭单位和公民生活）密切交织的过程。这就是说，每个公民享有在任何情况之下都可以自由取得学习、训练和培养自己的各种手段"。❷ 学习型社会理论强调了这样一个变化：在未来教育中，教学活动让位于学习活动。人们从教育活动中的客体，变为学习活动中的主体，受教育者成为获取知识的主动者，而不是传统教育中那种消极的知识接受者。美国未来学家托夫勒（A. Toffler）指出，"未来的文盲不再是不识字的人，而是没有学会学习的人"。❸

显然，个人的终身学习和学习型社会的建设，都离不开阅读。所以，终身学习的社会和学习型社会首先应该是阅读社会。为了倡导人人阅读，UNESCO 从 1996 年起，把每年的 4 月 23 日定为"世界读书日"（或译世界图书日、世界书香日）。读书日源于中世纪西班牙加泰罗尼亚地区民间供奉图书的风俗——每年的 4 月 23 日，在加泰罗尼亚到处可以见到男士手中拿着女友赠送的书籍，女子手捧男友赠送的玫瑰花，携手漫步在飘逸着书香和花香的街头。之所以选择这一天，是因为这一天是西班牙加泰罗尼亚地区守护神圣·乔治（Saint George）的复活日，更重要的是，这一天也是莎士比亚、塞万提斯、维加三位大文豪逝世的纪念日。

学习型社会具有 6 个特征：

（1）学习与教育的终身性。学习和教育是一个人终其一生的持续不断的过程。社会应该为这种学习和教育提供全面的机会。

（2）学校教育的有限性。学习不限于在学校中受教育，学校教育只是终身学习的一环。

（3）学习的主动性。在学习型社会中，每个人都应该主动寻找学习的机会，学其所好，学其所需，而不应一味地被动接受课堂教育。

（4）考试成绩的相对性。在学习型社会，考试在人才选择中仅具有相对意义。

❶ 吴建中. 21 世纪图书馆新论（第二版）［M］. 上海：上海科学技术文献出版社，2003：174.
❷ UNESCO 国际教育发展委员会. 学会生存——教育世界的今天和明天［M］. 华东师范大学比较教育研究所译. 北京：教育科学出版社，1996：203.
❸ 宗秋荣. 终身学习与家庭教育［J］. 教育研究，1998（8）：54-59.

（5）注重人的全面发展。重视每个人在生理、心理、兴趣、爱好的全面发展，重视个性的健康发展，重视每个人创造潜力的充分发挥。

（6）重视创新。学习型社会通过终身学习和教育使人们建立理性的历史观和人生观，善于接受新思想，激发创新意识和行动。

二、图书馆支持学习型社会

图书馆支持学习型社会的表现主要包括：图书馆支持公民"获得教育权"的实现，图书馆帮助个人成为"学会学习的人"，图书馆支持阅读社会建设。

1. 图书馆支持公民"获得教育权"的实现

在现代民主政体国家的宪法中，都写有公民享有受教育权的明确规定，而且在一些国家的法律规定中，还区分了学校教育和社会教育。如日本于 1947 年制定、2006 年修订的《教育基本法》规定："国家和地方公共团体必须通过设置图书馆、博物馆、公民馆以及其他社会教育设施、利用学校的设施、提供学习的机会和情报以及其他的适当的方法以努力振兴社会教育。"日本还专门制定有《社会教育法》，该法第九条规定："图书馆和博物馆为社会教育的机关。"根据《教育基本法》和《社会教育法》，日本《图书馆法》又规定："本法律秉承社会教育法的精神，规定了关于图书馆的设立和经营必要的事项，为了谋求其健全地发展，其目的旨在发展国民的教育和文化"，"本法律中所指的'图书馆'，其目的是收集、整理、保存图书及记录其他必要的资料，通过设施供普通公众利用，有助于其教养、调查研究、消遣等"。从这些法律规定中可以看出，国家有责任保障公民接受社会教育的权利，这是国家及其政府的法律责任，而设立公共图书馆是国家保障公民接受社会教育权利的必要措施。也就是说，通过设立公共图书馆来保障公民接受社会教育的权利，是国家保障公民个人权利的一种具体表现。

"接受教育的权利"，从其句式上看，应将其归入伯林（Berlin）所界定的消极自由（negative liberty）范畴。如果把"接受教育的权利"理解为"获得教育的权利"，就会有积极自由（positive liberty）的意味。而这种积极自由意义上的"获得教育的权利"对公共图书馆具有特别的意义。日本著名图书馆学者川崎良孝指出："这里不仅仅是被动地把握'接受教育的权利'，应该更加积极地抓住'获得教育的权利'。如果放眼学习的主体而设想学习权的话，这样，保障获得学习上所必要的资料和情报的图书馆就变得重要起来。可以说学习权是确认图书馆在宪法上的地位的最明确之根据。"❶ 川崎良孝这段话的意思是：公民的学习

---

❶ ［日］川崎良孝. 法律体系上的公共图书馆地位与图书馆目的（日美比较）. 章骞译［G］//上海市图书馆学会，日本图书馆学研究会，上海图书馆. 图书馆立法与制度建设：第五届中日国际图书馆学研讨会论文集. 2007：37－46.

权——获得教育权，是公民依据宪法必须享有的个人权利，因而公民有权向政府提出提供"保障获得学习上所必要的资料和情报的图书馆"的要求。也就是说，公民有权获得公共图书馆服务的权利，而积极主动地回应和保障公民的这种合法的个人权利是政府的宪法责任。据此，我们可以得出这样的结论：公共图书馆是政府为了保障公民的"获得教育权"而提供的一种设施。

"获得教育权"凸显了主动学习、自主学习的权利，而且还体现了"自己教育自己"的新的教育理念。UNESCO 出版的《学会生存——教育世界的今天和明天》指出，"应该建立一些新的机构和服务设施以帮助人们自己教育自己，而这些机构和服务设施应该结合到所有的教育体系中去。这类机构和服务设施有：语言实验室、技术训练实验室、问讯处、图书馆以及有关的服务站、资料库、程序教学与个人教学的辅助器、直观教具等"。❶ 图书馆是供人们"自己教育自己"进而实现"获得教育权"的服务设施。

"获得教育权"与"受教育权"的区别在于："受教育权"支持的是被动学习，而"获得教育权"不仅能支持被动学习还能支持主动学习和终身学习。可见，图书馆能够以支持公民"获得教育权"的方式支持终身学习和学习型社会。

2. 图书馆帮助个人成为"学会学习的人"

在学习型社会，"学会学习的人"是"学会生存"的人。图书馆的参考咨询服务能够为人们成为"学会学习的人"提供帮助。日本图书馆学者竹内教授曾就社区图书馆是否应该把满足人们终身学习的需要看做是自己的中心任务问题时说：

终身学习是现代社区居民的基本需求。善于创造性思维和工作的人，毫无例外地都是一生中不断学习的人，终身学习的基础在于个人。美国图书馆界权威路易斯·肖（Louis Shores）把人们查询知识的能力称为参考（reference），即传统的智力 3R（reading 阅读、writing 写作、arithmetic 计算）之后的第 4 个 R。他在学生时期曾听人说"懂得如何能查找到所需要的知识，等于掌握了知识的一半"的话很受启发，从此，就下决心研究如何去掌握这一半的知识，不久他提出了图书馆基本参考藏书的构思。就是说，参考是获得和运用知识及信息的能力，图书馆的使命不在于如何教育人，而在于如何让读者分享（share）它所配备的知识和信息资源。❷

图书馆是知识的大门，而图书馆的参考咨询服务则是打开知识大门的钥匙之

---

❶ UNESCO 国际教育发展委员会. 学会生存——教育世界的今天和明天［M］. 华东师范大学比较教育研究所译. 北京：教育科学出版社，1996：252.

❷ 吴建中. 21 世纪图书馆展望［M］. 上海：上海科学技术文献出版社，1996：82.

一。在现代信息技术支持下，图书馆的"7 天×24 小时"参考咨询服务，随时扮演着知识导航、信息航标的角色，全力支持人们成为"学会学习的人"。人们利用图书馆能够得到何等的周到服务，可通过美国芝加哥公共图书馆法对读者权利所作出的详尽规定中窥见一斑：

读者在公共图书馆可期望得到有礼貌的接待；请求图书馆员的帮助；打电话或到馆提出咨询或请求信息服务；借阅可流通的图书或其他资料；利用馆际互借服务；荐购新资料和建议新服务；可期望申领借书证，借书超期能有提前提醒而不是罚款了事；可期望图书馆购买最新的畅销书和通俗读物；只要可能，期望所提出的抱怨或问题在 48 小时内解决；期望电话咨询不要被转接或无缘无故地无人接听；期望图书馆员提供为读者可用的图书馆技术系统；要懂得图书馆的儿童用户与图书馆的成人用户具有同样的权利和责任；期望图书馆建筑整洁、安全、安静。❶

3. 图书馆支持阅读社会建设

学习型社会首先应该是阅读社会。阅读社会是学习型社会的基础。毋庸置疑，图书馆就是供人们阅读的社会设施，图书馆为阅读而存在，图书馆是建设阅读社会的生力军。

美国著名小说家达特罗（E. L. Doctor）曾说过，"一个文明社会给予人三种最重要的证件是出生证明、护照和图书馆证"。在英国近 6 000 万人口中，58%的人拥有图书馆的借阅证；在 1995—1996 年度，访问图书馆的人次高达 3 亿 7 千万之多，而同期到足球场看球赛的人只有 3 300 万，大大少于看书的人。据 2006 年统计，近 2/3 的美国人持有图书馆借阅证，日本在 2003 年持有图书馆借阅证的人口比例为 31%。与这些国家相比，我国居民的图书馆借阅证持有率低得可怜：2006 年全国公共图书馆发放借阅证 1 159.9 万个，每千人拥有图书馆借阅证仅为 8.8 个（详见表 5 –6）。

表 5 – 6　各国图书馆借阅证拥有率比较

国家（年）	注册用户数（万）	占国民比例（%）	每千人注册用户数（个）
美国（2006）	20 000	66	667
英国（2006）	3 491	58	580
日本（2003）	4 286	31	339
中国（2006）	1 160	0.90	8.8

---

❶　Chicago Public Library. Customer Bill of Rights. http：//www. chipublib. org/aboutcpl/cplpolicies/policies/customer_rights. php.

图书馆支持阅读社会建设，不只是依靠丰富馆藏坐等待客，而是积极主动地宣传馆藏，引导阅读。ALA 于每年 9 月开展"全国办证宣传月"活动。1998 年年初，ALA 就提出 15 条宣传建议，如请市长或社区首脑出席宣传月仪式；请百货店商品袋上印制宣传口号；请有关社会团体为百分之百学生办证的学校颁奖并登报表扬；组织"我为什么喜欢图书馆借阅证"的征文比赛等。为了引导家庭阅读，美国亚帕勒顿（Appleton）公共图书馆专门开了一个"家庭因特网"网页，向家庭介绍各种馆外有关信息资源，如儿童书籍、录像带以及儿童节目等。为了引导儿童阅读，纽约公共图书馆推出"少年网"（Teen Link）网页，该网页列有如下服务内容：父母放心的互联网、互联网的利用政策、儿童热线、"少儿狮子网"（On – Lion for Kids）等。在"少儿狮子网"的页面里有：最佳儿童图书、纽约市夏季阅读计划以及与儿童有关的其他各种活动项目。为了支持老年人阅读，纽约布鲁克林公共图书馆的馆员在 1996 年一年里，派出 191 人次访问了 5 481 位老年人，向敬老院或老年之家送出 800 批 27 930 册图书。

第四节　公共物品理念

一、公共物品概念

社会物品可分为两大类：公共物品（public goods）和私人物品（private goods）。私人物品是能够由单个人独自消费的物品，而公共物品则是可以被一个以上的消费者共同消费或共同享用的物品。公共物品还被称为公共产品、公共财货、公用品、公共品等。

古典经济学鼻祖亚当·斯密（Adam Smith）认为，君主或国家必须负有三大职责：安全、司法、公共机关和公共工程。他的原话是："君主的义务，首在保护本国社会的安全，使之不受其他独立社会的暴行与侵略"；"君主的第二义务，为保护人民不使社会中任何人受其他人的欺侮或压迫，换言之，就是设立一个严正的司法行政机构"；"君主或国家的第三种义务就是建立并维持某些公共机关和公共工程"。❶ 斯密所确认的上述国家的三大职责，其实都属于公共物品范畴。

在斯密看来，国家安全和司法制度必须要由中央政府统一提供，而公共机关和公共工程则不一定要由中央政府直接提供，因为有些公共设施或公共工程由地方政府提供更有效率。他认为，"一项公共工程，如不能由其自身的收入维持，而其便利又只限于某特定地方或某特定区域，那么，把它放在国家行政当局管理

---

❶　[英] 亚当·斯密. 国民财富的性质和原因的研究（下卷）[M]. 郭大力，王亚南译. 北京：商务印书馆，1996：254、272、284.

之下，由国家一般收入维持，总不如把它放在地方行政当局管理之下，由地方收入维持，来得妥当"。❶ 可见，在斯密那里已经有了全国性公共物品和地方性公共物品的区分。

澳大利亚学者休·史卓顿和莱昂内尔·奥查德对公共物品概念的解释，理解起来比较容易。他们认为，"国防、法律和秩序，灯塔、街道和街道照明是公共物品的几个例子，它们之所以被称为'公共的'，是因为它们如果不能使每个人都得到就不能被供给到任何人，而且不能使它们的单个使用者支付其费用。其次，有些物品，它们可以但却很少向每一个使用者收费，如公路、桥梁、天气预报、公共图书馆、国家公园。最后，有些物品，如教育、医疗服务、公共运输，它们能很好地按市场方式供给，但是许多政府选择免费或者以低费用供给部分公民或全体公民。出于分析的目的，经济学家把那些不能在任何使用者支付基础上被供给的物品，例如灯塔，定义为'公共物品'。……我们将把所有那些其供给不是由个人的市场需求而是由集体的政治选择决定的物品，即把任何由政府决定免费或以低费用供给其使用者的物品和服务，看做公共物品"。❷

二、公共物品的特性

公共物品具有非排他性和非竞争性两种特性。

1. 非排他性

非排他性（non – excludability），是指在一定范围内，公共物品只能集体共同消费而不能排除其中一个人或部分人同时消费的属性。公共物品之所以具有非排他性，主要是因为：① 公共物品在技术上难以把不付费的人排除在外；② 虽然在技术上可以排他，但是为此要付出高昂的成本，反而不合算；③ 如果排他，在道义上不具有正当性，即不应该排他。萨缪尔森指出，公共物品"是指那种不论个人是否愿意购买，都能使整个社会每一成员获益的物品。私人物品恰恰相反，是那些可以分割、可以供不同人消费，并且对他人没有外部收益或成本的物品"。❸ 如义务教育就是一种典型的公共物品。

2. 非竞争性

非竞争性（non – rivalry），是指增加一个人的消费并不减少其他人的消费的

---

❶ ［英］亚当·斯密. 国民财富的性质和原因的研究（下卷）［M］. 郭大力，王亚南译. 北京：商务印书馆，1996：292.

❷ ［奥］休·史卓顿，莱昂内尔·奥查德. 公共物品、公共企业和公共选择［M］. 费朝晖等译. 北京：经济科学出版社，2000：68.

❸ ［美］保罗·A. 萨缪尔森，威廉·D. 诺德豪斯. 经济学（第16版）［M］. 萧琛译. 北京：华夏出版社，1999：268.

属性。用萨缪尔森的话说就是：任何人消费这种物品不会导致他人对该物品消费的减少。公共物品的非竞争性特征，意味着增加一个消费者其边际成本为零。如路灯具有典型的非竞争性——增加一个行路人或一辆车辆并不会增加供电费用。

同时完全具备非排他性和非竞争性特性的公共物品，叫做"纯公共物品"。如义务教育制度就是一种纯公共物品。如果某种公共物品不同时完全具备非排他性和非竞争性特性，那么这种公共物品叫做"准公共物品"（quasi - pubic goods），也叫"俱乐部物品"（club goods）。现实中的大部分公共物品属于准公共物品。如电影院、收费公路、会员制游泳池、夜总会等，就属于准公共物品。准公共物品一般都具有非竞争性，但不完全具有非排他性。非竞争性明显而非排他性极弱的公共物品，往往产生拥挤现象，产生拥挤成本。如城市里的免费娱乐场、免费博物馆等，就是此类公共物品。此类物品往往采取"定时排他"方法提供。

三、公共物品的外部性问题

所谓外部性（externalities），又叫外在性、外部效应、溢出效应、外部影响性、外部不经济等，是指一个主体的活动给其他主体产生影响的现象。经济学家曼昆（Mankiw）认为，"外部性是一个人的行为对旁观者福利的影响"。[1] 诺贝尔经济学奖获得者斯蒂格利茨（Joseph E. Stiglitz）指出，"只要一个人或一家厂商实施某种直接影响其他人的行为，而且对此既不用赔偿、也不用得到赔偿的时候，就出现了外在性"。[2] 其实，外部性问题不仅仅出现在经济活动领域，在人类的其他活动领域也大量存在着外部性问题。

外部性分为正外部性（Positive Externalities）和负外部性（Negative Externalities）。简单地说，如果对他人造成的影响是有利的影响，就称为正外部性，也叫外部收益；如果对他人造成的影响是不利的影响，则称为负外部性。若对正外部性和负外部性进一步细分，则可以总结出以下几种外部性类型：

（1）生产的正外部性。就是自己的生产对他人的生产带来益处的外部性。例如，养蜂场的蜜蜂帮助临近果园的果树传播花粉从而提高果树产量，养蜂场也会因果园的存在得到增加蜂蜜产量的好处。这里，养蜂场和果园双方都给对方带来了外部收益而又得不到对方支付的报酬。

（2）消费的正外部性。就是自己的消费对他人的消费带来益处的外部性。例如，人们注射预防传染病的疫苗，使他人也因此减少了传染上这种疾病的可能。再如，沿街居民在阳台上放几盆花让过路人赏心悦目，而这家居民却不能向过路人索取报酬。

---

❶ ［美］曼昆. 经济学原理 ［M］. 梁小民译. 北京：北京大学出版社，1999：208.
❷ ［美］斯蒂格利茨. 经济学 ［M］. 姚开建译. 北京：中国人民大学出版社，1997：146.

（3）生产的负外部性。就是某种生产活动对他人或周围环境造成了不好的影响。例如，工厂向空气或河流排放废气或废水，严重污染环境却不对此进行补偿。这是最经常被引用的典型的负外部性例子。

（4）消费的负外部性。就是自己的消费行为对他人或环境造成了不好的影响。例如：吸烟者给同一场合的不吸烟者身体健康造成伤害；住高层住宅的居民将垃圾扔在一楼居民的窗口下，给邻居造成不快；如果一个人在交通高峰时间驾车外出，就会使道路变得更加拥挤，给其他人造成被迫减速、延误时间的成本增加。

四、公共物品的供给

任何社会成员的生存和发展都须臾离不开对公共物品的消费。那么，公共物品由谁来提供呢？或者说，公共物品由谁来提供才能保证既公平又有效率呢？

传统观念认为，公共物品由于其非排他性和非竞争性特性，市场组织不愿提供而只能由政府提供。其实这是一种片面的认识。我们知道，人们对公共物品的需求是多样的，因此公共物品的供给主体也应该是多元化的。公共物品的供给主体主要有三类，即政府、市场、非营利性组织（或称第三部门）。公共物品供给主体的多元化，才能充分满足人们多样化的、异质性的公共物品需求。

政府、市场、非营利性组织（non－profit organization，NPO）作为公共物品的供给主体，各有各的优缺点。就其缺点而言，政府供给难免"政府失灵"，市场供给难免"市场失灵"，非营利性组织供给难免"志愿者失灵"。鉴于本书的主旨，下面只谈政府供给公共物品的应然问题。

政府是一种组织——最大的公共组织。任何公共组织的首要责任就是提供公共物品。政府的首要责任，概括地说也是提供公共物品。"如果不当资本所有者，政府的基本职能，说到底就是一句话，组织公共物品的供给"。❶ 世界银行 1997 年世界发展报告《变革世界中的政府》指出，政府的职责是做好五项基础性工作：建立法律基础；保持非扭曲性的政策环境，包括宏观经济的稳定；投资于基本的社会服务与基础设施；保护承受力差的阶层；保护环境。这五项基础性工作实际上都属于公共物品。提供公民满意的公共物品，是政府的合法性基础，❷ 因

---

❶ 樊纲. 作为公共机构的政府职能［G］//贺卫方等. 市场逻辑与国家观念. 北京：生活·读书·新知三联书店，1995：10.

❷ "合法性"是多种学科中经常使用的一个专门术语，它不是"合乎法律"的意思，而是指某一组织获得了该组织成员的认同和忠诚。参见［德］马克斯·韦伯. 经济与社会（上卷）［M］. 林荣远译. 北京：商务印书馆，1997：66－67.法国政治学者马·思古德指出："合法性事实上与治权有关。合法性就是对治权的认可……合法性形成了治权的基础，是法治体制中开展政治活动的基础。合法性作为政治利益的表述，它标志着它所证明的政治体制是尽可能正义的。"引自：岳天明. 政治合法性问题研究——基于多民族国家的政治社会学分析［M］. 北京：中国社会科学出版社，2006：1.

而也是政府统治或治理能够存续下去的前提。也就是说，任何一种公共组织都必须提供公共物品，不提供公共物品的公共组织是不可能存续下去的。组织存在的首要条件是要有成员，而个人加入组织的主要原因之一是组织能够提供公共物品。奥尔森曾经说道："组织的实质之一就是它提供了不可分的、普遍的利益。一般说来，提供公共或集体物品是组织的基本功能。一个国家首先是一个为其成员——公民提供公共物品的组织，其他类型的组织也类似地为其成员提供集体物品。"❶ 由于政府是一种特殊的组织，所以不存在没有成员加入的问题。但是，如果政府不为其成员（人民）提供足够的公共物品，它就会面临合法性危机。总而言之，政府的首要责任是提供公共物品，或者说，政府所提供的一切都属于公共物品。

五、公共图书馆的公共物品性质

公共图书馆属于公共物品，因为公共图书馆服务具有非排他性、非竞争性和正外部性属性。

1. 图书馆服务的非排他性

图书馆服务的非排他性源于它的"不应排他"。图书馆服务的非排他性，主要取决于以下三个方面：

第一，客观知识的公共性。客观知识就是文献中所载的知识。图书馆是客观知识的公共记忆"装置"，图书馆的产生源于客观知识的存在以及人们对客观知识的有序化需要。而客观知识是人类的共同财富，从根本上说它不属于任何一个人而属于全体人类。客观知识的公共性决定了图书馆所收藏和提供的客观知识应具有共享性，任何人都不应被排除于图书馆服务之外。

第二，图书馆是群体需要的产物。从根本上说，图书馆能够延绵不断地生存和发展，绝不是缘于某个人的个体需要，而是缘于人们共同的需要——人们都需要获取知识和信息来满足自我发展的需要。而个体对知识和信息的需要的无限性和异质性以及知识信息生产的无限积累性与无序性，使得仅靠个体的力量无法满足对知识信息的量与质的要求，这就促使人们产生了靠群体或社会的力量解决这一问题的共同需要，图书馆便由此而产生。既然是共同的需要，就应该共同享用，而不应将任何人排除在外。这是人类追求正义的表现。对此，意大利作家、符号学家翁托贝·艾柯（Umberto Eco）于 2003 年指出："数百年来，图书馆一直是保存我们集体智慧的最重要的方式。它们始终都是一种全人类的大脑，让我们得以从中寻回遗忘，发现未知。请允许我做如下比喻：图书馆是一种最可能被

---

❶ ［美］奥尔森. 集体行动的逻辑［M］. 陈郁等译. 上海人民出版社，1995：13.

人类效仿的神的智慧，有了它，就可在同一时刻看到并理解整个宇宙。人可以将得自一座大图书馆的信息存入心中，这使他有可能去习得上帝智慧的某些方面。换句话说，我们之所以发明图书馆，是因为我们自知没有神的力量，但我们会竭力效仿。❶

第三，排他性图书馆服务是一种非正义。人们通过利用图书馆来获取知识和信息，成为有知识修养的人、信息灵通的人，这对个人和社会发展都是利好的事情，是社会文明进步的表现。从图书馆的角度说，不加排除地为任何人获取知识和信息提供公共渠道和社会化保障，是社会制度文明与正义的体现。对国家和政府来说，图书馆服务应该提供给全体国民享用，才能体现出国家及其政府的正义性与合法性。所以，无论从何种角度来说，非排他性地提供图书馆服务是一种正义的表现，反之，则为非正义的表现。

2. 图书馆服务的非竞争性

一种物品或服务的非竞争性，其基本要义表现在两个方面：一是边际生产成本为零，即增加一个消费者其边际生产成本为零（不增加额外成本）；二是边际拥挤成本为零，即增加一个消费者其拥挤成本为零（在一定限度内不增加拥挤程度）。图书馆服务就是这样一种服务：每增加一个读者并不增加图书馆的运行成本，也不影响其他读者同时获得图书馆服务；每增加一个读者利用图书馆资源（包括空间资源）并不增加资源的拥挤程度。当然，就某一个具体的图书馆而言，其资源供给量永远是有限的，若利用者数量超过其供给能力极限时自然难免产生竞争性。这就是将图书馆置于俱乐部物品或准公共物品范畴的原因所在。但就全社会的图书馆事业整体而言，或者对图书馆的发展要求而言，这种竞争性是"发展中的问题"，能够得到逐步缓解直至消除。这就说明，具体图书馆服务中存在的竞争性并不影响图书馆作为公共物品的根本性质。

3. 图书馆服务的正外部性

萨瓦斯（E. S. Savas）曾经指出，如果某项物品被强烈地认为是与人类福利相关的，则通过集体提供就更加符合意识形态和道德上的诉求。显然对于图书馆由集体行为提供这一论断，具有很强的说服力。世界范围内通过集体行为提供图书馆服务的做法是与公立教育观念的发展相一致的。图书馆在进入现代阶段之后，被认为是一类旨在提高人民知识素养的重要的社会教育设施，对于增进人类的福利具有重要的意义，能够成为国家促进知识创新的一项战略资源。另外，图书馆服务具有较高的正外部性——某个人的受教育程度高可能促使其他人提高知

---

❶　［意］翁贝托·艾柯. 书的未来（上、下）［N］. 康慨译. 中华读书报，2004－02－18；2004－03－17.

识素养，从而使大家都受益。正如 Eleanor Jo Rodger 所指出的，图书馆是私人物品的分配者，但得到了公共资金，这是因为对它的利用不仅对个人有益而且对社会也有益。❶ 而且，由于图书馆服务能够同时提供给多个人消费，可以充分发挥其馆藏的多方面使用效应，例如同样的一本书可以让多个读者使用，从而创造出尽可能多的社会效益和经济效益。因此，通过集体行为（例如通过政府）提供图书馆服务就具有意识形态和社会正义上的双重合理性。

六、图书馆公共物品理念的意义

1. 把图书馆视为公共物品，有利于明确公共图书馆的社会性质

公共物品具有非排他性和非竞争性特征。公共图书馆作为公共物品自然也具有非排他性和非竞争性特征。非排他性和非竞争性是公共图书馆的基本社会性质。这一性质决定了公共图书馆服务必须保持普遍均等和信息民主的性质，必须体现包容性、平等性、多样性等特征，而不能提供排他性的服务。

2. 把图书馆视为公共物品，有利于明确图书馆服务对于保障公民文化权利所具有的重要意义

公民的文化权利包括四个方面的内容：平等享受文化发展成果的权利，平等享有参与文化活动的权利，平等享有获得公共文化服务的权利，平等享有文化创造及其成果受到保护的权利。公民的这四项文化权利的指向物——文化发展成果，文化活动，文化服务，文化创造活动（排除其中的成果独占权）——均可视为公共物品。而图书馆能够为公民实现上述文化权利提供服务。也就是说，利用图书馆是公民实现自己的文化权利的重要社会途径。从这个意义上说，图书馆是国家为了保障公民的文化权利而提供的一种公共物品——公共文化服务设施之一。

3. 把图书馆视为公共物品，有利于明确发展公共图书馆事业的政府责任

政府的主要职能和主要责任就是提供公共物品/公共服务。公共图书馆的非排他性、非竞争性和外部性特征，决定了其市场无激励提供下的公共图书馆服务的定位，公共图书馆是人们实现自己的文化权利所需要的社会设施之一，即人们普遍需要得到公共图书馆这种公共物品/公共服务，因此政府应该承担提供公共图书馆服务的责任。提供公共图书馆服务，是现代服务型政府应该承担的主要文化责任之一。为此，政府有必要为公共图书馆立法，并保障公共图书馆发展所需的经费。当然，这里强调政府提供公共图书馆服务的责任，并不排除非政府组织

---

❶ Eleanor Jo Rodger. Value and Vision[J]. American Libraries. 2002(11):50-54.

（Non – Governmental Organizations，NGO）或个人提供公共图书馆服务的可能性与必要性。

<h1 style="text-align:center">第五节　社会责任理念</h1>

一、图书馆社会责任的概念

图书馆社会责任属于组织责任范畴。组织是构成社会的基本单位，是以特定目标、功能和资源来回应社会的特定需求的开放系统。德鲁克（Drucker）把组织的责任分为内部责任和外部责任，内部责任指组织对其员工和业绩等负有的责任，外部责任指组织对组织以外的社区和社会负有的责任。❶ 其实，德鲁克所说的内部责任就是指组织"分内应做的事"，而外部责任则指组织的社会责任——维护和增进社会公益的义务。依此而论，企业的社会责任，是指企业在谋求股东利益最大化之外所负有的维护和增进社会公益的义务。❷ 可见，组织的社会责任超越了组织的自身发展目标的限度，而渗入了一种道德诉求，表明了组织只做有益于社会的事情而不做有害于社会的事情。毋庸置疑，图书馆作为一种公益性社会组织，也应该承担一定的社会责任。

图书馆社会责任是指图书馆作为公益性组织所应承担的增进社会公益的角色义务。这一定义包含如下几方面的含义：① 图书馆是制度性的公益性组织，因为图书馆是国家为了保障公民获取知识信息的权利而作出的制度安排的产物，它所提供的服务属于公益性文化服务范畴❸；② 图书馆社会责任属于"组织的社会责任"范畴，因为图书馆无疑是一种社会组织，作为一种组织，图书馆除了要完成社会所赋予的基本职能（分内责任）之外，还有必须履行社会所期待的有益于增进社会公益的"分外责任"；③ 图书馆社会责任是一种"义务性责任"，其意是指图书馆有义务确保自己行为的公益性质，如果图书馆没有尽到"确保组织的公益性"的义务，那么图书馆就要承担被谴责的责任；④ 图书馆社会责任既包含消极责任内容也包含积极责任内容，如：当图书馆发现自身行为违反了应然角色义务（如基本服务收费、出租馆舍赚取利润等），就应承担停止行为或消除该行为后果的责任，此为消极责任；当图书馆发现某种行为有助于增进社会的公益（如通过平等服务消除性别和种族歧视的行为），就有责任积极地采取行动实

---

❶　[美] 彼得·德鲁克. 功能社会 [M]. 曾琳译. 北京：机械工业出版社，2007：98.

❷　崔开华. 组织的社会责任 [M]. 济南：山东人民出版社，2008：139.

❸　称图书馆是"制度性公益组织"，这一论断主要适用于公立图书馆，因为私立图书馆的"制度性"和"公益性"往往没有公立图书馆那样明显。再者，"图书馆社会责任"语境中的"图书馆"主要是针对公立图书馆而言的。

施这种行动，此为积极责任；⑤ 就图书馆行为可能引起的客观结果或社会反映而言，图书馆社会责任可以理解为不做可能带来"负外部性"结果的行为的义务（不作为的义务）和去做可能带来"正外部性"结果的行为的义务（作为的义务）；⑥ 图书馆社会责任与图书馆社会职能是有区别的，图书馆社会职能强调的是图书馆的"分内责任"，而图书馆社会责任强调的是图书馆的"分外责任"。

二、图书馆社会责任的内容

由于图书馆社会责任强调的是图书馆的"分外责任"，所以图书馆社会责任的内容应该限定在"纯义务性责任"范畴之内，即图书馆在完成自己所必须承担的职责之外，还应以公益性组织的身份，为社会的公共事务（如和平、和谐、民主、法治、环境保护等，其表现为如声援反战示威游行、声援反种族歧视示威游行、声援反独裁统治示威游行等）和公益事业（如慈善捐赠、助人等）主动承担义务。在欧美国家的大多数公共图书馆，允许无家可归者进馆"借宿"，经常性地开展环保知识宣传、家庭理财讲座、音乐欣赏讲座、老年人上网技能培训，代写税单、保险单、个人履历、诉状，提供就业信息、职业技能培训信息、旅游信息、择偶信息等活动，就基本上属于履行纯义务性责任的范畴。之所以用"纯义务性"作限定词，是为了表明这种责任属于比较纯粹的"分外责任"的范畴。

三、图书馆社会责任的限度

毋庸置疑，图书馆只能承担有限的社会责任，而不可能也不应该承担无限的社会责任。就具体的图书馆而言，遵循"职责优先原则"和"量力而行原则"应该成为准确把握图书馆社会责任的限度的基本思路。

1. 职责优先原则

即在首先能够完成职责的前提下考虑承担社会责任问题。它的反题是：不能因为履行社会责任而影响自身基本职责的完成，或者说，履行社会责任不应该成为不完成职责的理由。对此，德鲁克说过："我们应该坚持，各种机构及其管理都要局限于一些特殊的任务，唯有完成这些任务才能证明其存在及其权力的正当性，此外一切都是篡夺。"❶ 德鲁克的意思是说，如果一个机构不专注于自身承担的"特殊的任务"（职责）而去关注其他事情（如社会责任），等于是一种"篡夺"行为。其实，专注于"特殊的任务"本身就是一个组织对社会负责的表现，因为一个组织只有当它专注于特定有限的任务，才能集中精力、高效高质地完成社会赋予它的主要使命和任务。对图书馆来说也是如此，即图书馆必须首先

---

❶ ［美］彼得·德鲁克. 功能社会 ［M］. 曾琳译. 北京：机械工业出版社，2007：91.

全力完成自身的职责，在此前提下考虑承担一定的社会责任。

2. 量力而行原则

即图书馆在承担社会责任时应该考虑自身能力的限度问题，亦即选择承担那些自身能力所及的社会责任，以避免"助人不成反害己"情况的发生。对此，德鲁克也说过："当组织关注它们自己力所不能及的'社会问题'时，它们的行为是'不负社会责任'。当它们由于专注于它们自己的特定工作而满足了社会的需要时，它们的行为便是'负社会责任的'。当它们把公众的需要转变为它们自己的创业成就时，它们的行为是最负责任的。"[1] 就图书馆而言，由于所处环境的不同，图书馆之间的"力量"肯定不尽相等，每个具体的图书馆只应该承担与其"力量"相称的社会责任，尤其是在承担"去做可能带来'正外部性'结果的行为"（如帮助灾区图书馆的重建工作，开展有关公益活动，组织职工慈善捐赠等行为）时，更应该量力而行。

四、图书馆社会责任认识上的分歧

图书馆应不应该承担社会责任？图书馆应该承担哪些社会责任？围绕这些问题，目前理论界出现了严重的认识分歧。"伯宁豪森论争"（Berninghausen Debate）和围绕《美国爱国者法案》出现的纷争，很典型地反映了这种分歧的严重性。

20 世纪 60 年代，在美国社会出现了各种社会运动，如反主流文化运动、反战运动、女权运动、消费者维权运动等。与此同时，以各类企业制定"企业生产守则"（corporate codes of conduct）为标志的企业社会责任运动也蓬勃兴起。在这种背景下，图书馆社会责任理论与实践在美国图书馆界迅速流行起来，1969年 ALA 成立"社会责任圆桌会议"（SRRT）就是应对这一形势的组织措施。面对这一形势，曾任 ALA 知识自由委员会主席的伯宁豪森（David K. Berninghausen）发表《图书馆界的对立：社会责任与图书馆权利法案》一文，严厉批评图书馆社会责任理论。1973 年 1 月，美国《图书馆杂志》发表 19 篇文章，其中大多数为反驳伯宁豪森观点的文章。这一论争就是"伯宁豪森论争"。

伯宁豪森认为，维护知识自由是图书馆的核心责任，知识自由意味着图书馆对"社会问题"保持中立态度，而社会责任观点则意味着图书馆对"社会问题"表达自己的立场观点，这就违背了以知识自由为旨归的《图书馆权利法案》；种族歧视、宗教歧视、环境保护、同性恋、战争等社会问题，尽管对于人类社会发展来说至关重要，但属于非图书馆问题，超越了图书馆员的职业能力，因而社会

---

[1] [美] 彼得·德鲁克. 功能社会 [M]. 曾琳译. 北京：机械工业出版社，2007：88.

责任观点属于"反知识自由",它将意味着"保护图书馆用户的知识自由的全部努力将不得不放弃"。反驳伯宁豪森观点的人则认为,图书馆是社会的一部分,一些社会问题如种族歧视、贫富差距和战争等极大地影响了知识和信息的自由获取;如果让种族歧视、性别歧视、贫富差距等社会问题任其发展,那么图书馆所追求的知识自由只能是强势者的知识自由,而那些弱势者仍将得不到知识自由带来的好处;实际上,社会责任和知识自由是"一个连续的观念",两者之间并不存在内在的冲突,因为社会责任的目的是促使图书馆员达到知识自由要求的标准,承担社会责任的作用是为各个阶层的所有人群带来知识自由。

如果说,"伯宁豪森论争"表现的是人们针对图书馆社会责任问题而出现的认识分歧,那么,围绕《美国爱国者法案》而产生的纷争则体现了这种认识分歧在法律实践层面的现实反映。2001 年"9·11 事件"后,美国国会于当年10 月 26 日通过了《美国爱国者法案》(USA Patriot Act)。该法案第二百一十五条明确授权于联邦调查局(FBI)人员可以"进入公共图书馆并要求提供所有使用图书馆的读者记录"。显然这一规定与美国图书馆界长期致力于保守读者秘密的知识自由立场发生了正面冲突。对图书馆来说,这一冲突意味着:在维护公共安全和维护知识自由这两个同样重要的社会责任之间进行选择。对此,一位作家写道:"正如政府针对网上色情的战斗,图书馆管理员和信息界又一次陷入了一场双方立场都有其可取之处的战斗。"❶ 毋庸置疑,《美国爱国者法案》的通过和实施,引出了图书馆应该以维护公共安全为重还是以维护知识自由为重的认识分歧。显然,这种认识分歧及其论争仍将继续。

---

❶ 黄锦就,梅建明. 美国爱国者法案:立法、实施和影响 [M]. 蒋文军译. 北京:法律出版社,2008:233.

附　录

附录一：IFLA/UNESCO 公共图书馆宣言（1994）

社会和个人的自由、繁荣与发展是人类的基本价值。人类基本价值的实现取决于信息灵通的公民在社会中行使民主权利和发挥积极作用的能力。人们的建设性参与和民主社会的发展有赖于令人满意的教育和自由与无限制地利用知识、思想、文化和信息。

公共图书馆，作为各地通向知识的门径，为个人和社会群体提供了终身学习、独立决策和文化发展的基本条件。

本宣言声明：联合国教科文组织坚信公共图书馆是教育、文化和信息的有生力量，是透过人们的心灵促进和平和精神幸福的基本力量。

因此，联合国教科文组织鼓励各国政府和地方政府支持并积极参与公共图书馆的发展。

公共图书馆

公共图书馆是地方的信息中心，用户可以随时得到各种知识和信息。

公共图书馆应该在人人享有平等利用权力的基础上，不分年龄、种族、性别、宗教信仰、国籍、语言或社会地位，向所有的人提供服务。公共图书馆必须为那些因各种原因不能利用普通服务的用户，例如小语种民族、伤残人员、住院人员、或被监禁人员，提供特殊的服务和资料。

所有年龄的群体都必须得到与其需要相应的资料。公共图书馆的馆藏和服务必须包括各种类型的适当媒体和现代技术以及传统资料。高质量和切合地方的需求与条件是公共图书馆馆藏与服务的基础。馆藏资料必须反映当前的潮流和社会的演变，以及人类努力和想象的历史。

馆藏和服务不应受制于任何形式的思想、政治或宗教审查制度，也不应受制于商业压力。

公共图书馆的使命

下列与信息、识字、教育和文化有关的主要使命应该是公共图书馆服务的核心：

1. 从小培养和加强儿童的阅读习惯；

2. 支持个人教育和自学教育，以及各级正规教育；

3. 提供个人创造力发展的机会；

4. 激发儿童和青年的想象力和创造力；

5. 促进文化遗产意识、艺术欣赏意识、科学成就意识和科技创新意识；

6. 提供各种表演艺术的文化表达途径；

7. 促进文化间的对话，并支持文化的多样性；

8. 支持口述传统；

9. 保证民众获取各种社区信息；

10. 为地方企业、社团和兴趣团体提供充足的信息服务；

11. 促进信息能力和计算机使用技能的发展；

12. 支持和参与各年龄群体的识字活动和计划，在必要时，组织发起此类活动。

拨款、立法和网络

公共图书馆原则上应该是免费服务。公共图书馆是国家和地方当局的责任。必须制定专门的法规支持公共图书馆，国家和地方政府必须为公共图书馆筹措经费。公共图书馆必须是各种长期的文化、信息供应，识字和教育战略的一个基本组成部分。

为保证全国范围的图书馆协调与合作，各国的法规和战略计划还必须明确规定和提倡基于统一服务标准的国家图书馆网络。

公共图书馆网络必须建立与国家图书馆、地方图书馆、研究图书馆和专业图书馆，以及大、中、小学图书馆之间的联系。

运作与管理

必须制定明确的政策，确定与社区需求相关的目标、重点和服务。必须有效地组织公共图书馆并保持运作的专业水准。

必须确保与各有关伙伴的合作，例如地方、区域、国家以及国际的各级用户团体和其他专业人员。

必须使社区的所有成员都能够获得图书馆的有形服务。这需要有地理位置优良的图书馆馆舍、良好的阅读和学习设施，以及方便用户的相关技术与充足的开馆时间。这同样包括为那些不能到馆的用户提供延伸服务。

图书馆服务必须适应乡村和城市社区的不同需要。

图书馆员是图书馆用户和馆藏资源之间的积极中介。图书馆员的专业教育和

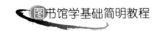

继续教育是保证充分服务所必需的措施。

必须开展延伸教育计划和用户教育计划以帮助用户从各种馆藏资源中获益。

宣言的实施

联合国教科文组织特此强烈要求世界各个国家和地方的决策者和整个图书馆界实施本宣言中所阐述的各项原则。

附录二：IFLA 图书馆与知识自由声明（1999）

国际图书馆协会联合会（IFLA）支持、捍卫和促进《联合国世界人权宣言》中确立的知识自由。

IFLA 声明：人类享有获取知识表达、创造性思维和智力活动，以及公开表达观点的基本权利。

IFLA 相信：知情权和表达自由是同一原则的两个方面。知情权是思想和意识自由的要求；而思想和表达的自由则是获取信息自由的必要条件。

IFLA 承诺：知识自由是图书馆和信息同行的核心责任。

因此，IFLA 呼吁图书馆和图书馆馆员坚持知识自由、不受限制地获取信息和表达自由的原则，承认图书馆用户的隐私权。

IFLA 极力主张所有 IFLA 成员积极地促进上述原则的接受和实现。为此，IFLA 断言：

图书馆提供获取信息、观念和想象作品的服务。图书馆是通向知识、思想和文化的大门。

图书馆为个人与团体的终身学习、独立决策和文化发展提供基本支持。

图书馆应尽力发展和保护知识自由，帮助维护基本的民主价值和普遍的公民权利。

图书馆有责任保证和提供知识表达和知识活动的途径。为此，图书馆应该收集、保存和提供最多样化的文献资料，反映社会的多元化和多样性。

图书馆应保证按照专业的考虑，不按照政治、道德、宗教的观点，管理图书馆资料与服务的选择和利用。

图书馆应自由地收集、组织和传播信息，反对任何形式的审查。

图书馆应为所有的用户平等地提供资料、设备和服务。不应该有任何种族、宗教信仰、性别、年龄或其他因素的歧视。

图书馆用户应该享有个人的隐私权和匿名权。图书馆员及其从业人员不得向第三方泄露图书馆用户的身份或者图书馆用户使用资料的情况。

图书馆的经费来自公共资源，公众有权利用其资源，图书馆应该坚持知识自由的原则。

图书馆员和图书馆的其他雇员有责任坚持上述原则。

图书馆员和其他图书馆专业人员应该履行对其雇主和用户的双重责任。当二者发上冲突时，应优先履行对用户的责任。

附录三：IFLA 图书馆、信息服务机构与信息自由格拉斯哥宣言（2002）

值此国际图联成立 75 周年之际，国际图联宣告：国际图联强调自由获取和传播信息是人类的基本权利。国际图联及其全世界的图联会员支持、捍卫和促进信息自由这一点在联合国所颁布的《世界人权宣言》中也有表述。

信息自由包括人类知识、见解、创造性思维和智力活动。国际图联强调促进信息自由是世界范围内图书馆和信息服务机构的主要职责，这一点应通过图书馆行业规范的制定和图书馆的实践活动来予以证明。

图书馆和信息服务机构向用户提供获取各种媒介和各国信息、见解及富有想象力作品的渠道。

• 图书馆和信息服务机构是通向思想和文化的大门，为个人和团体的独立决策、文化发展、研究及终身学习提供必要的支持。

• 图书馆和信息服务机构为信息自由的发展和维护，民主价值和世界人权的捍卫起着重要的作用。因此，图书馆和信息服务机构应为用户提供自由获取相关信息和服务的渠道，反对任何形式的审查。

• 图书馆和信息服务机构应获取和保存各种各类反映社会广泛性和多样性的信息。馆藏资料的选择和图书馆的服务应从专业角度考虑与管理，而不是从政治、伦理和宗教的角度。

• 图书馆和信息服务机构应将他们所有的信息资料、设备和服务平等地提供给所有用户使用。不论他们国籍或种族、性别、年龄、伤残情况、宗教、政治信仰等都必须平等对待。

• 图书馆和信息服务机构应保护每个用户寻求、接受、咨询、借阅、获得和传递信息的隐私权。

国际图联特此号召图书馆和信息服务机构及其所有工作人员应支持和促进信息自由原则的贯彻，提供自由获取信息的渠道。

2002 年 3 月国际图联管理委员会在荷兰海牙通过，2002 年 8 月 19 日国际图联理事会在英国格拉斯哥公布。

附录四：IFLA 图书馆与可持续发展声明（2002）

适逢成立 75 周年之际，国际图书馆协会联合会（以下简称 IFLA）在格拉斯哥年会上：

- 宣告，拥有符合其健康和幸福要求的环境，是人类享有的基本权利。

- 承认，对可持续发展承诺的重要性，即应在不危及未来能力的前提下满足人类的当前需求。

- 坚持，图书馆和信息服务机构通过确保利用信息的自由，促进可持续发展。

IFLA 进一步肯定：

- 国际图书馆和信息团体形成网络，将发展中国家和发达国家连接在一起，支持全球范围内图书馆和信息服务机构的发展，确保这些服务机构尊重平等、尊重所有人的普遍生活质量、尊重自然环境。

- 图书馆和信息专业人员承认各种不同形式的教育的对所有人的重要性。图书馆和信息服务机构是通往知识和文化的入口。他们提供不同形式的信息、思想和想象力作品的利用途径，以支持所有年龄层次的个人发展，支持人们对社会和决策过程的积极参与。

- 图书馆和信息服务机构为所有人提供终身学习、独立决策和文化发展的基本支持，依靠大量的馆藏和多样的媒体，为人们提供指导和学习机会。图书馆和信息服务机构帮助人们提高教育和社会技能，这些对于身处信息社会和持续参与民主的人们来说必不可少。图书馆培养阅读习惯、信息素养，加强教育、公共意识和培训。

- 图书馆和信息服务机构致力于知识自由的发展和维护，捍卫基本的民主价值和普遍的人权。他们无区别地尊重用户本身、尊重用户的独立选择和决策、尊重用户的隐私。

- 为实现这一目标，图书馆和信息服务机构获取、保存并无区别地为所有用户提供最广泛的资料，以反映社会的多元性、文化的多样性以及环境的丰富性。

- 图书馆和信息服务机构有助于解决不断拉大的信息差距和数字鸿沟所反映的信息不平等。通过其网络服务，研究和创新的信息可以为人们所获取，以实现可持续发展和人类幸福。

IFLA 因此呼吁图书馆和信息服务机构及其工作人员支持并促进可持续发展原则。（张靖于 2007 年根据 IFLA 网站上的 "Statement on Libraries and Sustainable Development" 英文版翻译。）

附录五：IFLA 因特网宣言（2002）

不受阻碍地获得信息对实现自由、平等、全球相互理解及和平至关重要。因此，国际图书馆员协会和图书馆联合会坚信：

智力自由是每个人应该享有的持有及表达主张，以及寻求并接受信息的权利；它是民主的基础；而且是图书馆服务的核心。

不论通过何种媒介，不论属于哪个国家，自由获取信息是图书馆和信息行业的中心职责。

图书馆和信息服务行业提供不受阻碍地进入互联网，这可以帮助社区和个人获得自由、繁荣和发展。

阻碍信息流通的因素应该被清除，尤其是那些带来不平等、贫困和绝望的因素。

获取信息、上网及使用图书馆和信息服务的自由

图书馆和信息服务机构是充满活力的机构，将人们与所需求的全球信息资源、思想和创造性成果联系起来。图书馆和信息服务机构让人们得到来自所有媒体的，丰富的人类表达和多样性文化。

全球因特网使全世界的所有个人和社区，不论是最小和最偏远的村庄，还是最大的城市，都拥有了平等机会去获得信息，以实现个人发展、接受教育、接触外界刺激、丰富文化生活、参与经济活动，以及在了解情况的基础上参与民主进程。所有人都可以展示出自己的兴趣、知识和文化，供世人前来了解。

图书馆和信息服务机构提供了上因特网的主要途径。对一些人来说，图书馆和信息服务机构给予他们方便、指导和帮助，而对另一些人来说，这里是他们上网的唯一地方。它们提供了一种机制，以克服因资源、技术和培训的差异而带来的障碍。

通过因特网自由获得信息的原则

实现上网以及利用网上所有资源应与《联合国国际人权宣言》，尤其是第十九条一致：人人有权享有意见和发表意见的自由；此项权利包括持有意见而不受干涉的自由，以及通过任何媒介和不论国界去寻求、接受和传递消息和思想的自由。

因特网提供了全球范围内相互连接的媒介，所有人都有权享用。所以，使用因特网不应该受到来自意识形态、政治或宗教的新闻检查的影响，也不应受到经济困难因素的影响。

图书馆和信息服务机构同时也有责任服务于社区所有成员，不应受到年龄、种族、国籍、宗教、文化、政治派别、身体的或其他残障、性别或性别取向、或其他任何状况的影响。

图书馆和信息服务机构应支持使用者按照自己的选择寻找信息。

图书馆和信息服务机构应尊重使用者的隐私，并认可他们使用的资源应该保密。

图书馆和信息服务机构有责任帮助并促进公众获得高质量信息和传播服务。使用者应该得到必要的技术辅助，有适合的环境，可以自由地、信任地使用他们所选择的信息资源和服务。

在因特网上除了可以获得大量有价值的资源外，还有一些不正确的、有错误导向的以及可能造成冒犯的内容。图书管理员应该为图书馆使用者提供信息和资源，使他们学会有效地，高效率地使用因特网和电子信息。他们应争取预先采取行动，帮助所有使用者，包括儿童和青年，以负责任的态度去获得高质量的网络信息。

同所有其他核心服务项目一样，在图书馆和信息服务机构上网应该享受免费。

实施宣言

IFLA 鼓励国际社会支持在世界范围内，尤其是在发展中国家，开发因特网的使用，以使因特网信息造福所有使用因特网的人。

IFLA 鼓励各国政府发展国家信息基础设施，以实现全民有机会使用因特网。

IFLA 鼓励所有政府支持通过图书馆和信息服务机构实现不受阻碍的因特网信息流通，并反对任何企图对使用因特网进行新闻检查和禁止的行为。

IFLA 敦促国家和地区一级的图书馆团体和决策者制定战略、政策和规划，来实施本宣言中所表达的原则。

本宣言由 IFLA/信息获取自由与表达自由委员会编写

2002 年 3 月 27 日由 IFLA 董事会于荷兰海牙通过。2002 年 5 月 1 日由 IFLA 宣布。2002 年 8 月 23 日在格拉斯哥由 IFLA 理事会会议全体通过。

IFLA 是代表图书馆和信息服务机构，以及用户利益的主要国际机构。它是图书馆和信息行业在全球的声音。本宣言符合 IFLA/联合国教科文组织公共图书馆宣言和 IFLA/教科文组织学校图书馆宣言的原则，原则中包括用户上网应该享受免费。

附录六：（国际/IFLA）图书馆员道德准则草案（2011）

序（略）

一、信息获取

图书馆员、其他信息工作者及其机构的核心使命是保障所有与个人发展、教育、文化充实、经济活动、政治参与及民主相关的信息获取。

图书馆员、其他信息工作者及其机构应拒绝来自国家、政府或宗教及社会团体的任何形式的针对信息和知识获取的审查，反对限制信息获取。馆藏发展和信息获取的相关政策应当是明确、透彻并能免费获得。

图书馆向公众提供服务，应当尽一切努力使用户获取其丰富馆藏资源，并为用户提供免费优质的服务。如果会员费或管理费用不可避免，则应尽可能将费用降至最低，并建立实际解决方案，以保障社会弱势群体不会被拒之门外。

图书馆员、其他信息工作者及其机构应积极促进和宣传其馆藏资源和服务，使现有用户和潜在用户意识到其存在及实用价值所在。信息专业人员及其机构应采取有效方式使其资源面向所有用户易于获取。图书馆网站及相关机构应遵循可访问性的国际标准，保证网站的访问和信息获取不受限制。

二、用户权利

为了杜绝歧视的发生，图书馆员在提供信息服务时不应由于信息用户在下列情况中产生的差异而区别对待，包括年龄、性别、公民身份、政治信仰、精神及身体上的残疾、移民身份、婚姻状况、出身、种族、宗教信仰、性取向及性别认同。

图书馆员及其所属的部门机构应制定相应的政策，以保证下列信息用户在信息获取时享有同等、无差别的权利，包括个人、团体、组织、机构、本地居民及外来人口，以及那些需要多途径获取信息的用户。

图书馆员及其所属机构应保证用户的信息隐私权，不论其使用何种形式的信息、享受何种形式的信息服务。

图书馆员在提供无差别的信息服务时，应充分体现其对信息用户的尊重，并保证和维护其平等获取信息的权利。

图书馆员应按照允许并方便用户查找所需信息的方式来组织和呈现信息内容。图书馆员可以协助其查找所需信息。

三、隐私权、保密度及透明度

图书馆员及其所属部门机构应在实际工作中充分体现开放获取的精神，最大限度地做到信息公开透明，以便于信息能够被更好地管理，同时有效保障公民的基本权利。

图书馆员尊重所有用户的个人隐私权，除非其危害公众利益的不端、贪腐或犯罪行为被揭露。此外，图书馆员还尊重和保护个人数据信息的安全，仅在必要时在个人或部门机构间共享。

图书馆员应支持信息公开透明，以便使其所掌握的政府文件、管理文件和商业文件能够获得公众的监督，而这些文件是与其生活息息相关的。对这些文件的公开透明实际上就是对公众的一种责任和承诺。

图书馆员认为在原则执行过程中会不时有以非正式方式泄露出去的信息，但这种泄密行为会在一定程度上推进公民社会价值观的发展，而不管其是否符合法律、条例或合同的规定。

与此同时，图书馆员认为政府、商业及工业秘密是具有合法范畴的，会在某些情况下或某一个有限的时间段内限制信息的类别及条目的获取，为政府机构或企业服务的图书馆员就在不断地为这些必要的隐藏做贡献。

图书馆员有义务遵守所签署的涉及图书馆及第三方利益的保密协议，但应确保该协议在上述"合法范畴"之内。图书馆与用户之间的关系被认为是一种保密关系，图书馆员可以采取适当措施来保证用户数据不被超范围、超权限地共享。

图书馆员对于读者隐私权、保密度及透明度等相关法律、法规应形成批判性思维并开展评判，以便进一步提升与上述原则一致的法律及管理体制。

四、中立、个人诚信与专业技能

在馆藏资源、信息获取以及信息服务等方面，图书馆员应保持中立的、无偏见的态度，即在工作中保证馆藏资源发展的平衡以及用户获取信息行为的平衡。

图书馆员应使用清晰、明确的标准对信息及其媒介进行筛选，定义并出版关于信息的选择、组织、保护、提供利用以及传播使用的相关政策。

图书馆员要将其个人信仰与专业职责区分开来。在表达观点时保持中立态度，而不渗透个人观点于其中。

图书馆员在购买和提供馆藏资源、履行合约及管理经费中可能会遇到贪污腐败问题，这将直接影响到图书馆事业的发展。

图书馆员应通过不断提升自身知识技能，以及帮助鼓励同事共同进步，进而在专业领域力争卓越。图书馆员以高标准的服务质量为目标，提升图书馆专业声誉。

五、社会责任

图书馆员及其所属部门机构会参与到社会、文化、经济以及福利等事业中，因此他们也肩负着社会责任。

图书馆员及其所属部门机构致力于对社会弱势群体的救助。通过其职业操守及专业服务，对少数民族和移民群体进行包容与整合。图书馆员为社会弱势群体和在身体及精神上有残疾的人提供平等服务。

图书馆员及其所属的部门机构为读者提供有助于阅读技能提升的辅导，帮助用户提高识别、定位、评价、组织、使用和传播信息的能力。图书馆员通过课程和辅导提高用户的信息素养，提升其信息伦理道德水平，有助于避免学术剽窃的发生。

图书馆员尊重少数民族语言以及少数民族获取本民族语言信息的权利。

在确保承认信息权利不受侵害的同时，图书馆员亦遵守未成年人的信息权利保护条款。

六、开放获取与知识产权

图书馆员及其所属机构是受版权保护作品的作者、出版者及其他创作者的合作伙伴。图书馆员的兴趣在于最大限度地为图书馆用户获取知识信息和思想观点提供可能，而不论其载体或格式。

图书馆员应秉持和促进开放获取、开放资源、开放许可的原则，以及其他各种为用户提供公平、快捷、经济、有效的信息获取途径的方式。

图书馆员承认作者和其他创作者的知识产权，并确保其精神权利得到最大限度的尊重，从而使其创造力得到相应的认可。

图书馆员也承认创作者的创造力应得到相应的经济回报，因此支持联合国《世界人权宣言》中第二十七款所提出的对于作者著作权的保护。

图书馆员应代表其用户与权利所有人进行有效许可和购买条款的谈判，努力做到使信息获取不会因知识产权法的具体管理模式而被不必要的阻止或妨碍。

推动国内国际对于合适的知识产权管理制度的批判性分析，并主张在适当的时候进行修改和完善制度，这是每个国家的图书馆和信息职业的责任。支持和提倡版权限制的例外与有效期限也是图书馆的行业责任。

图书馆员应寻求并鼓励各国政府建立起一个有利于创造力开发和保护的知识产权管理制度，共同协商制定出不损害文学或艺术作品作者权益的国际贸易协定。

图书馆员也应主张版权限制不应超出合理的时间限制。图书馆员应确保已经进入公共领域的信息保持公开自由的状态。

七、同事与雇主/雇员关系

图书馆员之间应彼此公平看待、互相尊重。

　　雇主不得因为年龄、国籍、政治信仰、身体或精神残疾、性别、婚姻状况、出身、种族、宗教、性取向或性别认同等原因歧视或区别对待雇员。

　　雇主应为全体图书馆员提供机会均等的工作条件。工作中，图书馆员在与用户面对面交流过程中，在不触犯中立原则的前提下享有言论自由的权利。

　　男女雇员同工同酬。

　　图书馆员应准备并主动与同事分享自身专业经验。

　　图书馆员应帮助并引导年轻专业人员尽快进入专业领域。

　　对于同事的个人信息，图书馆员应遵守保密原则。

　　图书馆员应力争凭借敬业精神和高尚品德获得个人荣誉，而非使用不正当手段。（译者：图林桃李·新新人 集体翻译整理 Nalsi 校）

后 记

在我的学术生涯中，每次写完一本书或一篇论文后，总是欣慰与遗憾并生。欣慰，当然是因为终于能够搁笔回味，无论是写作过程中的辛劳，还是写作完成之后的喜悦，都让我无比欣慰。然而，遗憾总伴随着我——理想的学术高度总是无力企及，创新性思维总是那么缺乏，说出来的话总觉得不够圆满……是人的"理性有限"所致，还是我的天生不敏所致？我想两者都有吧。此故，书中定有不足之处，敬请读者指正。

在本教程的编著过程中，大量参阅和引用了于良芝、程焕文、范并思、王子舟、李国新、李培等人的研究成果。在此向他们表示由衷的感谢。于良芝女士还就本教程的结构安排以及 ALA 的"Library Bill of Rights"的汉译问题，提出了宝贵的意见，对此我向于女士表示特别的谢忱。知识产权出版社的责任编辑许波女士，为本书的出版给予了热心支持和帮助，在此也向她表示由衷的感谢。